DOC' EN POCHE
REGARD D'EXPERT

Une jeunesse différente ?

Les valeurs des jeunes Français depuis 30 ans

Sous la direction de

Olivier Galland

président du conseil scientifique de l'Injep,
directeur de recherche au CNRS

et Bernard Roudet

chargé d'études et de recherche à l'Injep

La **documentation** Française

DOC EN POCHE
REGARD D'EXPERT

Responsable de la collection
Isabelle Flahault

Suivi éditorial
Clément Drouin

Secrétariat de rédaction
Martine Paradis

Conception graphique
Sandra Lumbroso
Bernard Vaneville

Mise en page
Éliane Rakoto

Édition
Dagmar Rolf

Promotion
Stéphane Wolff

Avertissement au lecteur

Les opinions exprimées n'engagent que leurs auteurs.
Ces textes ne peuvent être reproduits sans autorisation.

Celle-ci doit être demandée à :

Direction de l'information légale et administrative

29, quai Voltaire
75344 Paris cedex 07

ISBN : 978-2-11-009867-2

Sommaire

Avant-propos

Caractériser les nouvelles générations, comprendre les aspirations des jeunes, analyser leurs pratiques, observer leurs comportements sont au cœur des missions que l'État a confiées à l'Institut national de la jeunesse et de l'éducation populaire (Injep), afin de disposer de connaissances lui permettant de mieux adapter ses politiques en faveur des jeunes.

Pour y parvenir, l'Institut multiplie études ou enquêtes, seul ou en partenariat, et réalise des synthèses qui constituent autant de ressources pour les acteurs de jeunesse et d'éducation populaire, accessibles en ligne ou au travers des publications qu'il édite ou fait éditer.

S'agissant des valeurs des jeunes, de leurs croyances, de leurs idées ou des motifs de leurs engagements, nombreux sont les sondages qui cherchent à en dresser l'inventaire. Malheureusement, ils sont trop souvent centrés sur les préoccupations de leur commanditaire, offrent des angles d'analyse chaque fois différents qui empêchent toute comparabilité et n'ont pas la robustesse des grandes enquêtes statistiques. Difficile dans ces conditions de comparer les valeurs des jeunes avec celles de leurs aînés, et – *a fortiori* – de mesurer l'évolution des mentalités dans le temps et selon les générations.

D'où l'intérêt de l'Injep pour l'enquête Valeurs, placée sous la responsabilité de chercheurs et d'universitaires regroupés dans l'Association pour la recherche sur le système de valeurs (Arval). C'est une enquête à grande échelle, reconduite tous les dix ans environ, qui permet par sa répétition une analyse longitudinale et, étant donné la taille des échantillons de chaque classe d'âge, autorise les comparaisons. Une mine d'informations qui, par la stabilité des questions posées, permet une vraie analyse de long terme.

L'Injep est partenaire des enquêtes Valeurs depuis 1999. L'Institut a appuyé financièrement la mise en œuvre des deux dernières enquêtes et assuré l'analyse secondaire des résultats pour les jeunes de 18 à 29 ans. Le mérite en revient en grande partie à Bernard Roudet, chargé d'études et de recherche de l'Injep, malheureusement disparu prématurément en juillet 2013. Il a su, par sa force de conviction, emporter l'adhésion de sa tutelle, nouer les liens qu'il fallait avec la recherche, et notamment avec Olivier Galland (devenu depuis président du conseil scientifique de l'Injep), cosignataire de cet ouvrage, en témoignant, dans chacune de ses entreprises, à la fois de son extrême rigueur mais aussi de sa modestie.

L'enquête de 1999, la troisième de la série, avait donné lieu à deux ouvrages collectifs, déjà dirigés par Olivier Galland et Bernard Roudet, le premier sur les jeunes Français publié en 2001, le second sur les jeunes Européens publié en 2005.

Je me réjouis de voir que l'ouvrage *Une jeunesse différente ? Les valeurs des jeunes Français depuis 30 ans*, publié par la Documentation française en 2012 et issu des analyses de l'enquête de 2008, est désormais accessible en édition de poche.

Olivier Toche,
directeur de l'Institut national de la jeunesse
et de l'éducation populaire

Introduction

Les valeurs des jeunes depuis trente ans : différenciations et rapprochements

Bernard Roudet

L'image de la jeunesse portée par notre société, largement renvoyée par les médias, est souvent simplificatrice : jeunesse dangereuse des quartiers dits « sensibles », jeunesse éloignée de la valeur travail, jeunesse dépolitisée et sans engagements ou bien jeunesse radicalisée et révoltée... Des effets de grossissements médiatiques, polarisés sur quelques faits de société, tendent à être présentés comme des mutations sociales portées par les jeunes générations. Pourtant une approche comparative dans le temps montre que les changements sociaux sont moins rapides qu'on peut le penser et que leur interprétation doit être davantage mesurée. Certes la jeunesse change, mais les changements qui l'affectent sont très progressifs, révélant des réorganisations en cours dans les systèmes de valeurs. Par l'observation d'évolutions sur près de trente ans, les enquêtes par questionnaire sur les valeurs des Français, effectuées sur des échantillons représentatifs de la population, autorisent une compréhension en profondeur des transformations à l'œuvre dans notre société et des changements effectifs dans les valeurs et les comportements des jeunes. Faisant suite aux trois vagues précédentes (1981, 1990 et 1999), l'enquête effectuée en 2008 rend possibles des comparaisons entre les jeunes et les adultes comme entre les différentes générations et permet d'analyser des évolutions dans le temps.

Disposer de trente ans de recul est rare pour une enquête par questionnaire : dans toute recherche quantitative, les données produites doivent en effet être issues d'un même protocole d'enquêtes (échantillons et questions semblables) pour pouvoir être comparées dans le temps. Seules les enquêtes Valeurs ont posé, sur une aussi longue période, les mêmes questions couvrant les principaux domaines de la vie : la qualité des données et les possibilités de ces enquêtes sont donc sans équivalent et dépassent largement celles d'un simple sondage[1]. Afin de promouvoir une meilleure

1. Voir en annexe la présentation détaillée des enquêtes Valeurs et de leur méthodologie.

connaissance de la jeunesse, de ses engagements et de ses pratiques, l'Institut national de la jeunesse et de l'éducation populaire, établissement public du ministère chargé de la jeunesse, est partenaire des enquêtes Valeurs depuis 1999 : l'Injep [1] a appuyé financièrement la mise en œuvre des deux dernières enquêtes et a impulsé une analyse secondaire de leurs résultats pour les jeunes de 18 à 29 ans.

Pourquoi avoir retenu, pour délimiter la jeunesse, cette tranche d'âge de 18-29 ans ? La limite inférieure, 18 ans, est en fait l'âge minimum des personnes interrogées. C'est une nécessité pour réaliser des enquêtes internationales prenant en compte les législations de différents pays : ainsi, en France, on ne peut pas poser certaines questions à des mineurs sans autorisation parentale (celles concernant la politique par exemple). Mais les résultats de travaux ou sondages impliquant les 15-17 ans permettent de retrouver certaines tendances de l'enquête. La limite supérieure de la tranche d'âge retenue est portée à 29 ans. D'un point de vue sociologique, la jeunesse peut en effet être définie comme la phase de préparation à l'exercice des rôles conformes à l'âge adulte et comme le passage des principales étapes introduisant à ces rôles. Or, Olivier Galland a montré que l'accès plus tardif aux statuts définissant l'âge adulte impose, d'un point de vue à la fois statistique et sociologique, de repousser la borne supérieure de la classe d'âge habituellement utilisée en France (24 ans) et d'y adjoindre la classe quinquennale immédiatement supérieure (Galland, 2000).

Constate-t-on, à partir des résultats de l'enquête, des différences dans les valeurs et les comportements des jeunes Français, tant par rapport aux générations précédentes qu'au sein d'une même génération ? C'est autour de cette question que s'organise ce livre et que se déroulent les six chapitres et les six notices qui le composent. En d'autres termes, la jeunesse française est-elle désormais différente, à la fois de ce qu'elle était il y a trente ans et du monde des adultes qui l'entoure de nos jours ? Constitue-t-elle un ensemble pluriel, dans lequel coexistent des jeunesses distinctes du point de vue des valeurs

1. Institut national de la jeunesse et de l'éducation populaire, 95 avenue de France, 75650 Paris Cedex 13, www.injep.fr.

et des comportements ? La comparaison s'effectue ainsi dans le temps, entre la jeunesse d'aujourd'hui et celle d'hier, et dans l'espace social actuel, entre plusieurs jeunesses.

Qu'entend-on par valeurs ?

Pour des sociologues comme Émile Durkheim ou Max Weber, l'unité d'une société se fonde sur des valeurs partagées, sur des « idéaux collectifs » transmis aux individus. Selon Durkheim, les valeurs orientent l'activité des individus en leur fournissant un ensemble de références idéales. Fondements des opinions et des comportements, repères normatifs pour la pensée et l'action, les valeurs ne sont toutefois pas directement observables. Il faut les approcher en recueillant des informations susceptibles d'être interprétées en termes de valeurs. Ainsi, la recherche sur les valeurs est produite par inférence, opération logique par laquelle on admet une proposition en vertu de sa liaison avec d'autres propositions tenues pour vraies. Ce processus conduit à construire le questionnaire autour d'indicateurs dont la qualité informative a été éprouvée (Bréchon, Tchernia, 2000).

Les valeurs d'un individu sont organisées, elles entretiennent entre elles une certaine cohérence. Au niveau d'une société, des modèles d'articulation vont se révéler plus fréquents que d'autres. Des valeurs sont consensuelles, d'autres davantage conflictuelles. En tout cas, les valeurs ne disparaissent pas : acquises progressivement au cours de la socialisation des individus, elles évoluent lentement. Afin d'évaluer ce qui fait la stabilité d'une société, mais aussi ce qui peut la faire bouger, il est important, note Pierre Bréchon, d'analyser ce processus de changement des systèmes de valeurs, de repérer comment les individus recomposent leurs systèmes de valeurs et de comprendre ainsi les tendances d'évolution d'une société. « Il peut y avoir des retours en arrière, des conflits de valeurs dans une société de plus en plus pluraliste dont les systèmes de valeurs sont multipolaires » (Bréchon, 2003, p. 16).

Deux tendances fortes se dégagent des contributions à cet ouvrage, tendances qui sont mises en évidence dès le premier chapitre, à savoir une convergence des valeurs selon l'âge et un clivage selon le niveau d'études. Les jeunes ne sont plus ce qu'ils étaient dans les années 1960, voire 1980 : les différences qui les distinguaient alors des générations plus âgées, conduisant à des conflits intergénérationnels, se sont largement estompées. Ce rapprochement des valeurs est notamment mis en évidence dans les chapitres 2, 3 et 4 analysant les attitudes religieuses et politiques des jeunes Français, ainsi que leur rapport aux normes sociales. Il apparaît qu'un même ensemble de valeurs peut être partagé indifféremment dès 18 ans et jusqu'à un âge que l'on peut situer, selon les domaines de valeurs, entre 50 et 60 ans, seuls les plus âgés des Français conservant des valeurs plus traditionnelles. L'existence d'une polarisation entre les valeurs des jeunes diplômés et celles des jeunes peu ou pas diplômés est confirmée par les analyses des relations des 18-29 ans à la politique et aux normes sociales, alors qu'elle est moins présente dans le lien à la religion. Le développement de la scolarisation dans les trente dernières années a pu entraîner une homogénéisation des valeurs chez les jeunes qui en ont bénéficié, mais il a renforcé un clivage entre ces derniers et les jeunes qui en ont été partiellement ou totalement exclus.

Hormis ce clivage lié au niveau d'études, peut-on faire le constat d'un ensemble cohérent de valeurs partagé par la plus grande partie de la jeunesse ? Le rapprochement des valeurs est certes une tendance globale, mais celle-ci n'exclut pas la persistance de différenciations comme le montrent les chapitres 5 et 6 comparant les valeurs des jeunes selon leur genre ou selon qu'ils sont ou non issus des immigrations. La notice relative à la famille confirme, à propos des modèles de parenté, l'existence d'opinions divergentes selon le genre, mais c'est au niveau d'études que la notice sur les jeunes ruraux réfère leurs différences avec les jeunes urbains. Plus courtes que les chapitres, ces notices synthétisent les résultats de l'enquête pour six thématiques impliquant les jeunes : elles remettent en cause quelques idées reçues, notamment en ce qui concerne les opinions des jeunes sur le travail, le libéralisme économique ou l'écologie. Examinons plus précisément les apports de chacune de ces contributions au livre.

Convergences et clivages dans les valeurs juvéniles

Dans le premier chapitre du livre, Olivier Galland montre que les Français se divisent selon qu'ils adhèrent ou non à deux systèmes de valeurs, chacun étant ordonné entre deux pôles [1]. Le premier système oppose des valeurs traditionnelles, organisées autour de la stabilité des cadres sociaux et de la valorisation du passé, à des valeurs d'autonomie et d'individualisation, librement choisies en dehors de toute prescription morale ou religieuse, de toute imposition par la société ou les institutions. Le second système de valeurs oppose les Français selon qu'ils sont ou non intégrés dans la vie sociale et économique, impliqués ou non dans la vie politique, intégration et implication qui supposent la confiance dans les autres, la participation associative, la politisation. En avançant en âge, les Français deviennent à la fois plus traditionnels et mieux intégrés dans la société. Toutefois, ce sentiment d'intégration diminue à la fin du cycle de vie, tandis qu'il est très faible durant la jeunesse : les jeunes adhèrent plus que les adultes à des valeurs d'autonomie, mais ils ont également moins le sentiment d'appartenir à la société. Pour l'ensemble de la société française, les valeurs ont surtout évolué, de 1981 à 2008, vers davantage d'intégration, ainsi que vers une adhésion plus marquée à l'autonomie et à l'individualisation : ce mouvement de longue durée, qui s'est toutefois ralenti au début des années 2000, voit croître le désir des Français de définir par eux-mêmes leur manière de vivre, au sein d'une société où les normes seraient librement choisies dans le respect mutuel.

Si l'on considère les seuls jeunes, on retrouve quasiment la même organisation de deux systèmes de valeurs, mais les évolutions sont assez différentes de celles constatées pour l'ensemble de la population. Sur l'axe opposant tradition et individualisation, les valeurs des jeunes se sont rapprochées du pôle traditionnel de façon très nette entre 1981 et 1990, plus modestement par la suite. Les jeunes se sont donc détachés du mouvement contestataire de l'organisation de la société, encore présent au début des années 1980. En même temps qu'elles

1. Chapitre 1 : « Convergence des valeurs selon l'âge et clivage selon le niveau d'études ».

connaissaient un regain chez les jeunes, les valeurs « traditionnelles » ont décliné parmi les adultes. Les jeunes s'éloignent donc progressivement des attitudes manifestant une distance à l'égard des normes et des institutions, tandis que les adultes ont fortement modéré leur adhésion à celles-ci, adhésion très importante lors de la première enquête. Si l'on constate parmi les jeunes un déclin relatif du mouvement d'individualisation qu'ils avaient initié dans les années 1960-1970, les adultes ont été portés par ce mouvement d'assouplissement des normes auquel ils n'ont pas résisté. L'écart entre les classes d'âge s'est ainsi fortement réduit, avec un niveau d'individualisation à peu près stable entre 18 et 50 ans, entraînant en 2008 une convergence des valeurs plus forte que trente ans plus tôt.

Cette convergence des valeurs selon l'âge peut se retrouver en ce qui concerne l'intégration sociale : celle-ci a progressé entre 1981 et 2008 et les écarts entre classes d'âge se sont resserrés (à l'exception des 60 ans et plus). Mais cette évolution est en grande partie due à un effet de structure : l'élévation du niveau d'études. À niveau d'études donné, la stabilité domine et les écarts selon le bagage scolaire restent très importants. Alors que la société française est nettement moins clivée par classes d'âge en 2008 qu'en 1981, le clivage selon le niveau d'études reste extrêmement marqué, tant en ce qui concerne les jeunes que les adultes. Les jeunes d'un niveau d'études élevé se caractérisent par un niveau élevé d'autonomie et d'intégration. Inversement, les jeunes les moins éduqués se définissent plutôt par le retrait social, par un faible engagement dans la société et par l'adhésion à des valeurs plus traditionnelles. En matière d'individualisation, on constate parmi les jeunes une certaine convergence, due à l'affaiblissement de l'antitraditionalisme des plus éduqués et à la progression des valeurs d'autonomie chez les autres. En matière d'intégration au contraire, le rapprochement des valeurs entre ces deux jeunesses, qui s'était enclenché dans les années 1980, n'a pas eu de suite. L'intégration a continué de progresser parmi les jeunes les mieux formés, tandis qu'elle a stagné puis décliné chez les jeunes les moins formés. Entre 1990 et 2008, la tendance est à l'augmentation de cette divergence. Quant aux jeunes de niveau d'études moyen, ils apparaissent plus proches des jeunes peu éduqués. « Le clivage des valeurs à l'intérieur de la jeunesse n'oppose donc pas une minorité étroite de jeunes sortis précocement de l'école aux autres, mais plutôt ceux qui ont poursuivi des études post-bac à tous les autres », souligne Olivier Galland.

Le lien social

Le deuxième chapitre prolonge cette analyse en abordant la question du lien social dans une société composée d'individus autonomes : notre société serait-elle menacée dans sa cohésion par un repli sur la sphère privée et par une perte des sentiments d'appartenance collective [1] ? L'une des tendances fortes mises en évidence par les résultats des enquêtes Valeurs est le développement de l'individualisation. Caractérisée par l'affirmation de l'épanouissement personnel et par la prise de distance face aux appartenances assignées, l'individualisation n'apparaît pas comme le triomphe d'une permissivité généralisée : elle ne saurait être assimilée au développement de l'individualisme. Portée par les nouvelles générations, la montée de l'individualisation entraîne le développement de valeurs de tolérance, favorisant le vivre ensemble au sein d'une société diversifiée, en même temps qu'elle entraîne un plus fort respect du principe d'autorité, exprimant une demande de normes de régulation publique. Ce double mouvement de montée du principe d'autorité dans la vie publique et d'accentuation de la demande de liberté dans la sphère privée est marqué par un consensus intragénérationnel : il concerne tous les jeunes, quel que soit leur niveau d'études. Mais, surtout, il se caractérise par un consensus intergénérationnel puisqu'il confirme un rapprochement entre les valeurs des jeunes et des adultes, conduisant les 18-60 ans à former un ensemble homogène.

Lorsque l'on examine le sentiment de solidarité exprimé par les jeunes, ainsi que leur perception des proximités sociales, les résultats de l'enquête sont toutefois plus ambivalents en termes de lien social. En effet, les jeunes manifestent une faible confiance dans les autres, voire une indifférence à l'égard de certaines catégories de la population. S'ils expriment davantage

1. Chapitre 2 : « Renouvellement générationnel, individualisation et lien social ».

de solidarité vis-à-vis de leur famille et de leurs proches, le maintien de cette solidarité dans sa dimension intergénérationnelle leur apparaît désormais moins comme un impératif moral. Ce qui ne signifie pas que les jeunes ne sont pas solidaires, mais que leur solidarité doit s'appuyer sur un support concret. L'individualisation n'est pas l'abandon de l'altruisme ou des appartenances collectives, mais elle implique des choix fondés sur des décisions individuelles davantage que sur des normes universelles. Dès lors, ces choix conduisent à mettre en avant les espaces concrets d'appartenance, les proximités affectives et les réseaux d'intimité, au détriment de définitions plus larges et plus abstraites qui sont le support d'une solidarité globale. Une morale relationnelle tend ainsi à se développer, loin de tout retour à des valeurs traditionnelles comme pourraient le laisser supposer la montée du principe d'autorité, l'expression de solidarités familiales et la valorisation de la fidélité. Si donc le renouvellement générationnel se conjugue plutôt avec l'intégration dans la société et avec le renforcement du lien social, il ne remet pas en cause certaines attitudes et tendances individualistes, propres aux jeunes ou liées au mouvement d'individualisation.

Le lien à la religion

La convergence des systèmes de valeurs entre 18 et 55 ans se retrouve lorsque l'on examine le rapport des jeunes à la religion, rapport plus stable qu'on ne l'imagine comme le montre Pierre Bréchon [1]. Certes, l'appartenance des 18-29 ans à la religion catholique a fortement baissé en trente ans, avec 23 % d'appartenance en 2008 contre 43 % en 1999 et 55 % en 1981. En même temps, 11 % des jeunes appartiennent aujourd'hui à d'autres religions contre 4 % en 1981, augmentation due à la proportion plus importante de jeunes musulmans (7 %). Quant aux athées convaincus, ils représentent plus d'un jeune sur quatre (28 % en 2008 contre 17 % en 1999 et 14 % en 1981). Si l'appartenance religieuse est globalement à la baisse, une question introduite en 2008 révèle une ouverture sur le spirituel

1. Chapitre 3 : « L'univers de la religiosité : évolutions et influences sur les valeurs ».

pour 40 % des jeunes, dont 22 % ne se sentent pas religieux. Parallèlement, les Églises sont davantage considérées comme aptes à répondre aux besoins spirituels des individus, alors que seule une minorité de jeunes estime depuis 1981 qu'elles répondent aux problèmes moraux, familiaux ou sociaux. En fait, l'image des religions ne s'est pas dégradée chez les jeunes, souligne Pierre Bréchon, mais elle apparaît assez mitigée depuis le début des enquêtes Valeurs. Il n'en reste pas moins que la demande de célébration pour le mariage ou le décès demeure importante, même chez les jeunes et chez les personnes sans appartenance confessionnelle, voire athées. La cérémonie souhaitée est sans doute autant sociale que religieuse, visant à inscrire l'événement dans la vie collective.

Si la religiosité institutionnelle liée à l'appartenance déclarée au catholicisme et à l'assistance aux offices est en forte baisse chez les 18-29 ans, les croyances en Dieu et le sentiment religieux restent assez stabilisés depuis 1981. La comparaison avec les autres classes d'âge ne révèle un écart important qu'avec les 55 ans et plus, génération restée beaucoup plus religieuse. En fait, le principal décrochage à l'égard du religieux s'est produit avec la génération du *baby-boom*, âgée de 54 à 62 ans en 2008. Toutefois, souligne Pierre Bréchon, les jeunes ne sont pas complètement sécularisés : ils s'interrogent sur le sens de la vie et souvent sur l'existence d'un ordre supra-humain. Davantage que de certitudes intangibles, il s'agit de croyances probabilistes. La moitié des jeunes affirme qu'il n'y a pas une seule vraie religion et que toutes les grandes religions contiennent des vérités fondamentales. La croyance en une vie après la mort a régulièrement augmenté depuis 1981, si bien qu'aujourd'hui les jeunes partagent davantage cette croyance que les 55 ans et plus. Les croyances au paradis, à l'enfer et au péché, si elles font moins recette, continuent elles aussi à augmenter. Plutôt qu'en un Dieu personnel, les jeunes croient en un Dieu qui serait une force vitale. Lorsque l'on examine les caractéristiques sociodémographiques des jeunes, qu'ils soient sensibles à la religiosité ou détachés de celle-ci, on constate que les différences selon le genre et l'âge demeurent fortes. Les jeunes femmes sont plus religieuses que les hommes, quel que soit leur niveau d'études. Et le mouvement de sécularisation progresse au fur et à mesure que les classes d'âge sont plus jeunes. En revanche, le diplôme ou la profession n'introduisent ici que de faibles différences, les jeunes avec un niveau d'études supérieures étant un peu plus religieux que les autres. La religiosité est plus développée parmi les jeunes musulmans, davantage croyants et pratiquants que les jeunes catholiques.

Le fait d'avoir des croyances religieuses, d'être plutôt indifférent ou athée n'est pas sans conséquences sur les systèmes de valeurs des jeunes. Si ces effets sont plutôt en baisse et souvent moins forts que pour les générations plus âgées, ils s'observent quelles que soient les appartenances religieuses, les pratiques ou les croyances. Ainsi, les jeunes religieux se révèlent moins individualistes et donc plus altruistes, ce qui correspond aux idéaux d'entraide et d'amour du prochain de nombreuses religions. En même temps, ils sont moins adeptes des valeurs de l'individualisation : ils privilégient les principes et les valeurs collectives par rapport à leur jugement personnel. Ils sont aussi davantage intégrés politiquement et confiants dans les institutions. En revanche, la religiosité influe très peu sur l'orientation politique et pas du tout sur la xénophobie. L'adoption, en progrès chez les jeunes, de croyances bricolées, dépassant la tradition chrétienne, a des effets semblables à ceux des autres variables religieuses. Comparés aux catholiques, les jeunes musulmans sont plus religieux, mais davantage orientés à gauche et peu permissifs en matière de mœurs.

Le lien politique

Comme les valeurs religieuses, les valeurs politiques confirment un rapprochement des attitudes entre les jeunes et les adultes[1]. La jeunesse ne s'est jamais caractérisée par un fort intérêt pour la politique au sein d'une société française globalement peu politisée. Mais les résultats de la dernière enquête Valeurs font apparaître une nette montée de la politisation des jeunes, aujourd'hui comparable à celle des adultes. En 2008, les Français, et tout particulièrement les jeunes, refusent moins qu'auparavant de se classer sur une échelle politique,

1. Chapitre 4 : « Les jeunes, la politique et la démocratie ».

ce qui indique que la polarité politique fait toujours sens pour les Français, y compris parmi les jeunes générations. S'il reste ancré à gauche, le positionnement politique des jeunes tend à glisser légèrement vers le centre et la droite, mais aussi vers l'extrême gauche. En même temps qu'ils pratiquent de plus en plus un vote intermittent, les jeunes continuent à privilégier des formes de participation politique protestataires, principalement en signant une pétition ou en manifestant. Comme le vote intermittent, cette importance accordée à l'action directe témoigne d'une remise en cause de la médiation traditionnelle que constitue la représentation politique : aux modes institutionnels de participation sont préférées des formes d'action plus individualisées. Affirmant un désir de changement social pour une société plus égalitaire, les jeunes restent majoritairement réformistes, mais peuvent parfois exprimer une certaine radicalité.

Les résultats de la dernière enquête marquent un retour de balancier face aux baisses de confiance dans les institutions enregistrées lors des précédentes vagues. La confiance dans les institutions de l'État providence (système de santé, d'enseignement, de sécurité sociale), qui a toujours été élevée, connaît une hausse continue et concerne en moyenne les trois quarts des jeunes. La montée de la confiance est forte pour des institutions liées à la démocratie représentative comme le Parlement, le système judiciaire, l'administration, bien qu'à peine la moitié des jeunes soit concernée. Quant au Gouvernement et aux partis politiques, introduits dans la dernière enquête, moins d'un quart des jeunes leur fait confiance. Des institutions de la société civile comme les syndicats ou la presse connaissent des évolutions contrastées. La confiance dans les syndicats augmente de 14 points depuis 1999 et concerne la moitié des jeunes, avec un taux supérieur de 10 points à celui des 30 ans et plus. Mais la presse paraît perdre l'image d'un contre-pouvoir, ne recueillant la confiance que d'un peu plus du tiers des jeunes en 2008. Jeunes et adultes restent très attachés à l'idée démocratique et cet attachement a augmenté depuis 1999. En même temps, tous les indicateurs d'insatisfaction vis-à-vis de la démocratie sont à la hausse, tandis que l'on note un attrait pour un gouvernement technocratique parmi la moitié des jeunes, voire pour un régime autoritaire chez près d'un quart d'entre eux. S'ils peuvent traduire une prise de distance face aux formes actuelles de la vie politique, ces résultats n'en dénotent pas moins une fragilité de l'idée démocratique.

Nous avons vu que les jeunes les moins éduqués se définissent plutôt par le retrait social et par un faible engagement dans la société : ce retrait se retrouve dans leur lien à la politique et à la démocratie. Ainsi, les jeunes les plus instruits sont tout aussi critiques à l'égard de la classe politique que les jeunes les moins instruits, mais ils restent davantage attachés au fonctionnement et aux principes de la démocratie représentative. Ce sont eux qui développent des actions de protestation. Au contraire, les jeunes les moins diplômés sont les moins actifs politiquement : plus abstentionnistes, plus en retrait des formes de participation protestataire, ces jeunes seraient toutefois davantage partisans de changer radicalement la société par une action révolutionnaire. Ils accepteraient mieux un leadership autoritaire et refusent plus souvent de se situer sur une échelle politique. Confrontés à des formes d'insertion inégalitaires, les jeunes peu ou pas diplômés rejettent une société qui elle-même tend à les exclure. C'est donc parmi ces jeunes que peut se creuser un rapport distancié à la politique. L'absence de formation, couplée avec des déficits sociaux, renforce un refus des principes démocratiques pour réguler le vivre ensemble.

Complétant le chapitre sur la politique, la notice rédigée par Jean-François Tchernia s'interroge sur la transmission des valeurs politiques [1]. À partir de huit questions relatives au contexte familial de l'enquêté lorsqu'il avait 14 ans, Jean-François Tchernia étudie comment ce contexte peut influer sur la politisation. Il constate l'existence de relations significatives entre, d'une part, un contexte familial ouvert culturellement, stable économiquement et orienté vers la mobilisation cognitive en matière de politique et, d'autre part, la propension de l'enquêté à être aujourd'hui actif politiquement, soit dans les relations sociales (discussions politiques entre amis), soit dans un cadre plus collectif (participation à différentes actions politiques), soit encore dans un contexte institutionnel (participation électorale). Dans les foyers où les parents étaient le

1. Notice 6 : « Le contexte familial influe-t-il sur la politisation ? ».

plus politisés, une forme de transmission s'opère, notamment par l'échange entre les générations (discussions politiques), par l'exemple parental (suivi de l'actualité, intérêt pour la lecture). Les générations nées entre 1948 et 1983 marquent une rupture par rapport aux précédentes : l'éducation qu'elles ont reçue était plus libérale et plus ouverte à la discussion entre parents et enfants. Dès lors, si les plus de 60 ans apparaissent comme les moins politisés et les 18-24 ans comme ceux qui le sont plus, les variations par âge sont beaucoup moins nettes entre 25 et 59 ans. Dans toutes les générations, les individus les plus instruits ont souvent grandi dans une famille ouverte à l'information et à la discussion et sont plus actifs politiquement aujourd'hui.

Différences selon le genre

Les résultats de l'enquête montrent l'existence de plusieurs jeunesses, révélant en particulier une polarisation selon le niveau d'études des jeunes. Mais des différences peuvent-elles être décelées qui seraient liées au genre ? Ou bien le développement de la scolarisation et du travail féminin dans les dernières années a-t-il entraîné une homogénéisation entre les valeurs portées par les jeunes femmes et par les jeunes hommes ? Ce sont ces rapprochements et ces clivages qu'analyse Nathalie Dompnier[1]. De prime abord, les résultats de la dernière enquête semblent ramener à une conception traditionnelle des rôles sociaux : les jeunes femmes apparaissent plus attachées à la famille et accordent davantage d'importance à la spiritualité, tandis que les jeunes hommes manifestent un intérêt plus soutenu pour la politique. Cependant, cette partition des valeurs, apparemment stable, a connu des transformations et l'interprétation que l'on peut en faire a changé. Certes, les opinions masculines et féminines se rejoignent sur la place centrale de la famille, sur les obligations et les devoirs qu'elle implique, mais aussi sur une approche libérale et égalitaire du couple. Toutefois, les résultats montrent l'émergence d'une génération de jeunes femmes exigeantes à l'égard de la famille, tant sur des aspects

1. Chapitre 5 : « Jeunes hommes et jeunes femmes : une nouvelle partition des valeurs ».

privilégiés de longue date par les femmes (fidélité, enfants) que sur des dimensions plus personnelles de l'épanouissement au sein du couple (discussions, respect mutuel, entente sexuelle). Le travail est davantage valorisé par les jeunes femmes, en écho au rôle qu'elles lui confèrent dans leur indépendance : elles ne sont donc pas prêtes à y renoncer pour la vie de famille. Le progrès de l'activité féminine et du niveau d'études des jeunes femmes semble avoir induit une profonde mutation dans les rapports entre travail et maternité, les réponses des jeunes hommes sur ces questions étant plus nuancées. Au cours des vingt dernières années, les jeunes femmes affirment plus que les hommes la compatibilité du travail avec la vie familiale et l'épanouissement des enfants.

En matière de religion, on a longtemps pu observer que les femmes étaient plus croyantes et pratiquantes que les hommes. Si désormais les jeunes femmes ne sont pas plus attachées que les jeunes hommes à l'Église en tant qu'institution et si elles ne pratiquent pas davantage, leur religiosité reste plus forte. Elles considèrent plus souvent que les jeunes hommes que les Églises apportent de bonnes réponses aux besoins moraux des individus et aux problèmes qui se posent dans la famille. Elles sont plus nombreuses à consacrer des moments à la prière ou à la méditation, à se montrer sensibles à la spiritualité, à croire en une vie après la mort. En matière de politique, l'élévation de leur niveau d'études ne les a pas conduites, comme on aurait pu le penser, à être davantage politisées. En revanche, leurs formes de participation, davantage protestataires, se sont rapprochées de celles des jeunes hommes. Alors que le positionnement à gauche des jeunes hommes a décru dans les années 1980, celui des jeunes femmes, après avoir décliné plus progressivement, est remonté davantage en 2008. Les jeunes femmes ne sont pas les plus favorables à une transformation radicale de la société : elles sont plus confiantes dans les institutions et plus attachées aux valeurs d'ordre. Selon Nathalie Dompnier, on retrouve ici une tendance forte des années 1990-2000, à savoir une combinaison plus fréquente de positions à gauche et de valeurs d'ordre. Les transformations profondes du statut de la femme, conclut l'auteure, n'ont pas provoqué un rapprochement général des valeurs selon le genre. Des convergences peuvent être décelées, marquant une rupture par rapport à des clivages propres aux générations précédentes. Mais les divergences ne disparaissent pas et ne peuvent être liées à la reproduction de valeurs attachées à des rôles sociaux traditionnels. Les valeurs se transforment, mais leurs spécificités associées au genre restent présentes.

La notice que Jean-Hugues Déchaux consacre à la famille apporte des éléments complémentaires sur ces différenciations selon le genre [1]. La famille reste le domaine de valeurs le plus plébiscité, tant par les jeunes que par les adultes : 85 % des 18-29 ans la considèrent comme très importante dans la vie en 2008, pour 88 % des 30 ans et plus. Cependant, sous l'influence des jeunes générations, les formes d'organisation de la famille et les conceptions de la parenté évoluent depuis trente ans vers des positions toujours plus favorables à la diversité des pratiques, à l'égalité des droits entre les sexes, à la liberté de choix en dehors de toute imposition normative. La vie familiale apparaît ainsi comme étant l'affaire des jeunes avant d'être celle de la société. En analysant selon le genre les résultats de l'enquête, Jean-Hugues Déchaux montre que les opinions juvéniles convergent sur la morale familiale à transmettre aux enfants, sur les principes et sur l'organisation de la vie de couple, alors même qu'il existe un écart entre ces opinions et des pratiques domestiques demeurées très inégalitaires. Mais, sur le modèle de parenté, les différences entre hommes et femmes se confirment : les femmes apparaissent plus modernes que les hommes, plus confiantes dans la capacité d'évolution de ce modèle. Elles sont ainsi plus favorables à l'insémination artificielle, à l'adoption par les couples homosexuels, au fait d'être une mère célibataire avec enfant. Les hommes restent davantage attachés à une conception plus traditionnelle, bilatérale et hétérosexuelle de la parenté : deux parents géniteurs, un homme et une femme, sont nécessaires à l'épanouissement de l'enfant.

---

1. Notice 1 : « Famille : que reste-t-il du modèle patriarcal ? ».

Différences selon l'origine

Alors que l'on note des divergences persistantes dans les valeurs des jeunes induites par le genre, peut-on déceler l'existence de différences qui seraient liées à l'origine migratoire ? Davantage représentés dans l'enquête Valeurs de 2008, les jeunes issus des immigrations peuvent être observés dans certaines de leurs spécificités ou de leurs proximités avec l'ensemble des jeunes enquêtés. C'est l'objectif du chapitre rédigé par Antoine Jardin et Vincent Tiberj [1]. Afin de disposer d'effectifs plus nombreux, ce chapitre élargit aux trentenaires l'échantillon pris en compte et considère les résultats relatifs aux 18-39 ans dans plusieurs domaines de valeurs. Sur les questions concernant le divorce, l'avortement, l'homosexualité, l'adoption par les couples homosexuels, le fait d'être immigré ou descendant d'immigrés n'a pas d'effet spécifique. C'est la religion qui a ici une influence : les musulmans se caractérisent par un plus grand conservatisme en matière de mœurs et, dans une moindre mesure, en matière de rôles sexués. La religion ainsi que le niveau d'éducation influent également sur le rapport au libéralisme économique. Les musulmans se démarquent des catholiques par une position significativement plus distante vis-à-vis des attitudes libérales, en même temps qu'un faible bagage scolaire (niveau primaire) entraîne des opinions plus favorables à l'intervention étatique.

Des différences liées à l'origine migratoire apparaissent toutefois dans d'autres domaines de valeurs. Ainsi, les migrants et les descendants de migrants sont plus enclins à souligner l'importance du travail et du mérite. Antoine Jardin et Vincent Tiberj estiment que le travail apparaît d'autant plus important dans les stratégies individuelles et familiales que, le plus souvent, les personnes marquées par des trajectoires migratoires récentes ne disposent pas de ressources en patrimoine ou en capitaux. Loin de remettre en cause l'importance de l'effort et du travail, les migrants et leurs descendants y adhèrent donc davantage que l'ensemble des autres jeunes. En outre, l'origine migratoire induit une forme de solidarité des migrants et de leurs enfants.

---

1. Chapitre 6 : « Des jeunes parmi d'autres ? Les jeunes issus des immigrations ».

À niveau de diplôme et à profession similaires, les immigrés comme les descendants d'immigrés acceptent davantage les nouveaux venus que l'ensemble des 18-39 ans. Cette solidarité migratoire ne se limite pas aux immigrés et aux descendants les plus susceptibles de discriminations, parce qu'originaires du Maghreb ou d'Afrique, mais concerne les personnes d'autres origines. « La mémoire de la trajectoire migratoire continue de peser dans les familles et sur les systèmes de valeurs », soulignent Antoine Jardin et Vincent Tiberj.

En ce qui concerne le rapport à la démocratie, on retrouve le niveau d'études comme facteur explicatif. Les plus diplômés expriment davantage de satisfaction vis-à-vis de la situation de la démocratie en France, tandis qu'aucune différence ne semble être introduite par la proximité à l'islam. Mais l'étude du facteur migratoire révèle que le fait d'être originaire du Maghreb ou d'Afrique, voire d'autres pays, introduit une plus forte probabilité de confiance dans la démocratie. Selon les auteurs, une explication de ce résultat pourrait provenir de la comparaison entre la situation des pays d'origine (ou considérés comme tels en raison de l'histoire familiale), souvent non démocratiques, avec le cas français. « Dans un tel contexte, le jugement normatif sur la situation de la démocratie se base non pas sur des principes formels et une conception théorique de la démocratie, mais sur le rapprochement avec les difficultés de l'expression politique dans un pays non démocratique. » Selon Antoine Jardin et Vincent Tiberj, les influences des origines migratoires sur les attitudes des jeunes sont réelles sans être univoques : elles peuvent se combiner avec les effets d'autres variables, tout particulièrement l'appartenance religieuse. On ne peut donc subsumer toutes les différenciations sociales sous l'origine, mais l'origine n'est pas sans peser sur les systèmes de valeurs des jeunes concernés : ceux-ci sont des jeunes parmi d'autres en quelque sorte, ni vraiment différents, ni tout à fait les mêmes.

Après avoir vu les différenciations dans les valeurs des jeunes selon qu'ils sont ou non issus des immigrations, c'est l'examen des effets sur les valeurs de l'origine rurale des jeunes qui est conduit par Jean-Paul Bozonnet, en analysant les différences éventuelles avec les valeurs des jeunes urbains[1]. Habitant des communes de moins de 2000 habitants, néanmoins situées dans la mouvance de l'urbain, les ruraux de 18 à 29 ans appartiennent à des catégories socioprofessionnelles plus modestes que leurs homologues des villes : si seulement 10 % d'entre eux sont des enfants d'agriculteurs, la moitié est issue de parents ouvriers. Leur niveau d'études est nettement moins élevé que celui des jeunes urbains, puisqu'ils se dirigent en priorité vers des études techniques courtes. En matière de sécularisation, d'individualisation et de libéralisme des mœurs, les jeunes ruraux ont désormais largement rattrapé leurs écarts avec les jeunes urbains, voire les ont dépassés. Leur relation privilégiée avec l'Église catholique a donc disparu. S'ils ont davantage confiance qu'il y a vingt ans dans l'armée, la police et la justice, manifestant ainsi leur désir d'ordre social à l'unisson des jeunes urbains, leur surcroît de confiance vis-à-vis de l'administration et des institutions politiques s'est désormais inversé pour devenir un déficit par rapport aux jeunes habitant en ville : seule demeure leur confiance un peu plus forte dans les syndicats. Par rapport aux jeunes urbains, ils manifestent un retrait persistant face à la politique, ils expriment des doutes accrus sur la démocratie et une revendication égalitariste plus marquée, tout en étant davantage repliés sur la conservation de l'ordre existant. Leur confiance dans les autres, étrangers ou lointains, s'est dégradée, entraînant un repli sur les relations familiales et de voisinage. Comme le souligne Jean-Paul Bozonnet, ces évolutions reflètent moins des effets spécifiques de la ruralité qu'elles ne traduisent les influences du niveau d'études et de la position sociale. Aussi les valeurs des jeunes ruraux ne sont-elles guère différentes de celles d'une bonne partie de la jeunesse urbaine de même condition.

Contre quelques idées reçues : les rapports au travail, au libéralisme, à l'écologie

Après la famille, c'est le travail qui est régulièrement cité comme un domaine très important de la vie : en 2008, 70 % des jeunes partagent cette opinion pour 68 % des 30 ans et plus.

1. Notice 5 : « Jeunes ruraux : l'inversion des valeurs avec la ville ? ».

Alors que les discours publics s'inquiètent régulièrement d'une remise en cause de la « valeur travail », notamment parmi les jeunes, les résultats de l'enquête Valeurs contredisent cette idée. Non seulement les jeunes accordent autant d'importance que leurs aînés au travail, mais ils lui en accordent même de plus en plus depuis 1981, suivant en cela les attitudes des autres classes d'âge. La notice rédigée par Frédéric Gonthier et Emmanuel de Lescure confirme une nouvelle fois le rapprochement des valeurs entre les différentes générations[1]. Ce consensus générationnel peut s'expliquer à la fois parce que l'attachement au travail est d'autant plus fort que ce dernier devient un bien rare, et parce que le statut socioprofessionnel contribue pour beaucoup à définir l'identité personnelle. Entre 1999 et 2008, les opinions concernant la dimension normative du travail, particulièrement le travail comme devoir social, progressent fortement dans toutes les classes d'âge. Parmi toutes les générations d'actifs occupés, la satisfaction au travail tend à augmenter avec l'âge. À l'exception du souhait de « bien gagner sa vie », les attentes matérielles à l'égard du travail, renvoyant à sa dimension instrumentale, ont diminué entre 1999 et 2008, tant chez les jeunes que chez les adultes. Les attentes en termes de réalisation de soi et de qualité des relations interpersonnelles sont plus choisies et plus stables chez les jeunes, voire en légère progression entre 1999 et 2008. Il reste que les opinions sur le travail dénotent aussi un clivage au sein des jeunes générations signalant là encore l'influence du niveau d'études. La valorisation du travail se rencontre davantage parmi les jeunes les moins favorisés, tandis que les jeunes, notamment les hommes, les plus privilégiés économiquement et culturellement sont les plus disposés à minimiser son importance.

Avec la dévalorisation du travail, le fort rejet du libéralisme par les jeunes constitue une autre opinion communément admise. Frédéric Gonthier démontre le contraire[2]. Les jeunes ne sont pas davantage critiques vis-à-vis du libéralisme économique que les adultes. Au sein de l'échantillon des 18-29 ans, les

1. Notice 2 : « Malheureux en emploi, heureux au travail ? ».

2. Notice 3 : « Les jeunes remettent-ils en cause le libéralisme économique ? ».

plus jeunes d'entre eux, les 18-24 ans, ont même tendance à l'être moins. Les réponses à des questions posées à partir de 1990 indiquent que l'adhésion au libéralisme économique est en net retrait depuis cette date, tant chez les jeunes que dans les autres classes d'âge. Par ailleurs, si les attitudes anti-libérales ont progressé, l'opinion dominante semble plutôt se fixer, chez les jeunes comme chez les adultes, autour d'un modèle social-libéral, attendant de l'État qu'il corrige les effets les plus inégalitaires de l'économie de marché. Sur ce point, la convergence entre les attitudes des jeunes et celles des adultes se reproduit, entraînant une homogénéisation des valeurs économiques. En tout cas, la défiance montante des Français vis-à-vis du libéralisme ne trouve pas son origine dans la crise financière mondiale ouverte en 2007 : elle peut davantage s'expliquer par la progression depuis vingt ans de certaines inégalités et du sentiment que ces inégalités, issues de l'économie de marché, se développent.

Autre idée reçue : les jeunes seraient plus sensibilisés que les adultes aux questions relatives à l'environnement. Une fois encore, les résultats de l'enquête Valeurs, tels qu'ils sont analysés sur ce thème par Jean-Paul Bozonnet, vont à l'encontre de cette idée [1]. Certes, les valeurs des jeunes sont davantage inscrites que celles des adultes dans l'écocentrisme, vision du monde promouvant la nature comme sujet central de l'histoire. Toutefois, cette conception du monde demeure peu engagée et conduit rarement à des pratiques environnementales. Ces pratiques sont mesurées dans l'enquête par trois dimensions. L'adhésion et le bénévolat dans des organisations environnementales tout d'abord, qui sont similaires chez les jeunes et les adultes avec 3 % d'appartenance à une association et 1 % de bénévolat. L'intention de vote en faveur d'un parti écologiste ensuite, qui ne présente guère d'écarts entre jeunes et adultes (9 % des intentions) si ce n'est après 60 ans (4 %). La propension au don d'argent en vue de protéger l'environnement enfin, qui décroît avec l'âge pour passer de 60 % des 18-29 ans à 44 % des plus de 60 ans. Seul ce mode d'engagement, plus individualiste que la participation associative, est à chaque

1. Notice 4 : « L'écologisme chez les jeunes : une résistible ascension ? ».

enquête davantage présent chez les jeunes : cet effet d'âge reste à expliquer. Désormais, bien plus que les jeunes, ce sont les plus âgés des Français qui constituent un groupe à part, toujours présents dans les associations, mais moins prêts au don financier et encore moins au vote Vert. Comme d'autres domaines de valeurs, l'écologisme témoigne ainsi d'un rapprochement des systèmes de valeurs entre les différentes classes d'âge, à l'exception des plus âgées conservant des valeurs plus traditionnelles. Après s'être diffusé dans la société française par vagues générationnelles, l'engagement écologiste tend depuis vingt ans à se stabiliser, y compris chez les jeunes Français.

Bibliographie

Bréchon Pierre, « Introduction », in Bréchon Pierre (dir.), *Les valeurs des Français*, Armand Colin, Paris, 2003 (2e éd.).

Bréchon Pierre, Tchernia Jean-François, « L'évolution des valeurs des Français », *Futuribles*, no 253, 2000.

Galland Olivier, « Qu'est-ce que la jeunesse ? », introduction à l'ouvrage *Les jeunes*, Insee, 2000, p. 9-12.

Chapitre 1

Convergence des valeurs selon l'âge et clivage selon le niveau d'études

Olivier Galland

Ce chapitre a un double objectif. Il tentera d'abord de faire une synthèse des principales évolutions des valeurs des jeunes. En effet, maintenant que nous disposons de quatre vagues d'enquête, sur un grand nombre de questions et de domaines de valeurs étudiés, il n'est pas si facile d'avoir une vue synthétique des évolutions. Certaines techniques statistiques permettent d'y parvenir. Le second objectif est d'introduire une clé de lecture différentielle des valeurs des jeunes selon leur niveau d'études. En effet, on sait que la variation des valeurs en fonction de cette variable peut être très forte. L'est-elle aujourd'hui autant qu'hier ? Comment ont évolué les valeurs des jeunes de différents niveaux de formation ? Y a-t-il convergence ou divergence des valeurs en fonction de cette variable ? Cet examen est important car, dans le domaine socio-économique, le clivage de la jeunesse en fonction de la possession ou non d'un diplôme se renforce. Un clivage des valeurs correspond-il au clivage des situations d'emploi et de revenu, en grande partie déterminées par le niveau de diplôme ?

Les valeurs des jeunes : grandes tendances d'évolution

Nous repartirons d'un travail effectué pour une publication précédente (Galland, Lemel, 2006) sur l'ensemble de la population enquêtée, dans lequel nous avions construit une série d'échelles ou de « scores » permettant de synthétiser les attitudes propres à des sous-domaines de valeurs[1]. Ces sous-domaines comprennent les normes morales et civiques, le travail, les attitudes familiales, la confiance dans les autres et les institutions, la participation associative, les attitudes religieuses et politiques, l'attitude à l'égard de l'autorité, la tolérance à l'égard des autres, le localisme ou le cosmopolitisme. Lorsque l'on examine les liens et les oppositions entre ces sous-domaines de valeurs, on aboutit à un résultat très proche de celui auquel nous étions parvenus avec Yannick Lemel en 2006, ce qui en soi n'est pas étonnant, les structures de valeurs ayant une assez grande stabilité.

L'analyse en composantes principales[2] sur ces échelles montre en effet un premier facteur de tradition-autonomie et un second d'intégration-retrait. Les Français se divisent d'abord, du point de vue des valeurs, selon qu'ils adhèrent ou non à des valeurs « traditionnelles » (stabilité des cadres sociaux et valorisation du passé), puis selon la force de leur sentiment d'appartenance et de participation à la société (à travers notamment

1. Nous nous étions appuyés sur un premier travail méthodologique réalisé par Loek Halman et Astrid Vloet, *Measuring and Comparing Values in 16 Countries of the Western World* (Work and Organization Research Centre, Tilburg University, Tilburg [Pays-Bas], novembre 1994), en l'actualisant. Chaque score est construit à la suite d'analyses factorielles et d'analyses de fiabilité pour s'assurer de la cohérence des échelles. Pour le présent travail, nous avons retenu quatorze échelles synthétiques, les variables ayant servi à les constituer étant communes aux quatre vagues d'enquête. Voir l'annexe 1, à la fin de ce chapitre, pour la composition des échelles.

2. Cette technique statistique permet de synthétiser les oppositions principales entre des groupes d'individus en fonction d'un ensemble de variables « actives » (celles sur lesquelles porte l'analyse) ordinales ou continues (ici, il s'agit d'échelles ordinales). L'analyse permet de dégager ainsi des facteurs d'importance décroissante pour expliquer la variation des opinions. On peut représenter graphiquement les principales oppositions sur un plan (pour le premier et le deuxième facteur par exemple) et, dans un second temps, projeter sur ce plan des variables dites « illustratives » qui montrent comment les individus de l'échantillon se situent dans l'univers des valeurs définies par les axes, en fonction de certaines de leurs caractéristiques (sexe, âge, niveau d'études, etc.).

le travail, la politique, les associations), et de confiance dans ses membres.

Le premier facteur[1] oppose ainsi les Français qui sont attachés à une conception traditionnelle de la famille (notamment avec des rôles sexués bien différenciés), qui prônent le respect de normes assez strictes dans le domaine privé comme dans le domaine public, qui ont confiance dans les principales institutions de la société, qui adhèrent aux valeurs d'autorité et qui ont un degré élevé de religiosité, à ceux qui présentent les caractéristiques inverses. Ces derniers n'acceptent pas d'être guidés dans leurs choix de vie par des prescriptions morales ou religieuses, héritées du passé et qu'ils n'auraient pas choisies eux-mêmes. Le deuxième facteur oppose des Français impliqués dans la vie sociale, économique et politique à d'autres qui sont plutôt en retrait sur tous ces plans : la confiance dans les autres, la participation associative, la politisation et la valorisation du travail sont les éléments clés définissant ce facteur.

Lorsque l'on examine ensuite, pour l'ensemble des quatre vagues étudiées (figure 1), comment se situent les différentes classes d'âge sur le plan formé par ces deux axes, on constate que l'évolution des valeurs forme une courbe en U renversé allant des valeurs d'autonomie vers les valeurs traditionnelles avec l'avancée en âge et ayant le niveau le plus élevé d'intégration au milieu du cycle de vie. En vieillissant, les Français deviennent à la fois plus traditionnels et mieux intégrés à la société, ce sentiment d'intégration étant très faible durant les années de jeunesse et diminuant à la fin du cycle de

1. Voir l'annexe 2 qui présente les corrélations variables-facteurs pour l'ensemble de la population et pour les 18-35 ans aux quatre dates des enquêtes Valeurs. Nous avons retenu la classe d'âge assez large « 18-35 ans » pour définir la jeunesse afin de disposer d'effectifs suffisants pour mener des analyses statistiques à l'intérieur de ce groupe, notamment en fonction du niveau d'études.

vie. Les jeunes adhèrent donc plus que les adultes à des valeurs d'autonomie, mais ils ont aussi un sentiment nettement affaibli d'appartenance à la société, ce qui peut paraître inquiétant.

De 1981 à 2008, les valeurs ont surtout évolué le long du second axe, dans le sens d'une plus forte intégration. En moyenne, les valeurs ont évolué également vers une adhésion plus marquée à l'autonomie ou à l'individualisation[1] (Bréchon, Galland, 2010). Cette évolution est un mouvement de longue durée qui voit reculer l'emprise d'une société normative et croître le désir des Français de définir par eux-mêmes leur manière de vivre.

Figure 1. La position des classes d'âge et l'évolution de 1981 à 2008 sur les deux premiers axes de l'analyse en composantes principales sur les valeurs

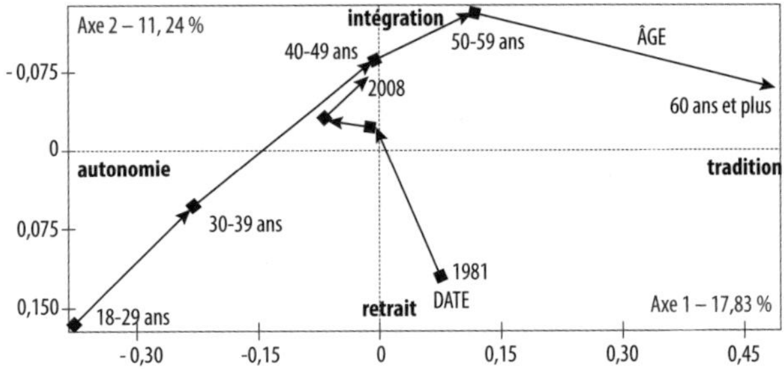

Lecture : ne sont présentes sur cette figure que des variables « illustratives » (l'âge et la date d'enquête) de l'analyse en composantes principales qui portait sur l'ensemble des échelles de valeurs (voir les annexes 1 et 2). L'axe horizontal oppose les Français attachés à des valeurs traditionnelles (à droite), notamment dans le domaine familial et concernant la morale privée et les mœurs, à des Français plus attachés à la liberté de chacun dans ces domaines (à gauche). Le second axe, vertical, oppose (en haut) les Français les plus actifs dans la vie sociale et économique (politisés, impliqués dans le travail, plus souvent membres d'association) et confiants dans les autres, aux Français ayant les caractéristiques inverses, et donc en retrait de la vie sociale et économique.

1. D'après les enquêtes Valeurs, l'adhésion aux valeurs traditionnelles a fortement reculé de 1981 à 1999, mais ce recul semble s'être arrêté en 2008.

Figure 2. Les valeurs des jeunes – quelques variables illustratives

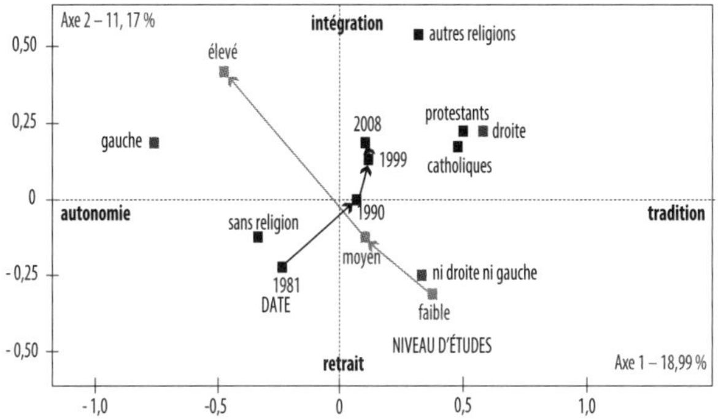

Lecture : l'analyse porte sur les mêmes échelles que dans la figure 1, mais elle est restreinte au champ des personnes de 18 à 35 ans.

Cela ne signifie pas l'apparition d'une société sans normes, mais d'une société où les normes veulent être librement choisies dans le respect mutuel. Le ralentissement ou même l'arrêt de ce mouvement à la fin des années 1990 et au début des années 2000 est pour le moment difficile à interpréter : s'agit-il d'une pause ou d'une inflexion durable ? Il est difficile de le dire aujourd'hui, même si, comme on va le voir, la convergence des valeurs selon l'âge peut donner le sentiment que l'on parvient à un point d'équilibre.

Si l'on réplique cette analyse sur les seuls jeunes, on obtient un résultat très proche du point de vue de l'organisation des valeurs[1] : ce sont les mêmes échelles qui définissent les deux premiers axes. En revanche, l'évolution des valeurs d'une date à l'autre est assez différente de celle que l'on constatait pour l'ensemble de la population : de 1981 à 2008, les valeurs des jeunes se sont assez nettement rapprochées du pôle traditionnel

1. Voir l'annexe 2.

(figure 2[1]). En réalité, le mouvement en ce sens a été surtout sensible de 1981 à 1990 ; par la suite, l'inflexion a été modeste. Au début des années 1980, les jeunes étaient probablement encore fortement influencés par des valeurs « contre-culturelles » qui se présentaient souvent comme une contestation fondamentale de l'organisation et des institutions de la société française (et des sociétés comparables). Dans les dix ans qui ont suivi, cette influence s'est manifestement fortement amoindrie. Cela ne veut pas dire, bien évidemment, que les jeunes sont devenus plus traditionnels que les adultes ou les personnes âgées, mais cela signifie que l'écart entre les classes d'âge à ce sujet s'est fortement réduit.

La figure 3 en propose une illustration assez spectaculaire. Elle montre l'évolution d'une échelle synthétique d'adhésion aux valeurs « traditionnelles » construite à partir des questions les plus corrélées au premier facteur de l'analyse factorielle[2]. Elle illustre le très fort rapprochement des attitudes en ce domaine selon l'âge dû à la fois au regain des valeurs traditionnelles chez les jeunes (essentiellement entre 1981 et 1990 avec une stabilisation par la suite) et au très net déclin de l'influence de ces mêmes valeurs traditionnelles chez les adultes. Ainsi, en 2008, le « score de traditionalisme » de tous les Français âgés de 18 à 50 ans est équivalent alors qu'il était profondément divergent vingt-sept ans plus tôt.

1. Sont présentes également des variables illustratives (qui n'ont pas concouru à l'analyse mais qui se situent sur le plan factoriel en fonction de leur position sur les deux axes) de niveau d'études (qui sera commenté plus loin), d'orientation religieuse et politique. Les jeunes appartenant à une religion sont plus traditionnels et mieux intégrés (surtout les « autres religions » qui comprennent les musulmans) que les autres. Les jeunes politisés sont logiquement mieux intégrés que les non-politisés, tandis que les jeunes de gauche sont très attachés aux valeurs d'autonomie, à l'inverse des jeunes de droite, beaucoup plus proches des valeurs « traditionnelles » (à l'instar des protestants et des catholiques).

2. En sommant les valeurs standardisées des échelles de morale privée, d'adhésion à l'autorité et d'adhésion à une conception traditionnelle des rôles familiaux. Voir l'annexe 1 pour leur définition.

Figure 3. L'adhésion aux valeurs traditionnelles selon l'âge de 1981 à 2008

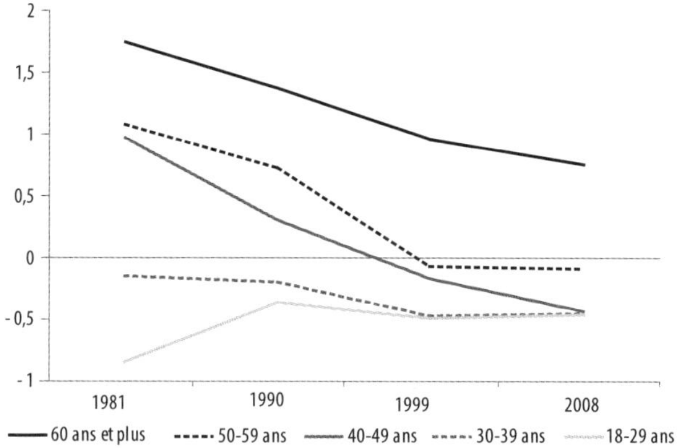

Lecture : les courbes donnent les valeurs par classe d'âge et aux quatre dates d'enquête d'une échelle synthétique de « traditionalisme [1] » qui a été construite à partir des résultats de l'analyse en composantes principales.

Cette convergence des valeurs selon l'âge se constate également, bien que de manière moins nette, dans d'autres domaines, liés moins fortement à ce premier axe d'autonomie-traditionalisme. C'est vrai, par exemple, en ce qui concerne la confiance dans les institutions (qui peut se comprendre comme la manifestation d'un attachement aux cadres sociaux) : la confiance des jeunes dans les institutions était très basse en 1981 et elle a, depuis, assez fortement progressé ; à l'inverse, cette confiance s'est érodée chez les adultes jusqu'en 1999 pour rejoindre le niveau des jeunes. Par la suite, la progression a été régulière dans toutes les classes d'âge. Mais, au total, le niveau de confiance institutionnelle

1. En sommant les valeurs standardisées des échelles de morale privée, d'adhésion à l'autorité et d'adhésion à une conception traditionnelle des rôles familiaux qui sont les trois échelles les plus corrélées au premier facteur de l'analyse en composantes principales.

est beaucoup plus proche selon l'âge en 2008 qu'il ne l'était vingt-sept ans plus tôt.

Concernant la morale publique ou le civisme (figure 4), ce mouvement de convergence se constate également, mais de manière beaucoup plus atténuée. Le civisme, qui globalement est d'autant plus bas que l'on est jeune, a assez nettement progressé chez les personnes de moins de 40 ans et plutôt décliné chez les autres ; mais néanmoins les écarts restent forts car les évolutions sont relativement modérées. Les évolutions concernant la religiosité sont plus erratiques : la tendance la plus régulière concerne les jeunes chez lesquels elle a progressé. Globalement cependant, les écarts entre classes d'âge se sont nettement resserrés en 2008, les 60 ans et plus restant à l'écart avec un niveau de religiosité nettement plus élevé.

Figure 4. Le civisme selon l'âge de 1981 à 2008

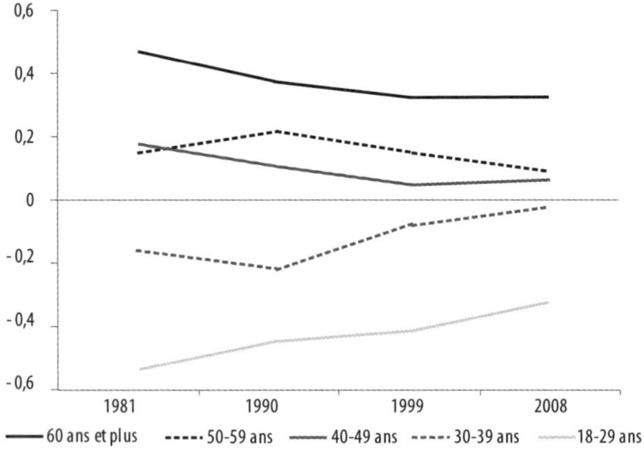

Ces évolutions semblent bien obéir à une cohérence d'ensemble : les jeunes s'éloignent progressivement des attitudes qui manifestaient une grande distance à l'égard des normes et des institutions organisant la société. À l'inverse, les adultes ont fortement modéré leur adhésion, très forte en début de période, à ces normes et ces institutions, et l'ensemble des classes d'âge converge donc vers un point moyen. Ces deux mouvements – le retour relatif des jeunes vers des valeurs plus traditionnelles et l'éloignement des adultes de ces mêmes valeurs – sont liés. En effet, les jeunes ont été dans les années 1960-1970 les initiateurs de la révolution des mœurs qui a enclenché le mouvement d'individualisation. Ce faisant, ils sont entrés à l'époque dans une confrontation parfois exacerbée avec une société qui résistait à ce mouvement, et dont on voit encore des traces au début des années 1980; mais une fois que celui-ci a porté ses fruits, il n'était plus nécessaire de s'opposer aussi nettement à une société qui avait admis beaucoup de changements. De leur côté, les adultes ont été portés par le mouvement d'ensemble vers l'individualisation et, à mesure que les normes s'assouplissaient, ils n'avaient aucune raison d'y résister.

Ce constat de convergence selon l'âge peut être établi aussi concernant l'intégration sociale dont rend compte le second axe de l'analyse en composantes principales. Cette intégration a progressé de 1981 à 2008 et les écarts entre classes d'âge se sont resserrés (à l'exception des 60 ans et plus chez lesquels l'intégration a fortement décliné à partir de 1990). Mais la progression de l'intégration est liée en grande partie à un effet de structure dû à la progression du niveau d'études : lorsque l'on examine les évolutions de l'échelle d'intégration sociale à niveau d'études donné, c'est plutôt la stabilité qui domine et les écarts entre les Français selon le bagage scolaire restent très forts. C'est ce qui explique d'ailleurs très probablement que les 60 ans et plus restent à l'écart du mouvement de progression de l'intégration.

Nous avons donc globalement affaire à une société nettement moins clivée par classes d'âge en 2008 qu'au début de la période. Toutefois, la figure 2 nous montre également (en ce qui concerne les jeunes, mais cela est vrai également pour les adultes) que le clivage selon le niveau d'études reste extrêmement marqué : tant du point de vue de l'adhésion à des valeurs d'autonomie que du sentiment d'intégration, tout oppose les jeunes selon leur niveau d'études. C'est l'objet de la seconde section de ce chapitre.

Les valeurs des jeunes : un clivage persistant selon le niveau d'études

La figure 5 montre comment ont évolué en moyenne les jeunes dans l'espace des valeurs, selon leur niveau d'études, entre 1981 et 2008. Cet espace est formé par les deux premiers axes de l'analyse en composantes principales dont il a été question jusqu'à présent. La variable de niveau d'études a été construite à partir d'une question sur l'âge de fin d'études en divisant la population (ici les 18-35 ans) approximativement en trois parties égales : ceux qui ont terminé tôt leurs études (dès 18 ans ou avant), ceux qui ont terminé à un âge intermédiaire (entre 19 et 21 ans) et ceux qui ont terminé tard (à 22 ans ou après).

Comme le montrait déjà la figure 2, on voit bien d'abord que les jeunes d'un niveau d'études élevé n'appartiennent pas du tout au même univers de valeurs que les autres jeunes : ils se situent dans le quadrant nord-ouest du plan, défini par des niveaux élevés d'autonomie et d'intégration. C'est l'inverse pour les jeunes les moins éduqués, définis plutôt par le retrait social (un faible engagement dans la société) et l'adhésion à des valeurs plus traditionnelles. Mais, surtout, le mouvement de rapprochement des valeurs entre ces deux jeunesses qui s'était enclenché dans les années 1980 n'a pas eu de suite : les jeunes les plus éduqués s'étaient alors éloignés fortement du pôle antitraditionnel (c'était eux, on le sait, qui avaient été à la pointe du mouvement de contestation), tandis que les jeunes de faible niveau d'études devenaient à la fois moins traditionnels et plus engagés dans la société. Mais ce mouvement est resté sans lendemain, ou a même connu une certaine régression. L'intégration a continué de progresser chez les jeunes les mieux formés, alors qu'elle a stagné dans un premier temps, puis décliné dans un second chez les jeunes les moins formés. Le clivage des valeurs entre ces deux jeunesses s'est donc atténué par rapport au début des années 1980, mais il reste malgré tout très marqué et n'a plus connu par la suite d'évolution significative.

Figure 5. L'évolution des valeurs des jeunes selon leur niveau d'études de 1981 à 2008

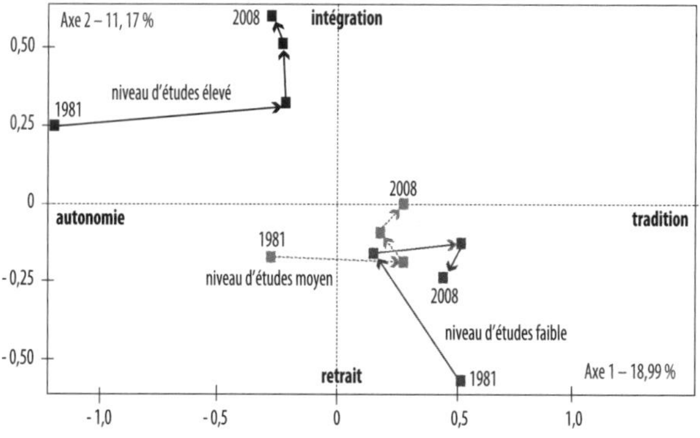

On notera que la divergence entre ces deux jeunesses, si elle s'est globalement atténuée sur la période des vingt-sept années étudiée ici, s'est amplifiée sur la période plus récente 1990-2008 : le niveau d'intégration des jeunes les plus éduqués a notablement progressé (notamment à cause d'un regain de politisation) tandis que le mouvement inverse se constatait pour les jeunes du plus faible niveau d'études. Quant aux jeunes de niveau d'études « moyen », ils sont finalement plus proches des jeunes peu éduqués que de ceux qui ont suivi des études relativement longues et, de 1981 à 2008, ils ont plutôt tendance à se rapprocher des premiers que des seconds. Le clivage des valeurs à l'intérieur de la jeunesse n'oppose donc pas une minorité étroite de jeunes sortis précocement de l'école aux autres, mais plutôt ceux qui ont poursuivi des études post-bac à tous les autres.

On peut essayer de vérifier ces premiers constats de manière plus précise en comparant la variation des scores de traditionalisme et d'intégration à chacune des dates d'enquête en fonction d'un certain nombre de variables explicatives comprenant notamment le niveau d'études (tableau 1).

Il ressort de cette analyse des résultats assez différents pour le traditionalisme et l'intégration. Concernant le traditionalisme, les variables retenues expliquent une part de moins en moins importante de la variation de ce score d'une enquête à l'autre : 35 % en 1981, seulement 11 % en 2008 ; et la part de cette variation expliquée par le niveau d'études baisse également très fortement (près de 8 % au début, un peu plus de 1 % seulement à la fin, un résultat à peine significatif). La variable du niveau d'études était la plus explicative de la variation de ce score en 1981 devant les attitudes politiques et l'orientation religieuse. Son effet est supplanté par celui de ces deux variables dès 1990, puis diminue dans des proportions équivalentes à celui de la religiosité par la suite[1].

1. L'effet politique devient l'effet principal (parmi les quelques variables étudiées ici) en 2008, même si son influence a également beaucoup diminué depuis 1981 et si le clivage entre les jeunes de gauche et de droite s'est nettement atténué.

Tableau 1. La variation des scores de traditionalisme et d'intégration des jeunes (18-35 ans) aux quatre dates de l'enquête et l'effet du niveau d'études

	Score de traditionalisme			Score d'intégration		
	% total de variance expliquée	% de variance expliquée par la variable niveau d'études	Variation du score pour les jeunes de plus faible niveau scolaire	% total de variance expliquée	% de variance expliquée par la variable niveau d'études	Variation du score pour les jeunes de plus faible niveau scolaire
1981	35	7,6	+ 2***	25	10,9	- 1,4***
1990	22	4,1	+ 0,84***	16	3	- 0,41***
1999	13	1,6	+ 0,78**	18	8,3	- 0,96***
2008	11	1,2	+ 0,41*	19	7,5	- 0,86***

*** significatif au seuil de 1 % ; ** de 5 %, ; * de 10 %.

Lecture : les résultats de deux analyses de variance sont synthétisés dans le tableau. Les variables à expliquer sont les scores de traditionalisme et d'intégration. Les variables explicatives sont le sexe, le fait de vivre ou non chez ses parents, la situation d'emploi, le niveau d'études, l'appartenance religieuse et la position sur l'échelle gauche-droite. La catégorie socioprofessionnelle n'a pas pu être utilisée, n'étant pas d'assez bonne qualité dans l'ensemble des quatre vagues. La première colonne de chacune des deux parties du tableau indique le pourcentage total de variance expliquée par le modèle, la deuxième colonne, le pourcentage de variance expliquée par la variable de niveau d'études et la dernière colonne indique la variation du score chez les jeunes de plus faible niveau scolaire.

Le surtraditionalisme des jeunes de faible niveau d'études demeure, mais s'est beaucoup atténué (troisième colonne du tableau 1). Il y a donc eu manifestement un certain mouvement de convergence vers l'individualisation parmi la jeunesse dû à la fois à l'affaiblissement de l'antitraditionalisme des jeunes les plus éduqués et à la progression des valeurs d'autonomie chez les autres (figure 6).

Figure 6. Score de traditionalisme chez les jeunes (18-35 ans) selon le niveau d'études de 1981 à 2008

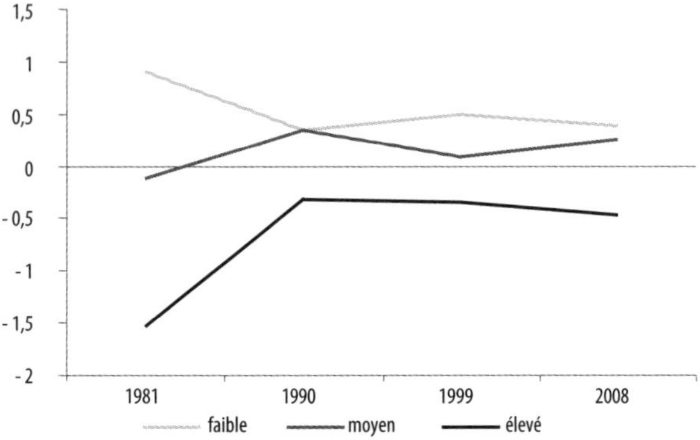

Le diagnostic sur les facteurs explicatifs de la variation du score d'intégration est très différent. Les variables retenues continuent d'expliquer une part importante de cette variation d'année en année (autour de 20 %) et la part du niveau d'études dans ces facteurs explicatifs reste élevée : à part l'année 1990, c'est la variable qui contribue le plus à expliquer cette variation (devant le positionnement politique). Les jeunes de plus faible niveau scolaire demeurent nettement « sous-intégrés », même si c'est à un niveau moindre qu'en 1981. On remarque également que les jeunes positionnés à gauche sont fortement « surintégrés », tandis que les garçons le sont plus que les filles deux années sur quatre (en 1981 et en 2008).

Figure 7. Score d'intégration chez les jeunes (18-35 ans) selon leur niveau d'études de 1981 à 2008

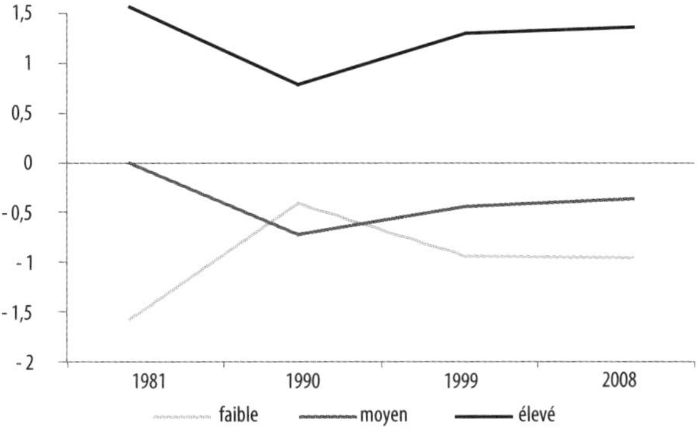

L'évolution de la valeur moyenne du score d'intégration [1] selon le niveau d'études des jeunes (figure 7) confirme ces résultats : le rapprochement du niveau de ce score entre les jeunes les plus et les moins éduqués qui s'était opéré entre 1981 et 1990 est resté sans lendemain et c'est plutôt un nouveau mouvement de divergence qui s'est enclenché par la suite.

Si l'on cherche à décomposer l'évolution du score d'intégration selon certaines de ses composantes (figures 8 et 9), le constat de la non-convergence, voire de la divergence, à partir de 1990 des attitudes des jeunes selon leur niveau d'études est confirmé.

---

1. Ce score d'intégration est construit à partir des échelles de confiance, de participation associative, de politisation, de cosmopolitisme (échelle inverse de l'échelle de localisme) et d'une conception du travail fondée sur la réalisation personnelle (échelle inverse de l'échelle de conception instrumentale du travail).

Figure 8. Évolution de la politisation et de la participation associative selon le niveau d'études des jeunes (18-35 ans)

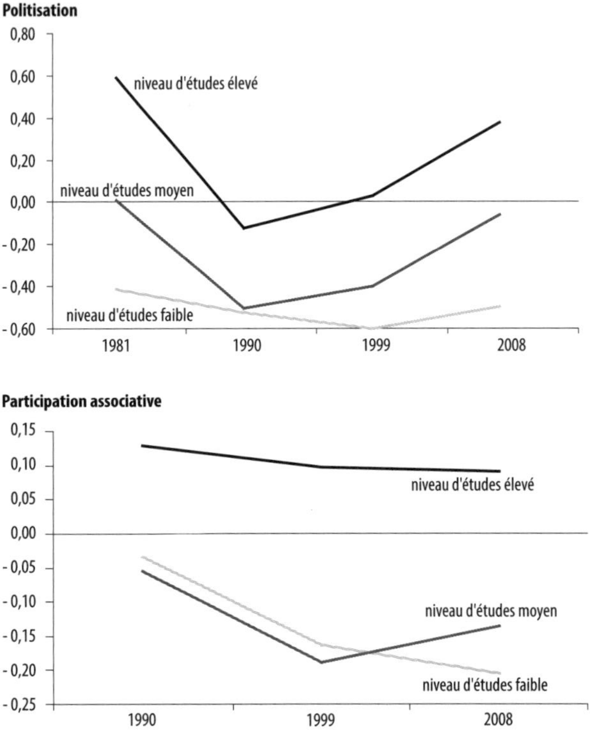

Lecture : voir l'annexe 1 à la fin de ce chapitre pour la définition des échelles. Le score de participation associative n'est pas représenté en 1981, la liste des associations présentées étant légèrement différente à cette date.

Concernant la politisation notamment, son niveau a fortement remonté à partir de 1990 dans la jeunesse la plus éduquée, alors qu'il a stagné chez les jeunes de plus faible niveau d'études : l'écart entre ces deux jeunesses s'est donc accru sur ce registre. Il s'est maintenu quant à la participation associative, globalement déclinante chez les jeunes de niveau d'études faible ou moyen (lorsque l'on ne prend pas en compte les associations sportives et de loisir, comme c'est le cas dans le graphique, pour ne mesurer que la participation associative qui manifeste une certaine forme d'engagement). Enfin, concernant une autre composante importante de l'intégration, la confiance dans les autres, l'écart entre les jeunesses à ce sujet est fort et s'est accru entre 1981 et 2008, du fait essentiellement du déclin du niveau de confiance des jeunes dont le niveau de formation est le plus faible.

Figure 9. Évolution de la confiance des jeunes (18-35 ans) dans les autres selon le niveau d'études

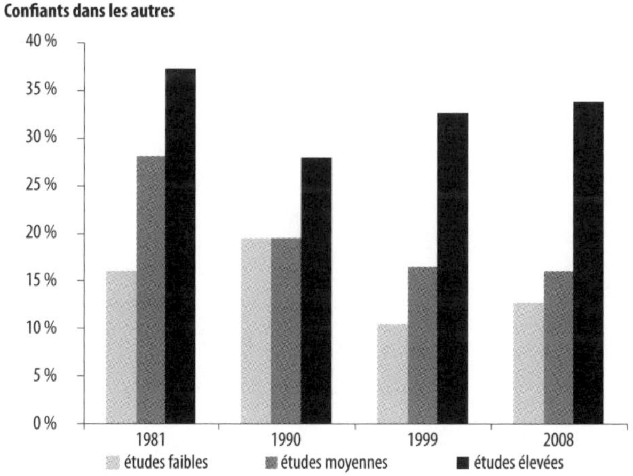

Au total, ces évolutions montrent que le clivage des valeurs entre les jeunesses plus ou moins éduquées s'est plutôt affaibli concernant les mœurs, alors qu'il s'est maintenu, voire accru, dans le domaine de l'intégration du fait d'un déficit d'intégration aggravé des jeunes dont le niveau d'études est le plus faible.

Annexe 1. Les échelles de valeur

Les échelles sont construites à partir de plusieurs questions corrélées entre elles et formant un ensemble cohérent. Des analyses factorielles et des analyses de fiabilité (alpha de Cronbach) sont réalisées pour vérifier la robustesse de chaque échelle. Les agrégations de variables à l'intérieur d'une même échelle se font sur des valeurs normalisées si bien que chaque variable pèse d'un poids équivalent dans la construction de l'échelle.

Échelles d'attitude	Questions rentrant dans la composition de l'échelle	Observations
Degré de religiosité	Croyance en une vie après la mort Croyance en l'enfer Croyance au paradis Croyance au péché Croyance en la réincarnation Croyance en Dieu Croyance en un dieu personnel Importance de Dieu dans la vie La religion apporte force et réconfort Pratique religieuse Prendre un moment pour prier	
Morale privée	Attitude à l'égard de l'adultère Attitude à l'égard de l'homosexualité Attitude à l'égard du divorce Attitude à l'égard de l'euthanasie Attitude à l'égard du suicide	Somme des scores de chaque échelle allant de 1 (toujours justifié) à 10 (jamais justifié)

Échelles d'attitude	Questions rentrant dans la composition de l'échelle	Observations
Attachement à la famille traditionnelle	Un enfant a besoin d'un père et d'une mère Une femme a besoin d'avoir un enfant Désapprouve le fait pour une femme d'avoir un enfant en restant célibataire Le mariage n'est pas une institution dépassée On doit toujours aimer et respecter ses parents Les parents doivent faire de leur mieux pour leurs enfants, même aux dépens de leur propre bien-être Les enfants doivent aimer leurs parents quels que soient leurs qualités et leurs défauts	
Morale publique	Attitude à l'égard du détournement d'indemnités Attitude à l'égard de la fraude fiscale Attitude à l'égard de « l'emprunt » d'une voiture Attitude à l'égard du mensonge Attitude à l'égard de la concussion Attitude à l'égard de la fraude dans les transports	Somme des scores de chaque échelle allant de 1 (toujours justifié) à 10 (jamais justifié)
Adhésion aux valeurs d'autorité	Plus de respect de l'autorité est une bonne chose Il faut maintenir l'ordre dans la nation Il faut suivre les instructions des supérieurs au travail Confiance dans l'armée Confiance dans la police	
Confiance dans les institutions	L'Église Le système éducatif La presse Les syndicats Le Parlement L'administration L'armée La police	
Rejet des voisins	Voisins avec un casier judiciaire Voisins d'une autre race Voisins d'extrême gauche Voisins alcooliques Voisins d'extrême droite Voisins appartenant à une famille nombreuse Voisins émotionnellement instables Voisins étrangers	La question est formulée comme suit : « Sur cette liste figurent différentes catégories de gens. Voulez-vous m'indiquer s'il y en a que vous ne voudriez pas avoir comme voisins ? »

Échelles d'attitude	Questions rentrant dans la composition de l'échelle	Observations
Politisation	Membre d'un parti politique Discute de politique avec ses amis Intérêt pour la politique Pourrait signer ou a signé une pétition Pourrait participer ou a participé à un boycott Pourrait ou a déjà manifesté Pourrait ou a déjà fait grève Pourrait ou a déjà occupé des locaux	
Participation politique protestataire	Rapport, corrigé de l'effet de taille, des actions « protestataires » aux actions « classiques » (membre d'un parti, intérêt pour la politique, discute politique)	
Localisme	Échelon géographique auquel on a le plus le sentiment d'appartenir (ville ou localité, région ou province, Europe, pays tout entier, monde entier)	La valeur de l'échelle est d'autant plus élevée qu'on se sent appartenir à une entité géographique étroite
Importance du travail	Nombre de caractéristiques du travail citées comme importantes	
Orientation instrumentale envers le travail	Échelle opposant les items « réalisation de soi » aux items « conditions matérielles »	
Participation associative	Appartenance aux associations (charitables, religieuses, culturelles, syndicales, politiques, locales, de défense des droits de l'homme, environnementales, professionnelles, de jeunesse) et contribution par du travail bénévole	L'échelle somme le nombre d'associations auxquelles la personne participe, augmenté de deux fois le nombre d'associations pour lesquelles la personne effectue du travail bénévole
Confiance dans les autres	On peut faire confiance à la plupart des gens	

Annexe 2. Corrélations variables-facteurs des analyses en composantes principales sur l'ensemble de la population et sur les 18-35 ans (toutes dates confondues de 1981 à 2008)

	1er facteur		2e facteur	
	Ensemble	18-35 ans	Ensemble	18-35 ans
Confiance	- 0,221	- 0,258	0,462	0,341
Participation associative	- 0,124	- 0,196	0,630	0,553
Adhésion à la famille traditionnelle	0,577	0,603	0,038	0,070
Confiance institutionnelle	0,620	0,576	0,246	0,335
Adhésion aux valeurs d'autorité	0,747	0,745	0,038	0,083
Morale privée	0,654	0,662	0,030	0,010
Morale publique	0,468	0,471	0,285	0,337
Localisme	0,307	0,328	- 0,118	- 0,307
Politisation	- 0,357	- 0,568	0,465	0,394
Politisation protestataire	- 0,013	0,057	- 0,005	0,038
Religiosité	0,462	0,426	0,352	0,427
Valorisation du travail	- 0,209	- 0,114	0,390	0,422
Conception instrumentale du travail	0,170	0,154	- 0,543	- 0,505
Intolérance aux voisins	0,060	0,014	0,090	0,073
% de variance expliquée	18	19	11	11

Bibliographie

Bréchon Pierre, Galland Olivier (dir.), *L'individualisation des valeurs*, Armand Colin, Paris, 2010.

Galland Olivier, Lemel Yannick, « Tradition-modernité : un clivage persistant des sociétés européennes », *Revue française de sociologie*, n° 4, vol. XLVII, 2006, p. 687-724.

Chapitre 2

Renouvellement générationnel, individualisation et lien social

Bernard Roudet

Les jeunes sont-ils individualistes ? Question récurrente qui traverse le discours social et qui marque une inquiétude quant au devenir de notre société : celle-ci serait menacée dans sa cohésion par une montée de l'individualisme, par un repli sur la sphère privée et par une perte des sentiments d'appartenance collective. S'inquiéter d'une « montée » de l'individualisme suppose de reconnaître l'influence du renouvellement générationnel. L'individualisme serait porté par les jeunes générations repliées sur une forme d'égoïsme moral. À l'opposé de cette vision inquiète de l'évolution de la société et de sa jeunesse, un second discours, plus optimiste, pare les jeunes de qualités immuables, parmi lesquelles on compte l'altruisme, la générosité, l'intérêt à l'égard des populations démunies. Ces qualités seraient l'apanage d'une jeunesse homogène, « naturellement » concernée par la société globale, prête à s'engager pour remédier aux problèmes sociaux.

La question de l'individualisme juvénile, exprimée par ces deux visions, s'inscrit plus largement dans la thématique du lien social (Cusset, 2011). Ainsi que le souligne Serge Paugam, la notion de lien social est liée à la conscience que les sociétés ont d'elles-mêmes : son usage exprime de nos jours une interrogation sur ce qui peut faire société dans un monde composé d'individus autonomes. « L'expression "lien social" est aujourd'hui employée pour désigner tout à la fois le désir de vivre ensemble, la volonté de relier les individus dispersés, l'ambition d'une cohésion plus profonde de la société dans son ensemble » (Paugam, 2009, p. 4). Dès lors, un débat entoure l'état actuel du lien social : serait-il ébranlé par une difficulté des sociétés modernes à partager des valeurs et des normes communes ? Peut-il s'accorder avec une autonomie individuelle accrue ou bien est-il fragilisé par les effets d'une montée de l'individualisme ? Ces questions seront abordées à la lumière des données des enquêtes Valeurs, dans le cadre d'analyse qu'elles introduisent (Bréchon, Tchernia, 2009 ; Bréchon, Galland, 2010a ; Galland, Roudet, 2001 ; Galland, Roudet, 2005).

C'est bien évidemment entre les deux discours sociaux précédemment évoqués que se situent les résultats des enquêtes. Le renouvellement générationnel en lui-même n'introduit pas une « crise du lien social », pas plus qu'il ne permet intrinsèquement de « renouer le lien social ». D'une part, le mouvement vers davantage d'individualisation, porté par les générations successives, semble conforter le lien social, impliquant à la fois une montée des valeurs de tolérance et une demande de normes de régulation publique. D'autre part, ce mouvement n'est pas exempt de tendances individualistes : la tolérance peut s'allier à une certaine indifférence, voire à une méfiance envers autrui, tandis que sont valorisés les solidarités familiales, la vie de couple et les liens électifs. Aussi, davantage qu'à un retour vers des valeurs traditionnelles, ces évolutions, dans lesquelles les proximités affectives ont un rôle important, signent l'émergence de modalités de régulation sociale organisées autour d'une morale relationnelle. Ces trois points seront successivement abordés dans ce chapitre.

Le développement de l'individualisation tend à renforcer le lien social

Le développement de l'individualisation est l'une des tendances fortes mises en évidence par les résultats de l'enquête Valeurs. Cette tendance se caractérise notamment par le développement de valeurs de tolérance, favorisant le vivre ensemble au sein d'une société diversifiée, tandis qu'elle entraîne un plus fort respect du principe d'autorité, exprimant une demande de normes de régulation sociale.

La montée du principe de tolérance : vivre ensemble dans une société diversifiée

Dans l'enquête Valeurs, une question fait apparaître les valeurs centrales de la société, celles que les Français cherchent à perpétuer en les transmettant aux nouvelles générations. Posée depuis 1990, cette question propose une liste de onze « qualités que les parents peuvent chercher à encourager chez leurs enfants » et demande aux enquêtés celles qu'ils considèrent comme particulièrement importantes. À chaque enquête, la première attitude choisie, avec un taux de réponses régulier de 80 à 85 %, est « la tolérance et le respect des autres », sans que l'on constate de différence entre les réponses des jeunes et celles des adultes (tableau 1). La tolérance, le respect de chaque individu dans ses différences apparaissent comme des principes prioritaires pour notre société (Roux, 2009)[1].

Tableau 1. Les valeurs centrales des 18-29 ans de 1990 à 2008, et des 30 ans et plus en 2008 (en %)

Qualités les plus importantes à encourager chez les enfants	1990	1999	2008	2008 30 ans et +
La tolérance et le respect des autres	80	85	85	85
Les bonnes manières	63	70	75	70
Le sens des responsabilités	73	70	70	68

1. Selon une étude du Crédoc, les Français, et plus encore les jeunes, voient dans le respect mutuel et dans la tolérance les conditions indispensables d'une meilleure cohésion sociale. Le respect des autres introduit « une notion de réciprocité et la reconnaissance à chacun de sa valeur : autrement dit, j'attends pour moi-même autant de considération que j'en dois à autrui » (Hoibian, 2011, p. 7). D'autres enquêtes mettent en évidence l'importance que les jeunes accordent à la notion de respect (Observatoire de la Fondation de France, 2007).

Avec la tolérance, plébiscitée dans les réponses, deux autres attitudes se détachent nettement, recueillant chez les jeunes des taux autour de 70 % [1]. La valorisation des « bonnes manières », avec une hausse de 12 points depuis 1990 et un taux régulièrement supérieur à celui des adultes, témoigne de l'importance accordée par les nouvelles générations aux dispositions relationnelles, aux comportements à tenir tant au sein de l'environnement proche, famille ou amis, que dans l'ensemble des relations sociales. Cette mise en avant des dispositions relationnelles rejoint l'importance accordée au respect d'autrui dans un souci d'établir des conditions satisfaisantes du vivre ensemble. Enfin, avec un taux stable depuis 1990 d'environ 70 % chez les jeunes comme chez les adultes, le « sens des responsabilités », en tant qu'acceptation des obligations et des conséquences découlant des actes individuels, confirme une attention portée à autrui qui se révèle bien éloignée d'un individualisme du « chacun pour soi », privilégiant la recherche de son seul intérêt personnel.

Cette ouverture sur autrui se traduit dans les comportements relevant de la vie privée. En matière d'homosexualité, de divorce et d'euthanasie, les opinions tolérantes sont désormais majoritaires parmi les 18-29 ans et elles ne sont pas loin de l'être en ce qui concerne l'avortement (tableau 2). Cette libéralisation des mœurs a notablement progressé depuis l'enquête de 1999. La différence entre jeunes et adultes, comme l'évolution depuis trente ans, est particulièrement forte en ce qui concerne l'homosexualité : l'indicateur de tolérance a augmenté pour les jeunes de 31 points depuis 1981 et l'écart entre jeunes et adultes est de 22 points en 2008.

1. En 2008, les huit autres items proposés ne dépassent pas un taux de 42 % parmi les jeunes. Ce sont, par ordre décroissant : l'application au travail (42 %), la détermination et la persévérance (40 %), l'esprit d'économie (38 %), la générosité (37 %), l'indépendance (35 %), l'obéissance (32 %), l'imagination (15 %) et la foi religieuse (8 %).

Tableau 2. La tolérance dans la vie privée chez les 18-29 ans de 1981 à 2008, et parmi les 30 ans et plus en 2008 (en %)

Sont souvent ou toujours justifiés	1981	1990	1999	2008	2008 30 ans et +
L'homosexualité	25	28	40	56	34
Le divorce	46	45	47	58	47
L'avortement	44	33	37	47	38
L'euthanasie	40	42	43	56	56

Lecture : position de 7 à 10 sur une échelle de 1 (jamais justifié) à 10 (toujours justifié).

On ne constate pas en 2008 de fortes différences selon le niveau scolaire des jeunes. Sur l'homosexualité, le divorce et l'euthanasie, le différentiel est en moyenne de 10 points entre les jeunes ayant terminé leurs études au plus tard à 18 ans et ceux qui les ont finies au plus tôt à 21 ans. Seules les réponses sur l'avortement marquent une différence plus forte (25 points). Le renouvellement générationnel se traduit donc par la recherche d'une plus large autonomie dans la vie personnelle, par le souhait d'un épanouissement individuel à l'abri de codes sociaux préétablis (Dompnier, 2010).

La tolérance qui s'est développée à l'égard de comportements de la vie privée se retrouve lorsque l'on considère les attitudes vis-à-vis de certaines catégories de la population. Une question concerne la sélectivité en matière de voisinage : quatorze populations sont proposées aux enquêtés, dont cinq se distinguent par des critères ethniques ou religieux. Il est demandé aux enquêtés de citer les populations qu'ils n'aimeraient pas avoir comme voisins. Globalement, l'intolérance est limitée, chez les jeunes comme chez les adultes, et elle apparaît en baisse depuis l'enquête de 1999. Le rejet en fonction de critères ethniques ou religieux et le rejet des immigrés, notamment, sont fortement minoritaires parmi les jeunes (tableau 3). Ils diminuent entre 1999 et 2008, tout particulièrement en ce qui concerne les musulmans (– 7 points) et les gitans (– 15 points). Ces derniers restent toutefois rejetés par un quart des jeunes et des adultes : pour les quatre autres catégories de population retenues dans le tableau 3, l'intolérance est moindre parmi les 18-29 ans, surtout vis-à-vis des populations de religion musulmane (5 points d'écart). Là encore, le niveau d'études n'est pas un facteur de clivage (2 points d'écart au maximum). Un autre indicateur en matière de xénophobie est une question relative à la préférence nationale en matière d'emploi. Les résultats inclus dans le tableau 3 indiquent que les jeunes qui refusent la préférence nationale sont désormais largement majoritaires (62 %) : ce refus augmente de 20 points depuis 1999 et apparaît en 2008 supérieur de 10 points à celui des adultes. Sur cette question, le clivage en fonction du niveau d'études est plus marqué, mais l'écart ne dépasse pas 10 points. Dans une société pluraliste, les différences individuelles, comme les groupes minoritaires, semblent davantage acceptées sous l'influence du renouvellement générationnel.

Tableau 3. La xénophobie chez les 18-29 ans de 1981 à 2008, et parmi les 30 ans et plus en 2008 (en %)

Ne pas vouloir pour voisins	1981	1990	1999	2008	2008 30 ans et +
Des gens d'une autre race	3	6	6	2	4
Des travailleurs étrangers ou des immigrés	5	8	9	2	5
Des musulmans	–	12	11	4	9
Des juifs	–	3	4	1	3
Des gitans	–	–	39	24	24
Refuser la préférence nationale à l'emploi	–	**42**	**42**	**62**	**52**

La montée du libéralisme des mœurs se conjugue ainsi avec l'accroissement des valeurs humanistes affirmant la valeur et le respect de tout individu, dans une large reconnaissance du principe de tolérance. Ces tendances recoupent deux dimensions du libéralisme culturel, tel qu'il a été défini par Gérard Grunberg et Étienne Schweisguth. Tout d'abord, dans le domaine des mœurs, de la morale sexuelle et familiale, le principe qui prévaut désormais est celui du libre choix de son mode de vie. Ensuite, le principe de reconnaissance de l'égale valeur des êtres humains témoigne de la montée de valeurs humanistes et universalistes. À ces deux dimensions s'ajoute l'affirmation du principe d'autonomie individuelle en opposition à l'autorité inconditionnelle ; ce qui n'implique pas, nous allons le voir, une remise en cause de toute autorité dans la sphère publique (Schweisguth, 2007 ; Grunberg, Schweisguth, 1997)[1].

Les tendances mises en évidence jusqu'à présent sont caractéristiques du mouvement continu de notre société vers davantage d'individualisation. Elles témoignent d'une forte aspiration à l'autonomie dans les choix moraux, d'une valorisation des choix personnels en dehors de toute influence de la société. L'individu devient ainsi le fondement de valeurs qui ne sont plus données de l'extérieur : c'est à lui de les formuler et de les traduire en actes dans la réalité sociale. Il s'agit là d'une évolution historique (Le Bart, 2008) qui a connu ces

1. Étienne Schweisguth souligne que le mécanisme de formation des valeurs humanistes diffère de celui de la formation du libéralisme des mœurs. Alors que la poussée des générations nouvelles est à l'œuvre dans le libéralisme des mœurs, c'est le niveau d'études qui promeut les valeurs humanistes : celles-ci constituent en effet des valeurs abstraites auxquelles l'individu accède par des processus de réflexion et de généralisation, processus grandement favorisés par un niveau scolaire ou culturel élevé (Schweisguth, 2007, p. 9). C'est donc sous l'effet d'une plus forte scolarisation que les nouvelles générations peuvent davantage accéder aux valeurs humanistes et universalistes.

trente dernières années une accélération et qui explique d'autres tendances, comme le relativisme croissant vis-à-vis des idéologies et des religions ou encore la prise de distance à l'égard des institutions. En tant que libre disposition de soi-même, l'individualisation ne saurait être confondue avec l'individualisme : peut-elle toutefois se combiner avec le respect des règles sociales et avec le sentiment d'appartenir à une collectivité ? Ne risque-t-elle pas de déboucher sur un individualisme utilitariste, lorsque l'intérêt personnel est seul guide des conduites, ce qui ne serait pas sans conséquences en termes de lien social ? En fait, selon les résultats des enquêtes Valeurs, la montée du principe de tolérance dans la vie privée se combine avec une montée parallèle du principe d'autorité dans la vie publique.

La montée du principe d'autorité : respecter les normes de régulation sociale

Parmi les questions de l'enquête portant sur la confiance dans les institutions, deux sont relatives à la police et à l'armée. Dans ce contexte, ces institutions hiérarchiques apparaissent comme porteuses de valeurs d'autorité, témoignant du rôle de l'État en matière de régulation sociale. Parallèlement, une question concerne explicitement le respect de l'autorité. Les réponses à ces trois questions sont regroupées dans le tableau 4.

Tableau 4. Les régulations autoritaires parmi les 18-29 ans de 1981 à 2008, et chez les 30 ans et plus en 2008 (en %)

	1981	1990	1999	2008	2008 30 ans et +
Avoir confiance (certaine ou grande) :					
– dans la police	51	63	64	65	75
– dans l'armée	35	45	58	72	72
Ce serait une bonne chose que l'on respecte davantage l'autorité	38	46	62	74	80

Elles indiquent qu'une large majorité des 18-29 ans a confiance dans la police et dans l'armée, la hausse de la confiance dans l'armée étant particulièrement forte et régulière depuis 1981. L'évolution des résultats relatifs à cette institution étatique est très proche de l'évolution des réponses concernant le respect de l'autorité. En 2008, les trois quarts des 18-29 ans estiment que « ce serait une bonne chose de respecter davantage l'autorité », taux qui a augmenté de 12 points depuis 1999 et a quasiment doublé depuis 1981. La confiance dans la police et dans l'armée se révèle peu corrélée avec le niveau d'instruction : 4 points seulement séparent les réponses des jeunes selon qu'ils ont terminé leurs études au plus tard à 18 ans ou fini leur scolarité au plus tôt à 21 ans. En matière de respect de l'autorité, l'écart selon l'âge de fin d'études est à peine plus significatif (7 points).

Par ailleurs, le soutien à l'autorité comme la confiance dans la police et dans l'armée clivent aujourd'hui beaucoup moins les Français selon leurs orientations idéologiques : ce soutien et cette confiance ont ainsi davantage progressé à gauche qu'à droite (Schweisguth, 2009a). La montée de l'individualisation apparaît donc tempérée par la prise en compte de ses effets sociaux : les Français, jeunes comme adultes, n'adhèrent pas à une société où l'exercice des libertés individuelles serait la seule règle. Davantage de liberté dans la vie privée appelle plus de régulations et d'autorité dans la vie publique, les rapports privés étant moins régis qu'autrefois par des normes intériorisées, par des principes clairs et intangibles.

Ce constat est en partie confirmé lorsque l'on examine les résultats de l'enquête relatifs à l'incivisme. Six comportements de fraude sont proposés aux enquêtés, qui sont autant de formes d'incivisme, à propos desquels ils doivent se prononcer à l'aide d'échelles en dix positions allant de la note 1 pour « jamais justifié » à la note 10 pour « toujours justifié ». Ces comportements sont les suivants : « Demander des indemnités au-delà de ce à quoi on a droit », « Tricher dans sa déclaration d'impôts si on en a la possibilité », « Mentir pour défendre son intérêt personnel », « Accepter un pot-de-vin dans l'exercice de ses fonctions », « Payer en liquide pour éviter les impôts », « S'arranger pour ne pas payer le billet dans le train ou l'autobus ». Le tableau 5 donne le pourcentage d'enquêtés jugeant la fraude injustifiée.

Si les évolutions depuis 1981 sont de faible ampleur, elles n'en traduisent pas moins une nette hausse dans la condamnation de trois fraudes : « Accepter un pot-de-vin » (+ 10 points), « Mentir dans son intérêt » (+ 11 points) et, surtout, « Frauder le fisc » (+ 24 points). Dans ces deux derniers cas, la hausse est très marquée entre 1999 et 2008. Ces trois fraudes apparaissent inscrites dans l'espace public (fisc, pot-de-vin lié à des fonctions) ou affirment un individualisme en contradiction avec l'exigence souvent affirmée d'authenticité (mentir en faveur de son intérêt). Les réponses concernant les autres comportements manifestent une certaine stabilité des jugements, voire un léger recul de la condamnation en ce qui concerne le fait de « voyager sans ticket », trois accommodements avec la légalité qui pourraient s'expliquer par les difficultés des temps de crise économique. Les différences selon le niveau d'études sont peu significatives : en moyenne 6 points d'écart pour le premier ensemble de réponses et 8 points pour le second. Si ces évolutions semblent confirmer l'exigence accrue de normes dans la vie publique, elles doivent cependant être interprétées avec prudence.

Tableau 5. Rejet de l'incivisme parmi les 18-29 ans de 1981 à 2008, et chez les 30 ans et plus en 2008 (en %)

	1981	1990	1999	2008	2008 30 ans et +
Accepter un pot-de-vin	69	76	75	79	89
Frauder le fisc	51	60	58	75	83
Mentir dans son intérêt	47	40	45	58	71
Voyager sans ticket	65	66	63	60	83
Demander des indemnités indues	48	49	54	50	62
Payer en liquide	–	–	40	42	57

Lecture : items jamais justifiés (de 1 à 4 sur une échelle de 1 à 10). Les items indiquant un plus fort rejet de l'incivisme sont grisés.

En effet, la condamnation par les 18-29 ans apparaît en 2008 inférieure à celle des 30 ans et plus pour l'ensemble des fraudes, et surtout pour les trois davantage tolérées. Quant à leur condamnation accrue des trois autres, elle est peut-être liée au fait qu'ils sont partis de plus bas dans cette condamnation en 1981. Après avoir construit un indicateur de tolérance, Étienne Schweisguth constate que « le grand facteur explicatif des attitudes à l'égard de la fraude est sans conteste l'âge » (Schweisguth, 2009b, p. 111). L'attitude incivique tombe ainsi de 64 % chez les 18-24 ans à 28 % chez les 65 ans et plus. Pour expliquer ces différences, Étienne Schweisguth privilégie l'hypothèse d'un changement d'attitude des individus selon leur cycle de vie : en avançant en âge, ceux-ci auraient tendance à devenir moins laxistes. Si le rejet de l'incivisme constaté en 2008 se confirme lors de la prochaine enquête, il faudra examiner s'il reste marqué par un effet d'âge en défaveur des jeunes. Autre nuance à apporter : les analyses conduites par Pierre Bréchon et Olivier Galland ont montré que l'incivisme est corrélé positivement à l'individualisation (Bréchon, Galland, 2010b). Même s'il s'agit de comportements minoritaires, les personnes les plus « individualisées » ont tendance à mieux tolérer les écarts aux normes collectives.

Au total, l'individualisation n'apparaît pas comme le triomphe d'une permissivité généralisée, ni comme le rejet de toute valeur : elle ne saurait être assimilée à un développement de l'individualisme, la première pouvant être résumée par la formule « à chacun selon son choix » et le second par l'expression « chacun pour soi » (Bréchon, Galland, 2010b). Au contraire, par certaines de ses caractéristiques, le mouvement d'individualisation des sociétés modernes tendrait plutôt à renforcer le lien social (Singly, 2003). Mais il n'exclut pas des tendances antinomiques en matière d'attitudes civiques et, nous le verrons, de solidarité intergénérationnelle. Si la montée de l'individualisation n'entraîne pas dans son sillage l'individualisme, elle ne signe pas non plus sa disparition.

Le lien social à l'épreuve de tendances individualistes

Le renforcement du lien social par l'individualisation n'est pas la seule évolution constatée dans les résultats de l'enquête. S'il s'agit d'une tendance forte, elle reste contrebalancée par d'autres résultats qui se révèlent quelque peu contradictoires. Ces résultats nous permettent de questionner le lien social à l'aune du sentiment de solidarité et de la perception des proximités sociales. Les effets du renouvellement générationnel vont-ils dans le sens de la solidarité à la fois vis-à-vis d'autres catégories sociales et des générations plus anciennes ?

Peu solidaires et guère confiants dans les autres

À partir de 1999, une nouvelle série de questions permet d'aborder le thème de l'individualisme sous l'angle de la solidarité ou de l'égoïsme moral. Les jeunes Français se sentent-ils impliqués dans des relations de solidarité en s'intéressant au sort d'autres catégories sociales ? Les résultats montrent sans surprise que les Français, jeunes et adultes, se sentent d'abord concernés par leur entourage familial (tableau 6). Le taux de réponses a toutefois légèrement diminué depuis 1999. Si l'on isole la solidarité familiale, les questions font apparaître deux types de catégories sociales et, par là même, deux modèles de solidarité.

Tableau 6. Solidarité compassionnelle et solidarité d'identification parmi les 18-29 ans en 1999 et 2008, et chez les 30 ans et plus en 2008 (en %)

Dans quelle mesure vous sentez-vous concerné par les conditions de vie ? (réponses beaucoup ou assez)	1999	2008	2008 30 ans et +
Des membres de votre famille proche	92	87	85
Des gens malades ou handicapés en France	53	60	69
Des enfants de familles pauvres en France		58	66
Des personnes âgées en France	54	50	71
Des chômeurs en France	47	34	46
De l'humanité tout entière	23	34	30
Des immigrés en France	28	27	29
Des gens de votre voisinage	27	24	31
De vos concitoyens	15	21	25
Des Européens	12	16	15
Des gens de la région où vous habitez	12	15	20

Lecture : les items sont classés par ordre décroissant des taux de réponses des 18-29 ans en 2008. La solidarité familiale est en grisé foncé, la solidarité compassionnelle est sur fond blanc et la solidarité d'identification apparaît en grisé clair.

Certaines personnes se sentent concernées par des catégories définies par un critère d'appartenance géographique, allant des voisins jusqu'à l'humanité entière. C'est vraisemblablement le sentiment d'appartenance à ces catégories qui entraîne un réflexe d'identification et suscite l'intérêt des individus : lorsque l'on a le sentiment d'appartenir à l'Europe, par exemple, on se sent concerné par le sort des Européens. D'autres personnes se sentent plutôt motivées par un réflexe compassionnel : si elles se sentent concernées par la catégorie « malades », c'est vraisemblablement par devoir moral ou dans un registre plus émotionnel (Galland, 2005a). Le tableau 6 nous révèle trois résultats. En 2008, si l'on additionne les scores pour les 18-29 ans des cinq items de chaque type de solidarité, on constate que la solidarité compassionnelle est deux fois plus forte que la solidarité d'identification (229 contre 110). Si l'on exclut l'item proposé uniquement en 2008 (enfants de familles pauvres), on s'aperçoit que les évolutions entre 1999 et 2008 ne sont pas très marquées : la solidarité compassionnelle diminue de 11 points, tandis que la solidarité d'identification augmente de 21 points. Enfin, en 2008, les 18-29 ans montrent davantage d'indifférence que les 30 ans et plus à l'égard d'autres catégories de la population, avec un écart de 63 points, qui se rapporte essentiellement aux catégories défavorisées (52 points d'écart). La solidarité compassionnelle est plus faible chez les jeunes que chez les adultes.

Parmi les catégories défavorisées, ce sont les immigrés qui attirent le moins la compassion, alors même que le tableau 3 a montré que cette population est aujourd'hui davantage acceptée. À peine plus d'un jeune sur quatre se sent concerné par leurs conditions de vie, taux qui reste stable depuis 1999. La tolérance à l'égard des immigrés n'exclut donc pas une certaine indifférence. La situation des chômeurs n'est guère plus enviable et ne va pas en s'améliorant. Un jeune sur trois s'intéresse aujourd'hui à leurs conditions de vie, contre près d'un jeune sur deux en 1999 et contre quasiment la moitié des adultes en 2008. Seules les personnes âgées, les enfants pauvres, les malades ou les handicapés attirent la compassion d'une majorité de jeunes. Olivier Galland a mis en évidence l'influence de l'âge dans la solidarité vis-à-vis des populations défavorisées. Lorsque l'on compare les plus jeunes aux plus âgés des Français, la probabilité d'appartenir au groupe des Français les plus solidaires sur le plan compassionnel est multipliée par presque trois, passant de 9,8 pour les 18-24 ans à 26,6 pour les 65-74 ans (Galland, 2009a, p. 71). Selon Olivier Galland, l'enquête ne permet cependant pas de dire si l'explication tient à un effet d'âge (les jeunes sont peu solidaires parce qu'ils ne sont pas complètement socialisés) ou à un effet de génération (lié par exemple à un « repli identitaire » des nouvelles générations). En tout cas, l'altruisme, l'intérêt à l'égard des faibles et des exclus sont loin d'apparaître comme l'apanage de la jeunesse.

Peu solidaires, les jeunes n'ont guère confiance dans les autres. En cela, ils ne se distinguent pas des adultes. À peine un jeune sur quatre pense en 2008 que l'on « peut faire confiance à la plupart des gens » (23 % contre 24 % des 30 ans et plus). Ce taux a peu varié : il était de 24 % en 1981 et de 20 % en 1990 et 1999. Deux questions introduites en 2008 permettent de préciser les dimensions de cette faible confiance. Les 18-29 ans, comme les 30 ans et plus, pensent que « la plupart des gens font leur possible pour se conduire correctement » plutôt qu'ils ne « cherchent à tirer profit de vous » (respectivement 43 % et 44 % en position 7 à 10 sur une échelle graduée de 1 à 10). Mais, davantage que les adultes, les jeunes estiment que « les gens s'occupent surtout d'eux-mêmes », plutôt qu'ils « n'essaient de rendre service » (46 % contre 41 % en position 1 à 4). Les jeunes ont donc tendance à penser que l'égoïsme règle les relations entre les individus. Dans ce contexte, remarque Olivier Galland, la défiance se construit sur l'indifférence réciproque : « La méfiance des Français repose peut-être plus sur l'indifférence qu'ils supposent présente chez les autres que sur des craintes d'être maltraités par eux » (Galland, 2009b, p. 66). Ce qui tend à confirmer les résultats précédents montrant que les jeunes Français se sentent globalement peu concernés par les conditions de vie d'autres catégories sociales. Olivier Galland précise que le niveau d'études est la variable la plus discriminante en matière de confiance, tandis que ce sont les personnes de 25 à 44 ans qui sont les plus méfiantes (Galland, 2009b).

Solidarité familiale et ordre domestique

Si les jeunes sont fréquemment associés à l'expression des valeurs de solidarité, les résultats de l'enquête montrent que leurs attitudes dans ce domaine sont beaucoup moins tranchées qu'on pourrait le penser. Est-ce à dire que leur indifférence constatée à l'égard de certaines catégories de population serait le signe d'un repli sur eux-mêmes, expression de cet individualisme tant redouté ? La réponse à cette question est peut-être à rechercher dans la première proposition du tableau 6. Neuf jeunes sur dix se sentent concernés par les conditions de vie des membres de leur famille proche. Ce plébiscite témoigne de l'importance prise par la famille dans la vie des Français, régulièrement placée au sommet de leur palmarès des valeurs : en 2008, 85 % des jeunes et 88 % des adultes la considèrent comme un domaine de la vie très important. L'expression de cette solidarité familiale peut recouvrir aussi bien les relations intergénérationnelles que les jeunes entretiennent avec leurs parents, avec leur famille d'origine, que les relations intragénérationnelles au sein du couple et de la famille qu'ils vont fonder.

Sur le premier ensemble de relations, le tableau 7 nous indique la montée en 2008 de positions déjà majoritaires entre 1981 et 1999. L'amour et le respect de ses parents constituent un devoir moral, quels que soient leurs qualités et leurs défauts. Inversement, les parents doivent se dévouer pour leurs enfants, quel qu'en soit le coût. Il est vrai que l'une des deux propositions ajoutées en 2008, impliquant davantage les jeunes enquêtés sur un plan matériel, se caractérise par un taux de réponses inférieur bien qu'elle reste majoritaire parmi les 18-29 ans (« Les enfants adultes doivent fournir l'aide que nécessitent leurs parents, même aux dépens de leur propre bien-être »). Les normes traditionnelles qui définissent les rapports de filiation n'ont donc pas disparu : elles mettent en avant les devoirs réciproques entre les générations et valorisent la solidarité familiale ainsi que le soutien mutuel (Déchaux, Herpin, 2009). Mais si elles n'ont pas disparu, voyant même leurs taux d'approbation augmenter, ces normes traditionnelles n'en sont pas moins mises à mal par le processus d'individualisation. Selon les analyses conduites par Pierre Bréchon et Olivier Galland, pour les individus les plus « individualisés », le maintien d'une solidarité intergénérationnelle apparaît moins comme un objectif moral catégorique. « Cela ne signifie pas que ces Français coupent court à toute forme d'entraide ou d'échange intergénérationnels, mais ils pensent probablement que ces efforts peuvent être modulés en fonction des circonstances. D'une morale de principe, on passe à une morale de situation, ce qui est bien une composante du processus d'individualisation » (Bréchon, Galland, 2010b, p. 23).

Tableau 7. Devoirs réciproques entre les générations selon les 18-29 ans de 1981 à 2008, et les 30 ans et plus en 2008 (en %)

	1981	1990	1999	2008	2008 30 ans et +
Quels que soient les qualités et les défauts de ses parents, on doit toujours les aimer et les respecter	66	66	67	73	76
Le devoir des parents est de faire de leur mieux pour leurs enfants, même aux dépens de leur propre bien-être	59	70	67	79	81
Les enfants adultes doivent fournir l'aide que nécessitent leurs parents, même aux dépens de leur propre bien-être	–	–	–	62	54
Quand un parent âgé est gravement malade ou affaibli, c'est d'abord le devoir des enfants de s'occuper de lui	–	–	–	87	89

Si l'on considère maintenant les relations intragénérationnelles au sein du couple, on constate qu'elles voient la montée régulière, depuis trente ans, de normes de régulation internes au couple (tableau 8). La cohésion du couple se révèle ainsi fortement valorisée par les jeunes qui, davantage que les adultes, plébiscitent la fidélité : neuf jeunes sur dix considèrent en 2008 la fidélité comme très importante pour le succès d'un mariage, soit une augmentation de 28 points depuis 1981. Le rejet corrélatif de l'adultère augmente davantage : alors que seul un tiers des jeunes le condamnait en 1981, ce taux s'est accru progressivement pour doubler en 2008, concernant 72 % des jeunes. Sur ces deux propositions, le taux de réponses des 18-29 ans est en 2008 supérieur de 7 points à celui des 30 ans et plus. En outre, le mariage est désormais davantage valorisé : en 2008, sept jeunes sur dix estiment qu'il ne s'agit pas d'une institution dépassée, score supérieur de 10 points au taux de 1999 et au taux des 30 ans et plus en 2008. À nouveau, l'écart entre les jeunes selon l'âge de fin d'études n'est pas significatif.

Tableau 8. Normes dans la vie de couple selon les 18-29 ans de 1981 à 2008, et les 30 ans et plus en 2008 (en %)

	1981	1990	1999	2008	2008 30 ans et +
La fidélité (très important)	62	69	85	90	83
L'adultère n'est jamais justifié	35	46	57	72	65
Le mariage n'est pas une institution dépassée	57	65	60	71	61

La faible confiance dans les autres qu'expriment les jeunes, voire leur indifférence à l'égard de certaines catégories de la population, s'accompagne d'une plus forte solidarité vis-à-vis de la famille et des proches, même si la dimension intergénérationnelle de cette solidarité doit être tempérée. Dès lors, ces attitudes ne semblent guère éloignées de l'individualisme selon la description qu'en fait Alexis de Tocqueville, comme « un sentiment réfléchi et paisible qui dispose chaque citoyen à s'isoler de la masse de ses semblables et à se retirer à l'écart avec sa famille et ses amis ; de sorte que, après s'être ainsi créé une petite société à son usage, il abandonne volontiers la grande société à elle-même » (Tocqueville, 2008, p. 751, 1re éd. 1840). Après avoir constaté que la montée de l'individualisation, en tant qu'affirmation de l'épanouissement personnel, entraîne à la fois une libéralisation progressive des mœurs privées et une demande croissante de régulation publique, nous voyons que cet épanouissement personnel au sein de la famille et du couple implique de garantir tout autant la stabilité de l'ordre domestique, fixant ainsi un ensemble de limites à la liberté individuelle. Comme l'écrit Nathalie Dompnier, si la liberté des individus s'arrête là où l'ordre public est menacé, elle est aussi confrontée à d'autres règles, implicites cette fois, liées à la sphère domestique : la quête d'épanouissement individuel « se joue très largement dans le cadre domestique et familial, envisagé comme cadre protecteur et protégé. S'il est espace privilégié de liberté, l'espace domestique doit également offrir sécurité et stabilité » (Dompnier, 2010, p. 160). Dès lors, ces évolutions supposent-elles un retour à une morale traditionnelle, associé à une indifférence vis-à-vis de la société ? À moins qu'une interprétation complémentaire ne soit possible : le respect de l'autre constituant l'un des fondements de l'individualisation, tromper son conjoint contredit cette valeur.

Retour à des valeurs traditionnelles ou montée d'une morale relationnelle ?

La montée de la tolérance, la reconnaissance d'une diversité sociale s'accompagnent de deux évolutions également antinomiques que nous interrogerons successivement : d'une part, la valorisation de l'autorité dans la sphère publique et le respect de normes de comportements dans la vie domestique pourraient préluder à une remontée de principes autoritaristes, voire à un retour de valeurs traditionnelles ; d'autre part, la méfiance envers autrui et le faible sentiment de solidarité en dehors de l'environnement familial sembleraient exprimer des attitudes individualistes. Par ailleurs, quelles peuvent être les parts respectives des effets d'âge et des effets de génération dans les évolutions constatées : celles-ci sont-elles marquées par des différenciations, voire par des ruptures, entre les valeurs portées par les jeunes et celles exprimées par les adultes ?

La valorisation de l'autorité n'est pas l'autoritarisme

Si l'importance accordée par les nouvelles générations au respect de l'ordre, tant public que domestique, peut laisser penser que les évolutions en cours témoignent d'un repli sur des valeurs traditionnelles, il faut comprendre que la valorisation de l'autorité n'est pas l'autoritarisme et que les évolutions constatées ne signent pas le retour d'un ordre social ancien. Il est ainsi nécessaire de distinguer les réponses relatives au respect de l'autorité et des règles communes, telles que nous les avons analysées, des réponses à deux questions évoquant explicitement le maintien de l'ordre. La première question, posée depuis 1999, cite la difficulté à maintenir l'ordre comme l'un des dysfonctionnements possibles des démocraties. Près de la moitié des jeunes Français approuve cette proposition : 45 % en 1999 et 48 % en 2008, contre 52 % des 30 ans et plus en 2008. Mais, contrairement aux résultats relatifs à l'autorité, l'influence du niveau d'études est ici importante, signalant un clivage parmi les jeunes : ceux qui ont un faible bagage scolaire sont quasiment deux fois plus nombreux à estimer que les démocraties ne savent pas maintenir l'ordre (67 % contre 36 %). L'écart est presque aussi important en matière de politisation : 60 % des jeunes faiblement politisés partagent cette opinion, contre 33 % des fortement politisés, alors que l'écart ne dépasse pas 14 points avec les questions relatives à l'autorité. La valorisation du maintien de l'ordre est associée ici à la critique de la démocratie exprimée par des jeunes pas ou peu diplômés qui rejettent une société dont ils se sentent exclus[1].

Analysant les réponses à la seconde question relative au maintien de l'ordre, qui inscrit celui-ci parmi quatre buts que la France devrait atteindre dans les dix années à venir, Étienne Schweisguth constate aussi que l'attitude favorable au maintien de l'ordre dépend essentiellement du niveau scolaire. L'âge n'introduit guère de différence à niveau scolaire égal, tandis que l'on observe peu de rapprochements sur ce sujet selon les opinions politiques.

---

1. Sur la question du lien politique et sur la critique des régimes politiques démocratiques, voir le chapitre 4 : « Les jeunes, la politique et la démocratie ».

Selon Étienne Schweisguth, la question du maintien de l'ordre, voire d'une politique de sécurité mettant l'accent sur la répression, reste un enjeu politique et idéologique qui fait toujours clivage. Au contraire, la demande d'autorité est devenue relativement consensuelle et se limite à l'espace public : « Elle ne traduit aucune montée d'un "ordre moral" qui viserait à revenir à l'ordre ancien dans la sphère privée » (Schweisguth, 2009a, p. 106). Constat que prolonge Nathalie Dompnier : une « droitisation » de la société « ne permettrait pas de rendre compte de la libéralisation observée par ailleurs en matière de mœurs » (Dompnier, 2010, p. 148).

Reprenons ces deux points. Tout d'abord, la dimension consensuelle de la montée du principe d'autorité est confirmée par le phénomène de convergence idéologique, mais surtout générationnelle, qui la caractérise. Dès 1999, les résultats de l'enquête indiquaient un effet de génération : la réhabilitation de l'autorité ne résulte pas d'une augmentation du conservatisme avec l'âge. L'ensemble des générations évoluait vers une attitude plus favorable à l'autorité, mais cette évolution était particulièrement marquée dans les générations les plus jeunes, les rapprochant ainsi des plus âgées et conduisant les 18-60 ans à former un ensemble homogène (Schweisguth, 2001). En 2008, il se confirme que les jeunes sont aujourd'hui beaucoup moins anti-autoritaires que leurs prédécesseurs lorsqu'ils avaient le même âge (Schweisguth, 2009a). La progression des attitudes favorables aux normes de régulation publique a été davantage marquée parmi les catégories de population traditionnellement les plus libérales (jeunes, non pratiquants et situés à gauche), entraînant ainsi une convergence entre ces différentes catégories (Dompnier, 2010).

Parallèlement, la libéralisation progressive des mœurs, marquée par une même convergence générationnelle, éloigne cette montée du principe d'autorité de toute dimension d'autoritarisme moral. Tandis que l'autorité est devenue une valeur consensuelle, l'idée s'est développée, dans les différentes générations, que chacun est libre de choisir sa façon de vivre, indépendamment de normes morales ou religieuses. Les jeunes se montraient en 1981 plus libéraux que leurs aînés, ils ont continué à évoluer dans le sens du libéralisme, entraînant dans leur évolution une large part de la population plus âgée. Ce n'est qu'après 60 ans que l'on retrouve une morale traditionnelle à laquelle adhéraient les générations anciennes. Là encore, les évolutions apparaissent dès la troisième enquête. Alors que le vieillissement affaiblit la tolérance à l'égard de comportements déviants ou atypiques, les données de 1999 révélaient que les opinions des Français de 40 à 60 ans résistaient davantage aux effets d'âge que celles des générations précédentes, se rapprochant largement des opinions des 18-29 ans (Galland, 2001). En 2008, la libéralisation des mœurs est toujours particulièrement marquée parmi les catégories d'âge intermédiaire et parmi les plus jeunes, tandis qu'elle l'est moins chez les plus âgés. « Dès lors, les écarts entre les plus jeunes et les 45-59 ans se réduisent fortement, alors que ceux qui les séparent des plus de 60 ans se creusent » (Dompnier, 2010, p. 148). Le rapprochement des anciennes et des nouvelles générations se poursuit, selon ce double mouvement de remontée du principe d'autorité dans le domaine de la vie publique et d'accentuation de la demande de liberté dans la sphère privée.

Cette évolution caractéristique de l'individualisation, portée par le renouvellement générationnel, ne saurait être assimilée à une montée de l'autoritarisme. Témoignant d'une convergence des valeurs selon les classes d'âge, elle ne semble pas devoir affecter les normes actuelles de régulation de la société et elle apparaît donc sans conséquence en termes de lien social. Mais peut-on faire la même analyse à propos de la valorisation de la fidélité et du mariage ? Le respect de normes de comportements, qui se développe dans le couple et dans la vie familiale, n'est-il pas le signe d'un retour à des valeurs traditionnelles dans la vie privée ?

Les proximités affectives au centre d'une morale relationnelle

L'enquête de 1999 comprenait quelques questions relatives à la sociabilité amicale qui n'ont pas été reprises en 2008. Leur analyse confirmait, avec d'autres travaux, que l'amitié est une valeur centrale chez les jeunes : l'importance qu'ils lui accordent se traduit à de nombreux niveaux de la vie sociale (loisirs, travail, vie scolaire, vie associative...) et marque un rôle accru des pairs, aux côtés de la famille, comme sphère de socialisation (Roudet, Tchernia, 2001). Avec la forte valorisation des relations au sein du couple et de la famille, la sociabilité amicale organise un espace des proximités affectives, fondé sur des échanges réciproques. Les liens familiaux eux-mêmes sont moins subis et plus électifs [1]. Face aux incertitudes du présent, ce cercle des proches, famille et amis, est très investi par les jeunes générations auxquelles il offre une protection matérielle et affective. C'est dans ce processus que peut être trouvée l'explication de la plus forte valorisation de la fidélité et du mariage, bien plus que dans un retour à des valeurs traditionnelles.

Comme le souligne Olivier Galland, si les limites fixées par les individus à leurs choix ne se trouvent plus aujourd'hui dans des règles impersonnelles et intangibles, elles

1. Entretenir des relations avec le cercle familial n'empêche pas de faire de même avec le cercle amical. Selon une étude de l'Insee, les individus qui voient le plus leur famille sont aussi ceux qui voient le plus leurs amis, et cela quels que soient le sexe, l'âge ou la catégorie sociale de ces individus. Mais seuls les moins de 30 ans voient davantage leurs amis que leur famille. En outre, plus les personnes voient leurs proches, plus elles communiquent à distance avec eux (Duée, Nabli, 2011).

résident dans le rapport à autrui : est licite ce qui ne nuit pas aux autres, est condamné ce qui peut avoir des conséquences négatives sur autrui. Olivier Galland parle ainsi d'une morale relationnelle, dans la mesure où les relations interpersonnelles sont de plus en plus, selon un principe électif, au cœur de la morale individuelle. Cette morale relationnelle « fonde les normes non plus sur des principes abstraits, mais sur leur effet social direct dans les relations interpersonnelles », sur leurs conséquences concrètes vis-à-vis des autres et notamment des plus proches. L'attachement à la fidélité relève de ce principe. L'importance accordée aux relations interpersonnelles implique le respect d'autrui et la reconnaissance de l'authenticité de ces relations : un couple est fondé sur un contrat moral entre deux personnes et ce contrat ne saurait être rompu à l'insu de l'autre (Galland, 2003). La valorisation du mariage semble s'inscrire dans les mêmes normes relationnelles : le mariage n'est pas appréhendé en tant qu'institution encadrant la vie du couple, institution extérieure aux individus et réglementant leurs comportements, mais comme l'expression de relations interpersonnelles librement choisies. Lorsque ces relations ne sont plus perçues comme authentiques, les liens peuvent être rompus. En 2008, le divorce est davantage toléré qu'en 1981 ; il l'est aussi plus par les jeunes que par les adultes[1].

Certes, l'individualisation n'est pas l'individualisme. Elle n'est pas *a priori* le renoncement à toute forme d'altruisme ou d'appartenance collective : elle implique en fait des choix fondés sur des décisions individuelles et non plus sur des normes abstraites et universelles. Mais, nous l'avons vu, choisir revient le plus souvent à privilégier

1. Selon l'enquête sur les « Conditions de vie et aspirations » conduite par le Crédoc en 2010, l'idée que le mariage est une union indissoluble perd régulièrement du terrain depuis trente ans, marquant une convergence entre les opinions des plus jeunes et des plus âgés des Français (Bigot, 2010).

ce qui est proche, à mettre en avant, comme le remarque Olivier Galland, les espaces concrets d'appartenance et les réseaux d'intimité, à préférer le concret à l'abstrait, le relationnel au catégoriel. Ces choix se font au détriment de définitions plus larges et plus abstraites qui sont le support d'une solidarité globale. « Il n'est donc pas très étonnant de faire le constat, aujourd'hui, d'un faible altruisme juvénile, quand on le mesure par l'expression de sentiments de solidarité à l'égard de catégories de population dont la définition est très générale » (Galland, 2005b, p. 307). Cela ne veut évidemment pas dire que les jeunes ne sont pas généreux ou solidaires, mais leur générosité ou leur solidarité doivent trouver un support concret pour s'exprimer.

Certaines tendances de l'individualisation peuvent donc impulser l'individualisme. La régulation interne des relations privées, qu'accompagne une prise de distance par rapport aux appartenances assignées, risque de prendre le pas sur leur régulation externe par la société globale. Les relations nouées avec les parents et surtout avec les amis ne tendent-elles pas à constituer pour les nouvelles générations, comme s'en inquiète Olivier Galland, des microsociétés relativement hermétiques à la société globale ? On pourrait ainsi être en présence de communautés très cohésives, mais isolées à la fois entre elles et par rapport à la société. Une telle situation résulterait de l'expression de formes d'individualisme qui, en restreignant la dimension collective des choix, tendraient à atomiser la société. Le paradoxe d'une telle hypothèse serait que l'affaiblissement des différences de valeurs entre classes d'âge se combinerait avec un cloisonnement plus fort des relations sociales. « La société des jeunes n'est certainement pas arrivée à ce stade de déconnexion de rapports sociaux, fragmentés en de multiples réseaux privés, indifférents à la société globale avec laquelle on n'entretiendrait que des rapports instrumentaux. Mais c'est une tendance d'évolution qu'on ne peut exclure », écrivait Olivier Galland en 2001 (Galland, 2001, p. 183).

Dix ans plus tard, le renouvellement générationnel ne semble pas avoir inversé ce processus, qui reste malgré tout une tendance davantage qu'une transformation effective. Les analyses conduites par Pierre Bréchon et Olivier Galland à partir des données de 2008 montrent que la variable déterminante en matière d'individualisation est le niveau d'études : une socialisation scolaire prolongée conduit beaucoup plus souvent à adopter des valeurs d'autonomie individuelle, l'âge ne jouant pas ici un très grand rôle. En revanche, l'âge continue d'exercer sur l'individualisme un effet indépendant de celui des études : les jeunes demeurent plus individualistes que leurs aînés, quelle que soit leur situation sociale, professionnelle ou familiale. L'élévation globale du niveau d'études des jeunes n'atténue donc pas leur propension à l'individualisme (Bréchon, Galland, 2010b, p. 29). Dès lors, face à des résultats somme toute assez contrastés, la conclusion de ce chapitre sera nuancée. Si le renouvellement générationnel et le mouvement d'individualisation se conjuguent plutôt avec l'intégration dans la société et avec le renforcement du lien social, de telles évolutions ne remettent pas en cause certaines attitudes individualistes des jeunes, voire ne sont pas sans porter elles-mêmes quelques tendances à l'individualisme.

Bibliographie

Bigot Régis, « L'opinion défend à la fois la liberté individuelle et la cohésion sociale », CREDOC, *Consommation et modes de vie*, n° 231, 2010.

Bréchon Pierre, Galland Olivier (dir.), *L'individualisation des valeurs*, Armand Colin, Paris, 2010a.

Bréchon Pierre, Galland Olivier, « Individualisation et individualisme », in Bréchon Pierre, Galland Olivier (dir.), *L'individualisation des valeurs*, Armand Colin, Paris, 2010b, p. 13-30.

Bréchon Pierre, Tchernia Jean-François (dir.), *La France à travers ses valeurs*, Armand Colin, Paris, 2009.

Cusset Pierre-Yves, *Le lien social*, Armand Colin, Paris, 2011.

Déchaux Jean-Hugues, Herpin Nicolas, « Devoirs réciproques entre générations », in Bréchon Pierre, Tchernia Jean-François (dir.), *La France à travers ses valeurs*, Armand Colin, Paris, 2009, p. 161-164.

Dompnier Nathalie, « Liberté privée et ordre public : la fin des antagonismes ? », in Bréchon Pierre, Galland Olivier (dir.), *L'individualisation des valeurs*, Armand Colin, Paris, 2010, p. 141-160.

Duée Michel, Nabli Fella, « Les jeunes voient plus leurs amis, les plus âgés leur famille », in *France, portrait social*, Insee, coll. « Insee Références », Paris, 2011, p. 119-123.

Galland Olivier, « Les valeurs des jeunes et des adultes se sont rapprochées », in Galland Olivier, Roudet Bernard (dir.), *Les valeurs des jeunes. Tendances en France depuis 20 ans*, L'Harmattan/Injep, coll. « Débats Jeunesses », Paris, 2001, p. 177-183.

Galland Olivier, « Les Français entre eux : des relations électives et sélectives », in Bréchon Pierre (dir.), *Les valeurs des Français*, Armand Colin, Paris, 2003, p. 38-62.

Galland Olivier, « Les jeunes Européens sont-ils individualistes ? », in Galland Olivier, Roudet Bernard (dir.), *Les jeunes Européens et leurs valeurs. Europe occidentale, Europe centrale et orientale*, La Découverte/Injep, coll. « Recherches », Paris, 2005a, p. 39-64.

Galland Olivier, « La jeunesse n'est plus ce qu'elle était... », in Galland Olivier, Roudet Bernard (dir.), *Les jeunes Européens et leurs valeurs. Europe occidentale, Europe centrale et orientale*, La Découverte/Injep, coll. « Recherches », Paris, 2005b, p. 305-311.

Galland Olivier, « Les sentiments de solidarité », in Bréchon Pierre, Tchernia Jean-François (dir.), *La France à travers ses valeurs*, Armand Colin, Paris, 2009a, p. 69-72.

Galland Olivier, « La confiance dans les autres », in Bréchon Pierre, Tchernia Jean-François (dir.), *La France à travers ses valeurs*, Armand Colin, Paris, 2009b, p. 65-67.

Galland Olivier, Roudet Bernard (dir.), *Les valeurs des jeunes. Tendances en France depuis 20 ans*, L'Harmattan/Injep, coll. « Débats Jeunesses », Paris, 2001.

Galland Olivier, Roudet Bernard (dir.), *Les jeunes Européens et leurs valeurs. Europe occidentale, Europe centrale et orientale*, La Découverte/Injep, coll. « Recherches », Paris, 2005.

Grunberg Gérard, Schweisguth Étienne, « Recompositions idéologiques », in Boy Daniel, Mayer Nonna (dir.), *L'électeur a ses raisons*, Presses de Sciences Po, coll. « Références inédites », Paris, 1997, p. 139-178.

Hoibian Sandra, « Baromètre de la cohésion sociale. Pour l'opinion, la cohésion sociale repose sur les efforts de chacun et l'action des pouvoirs publics », CREDOC, *Collection des rapports*, n° 275, Paris, 2011.

Le Bart Christian, *L'individualisation*, Presses de Sciences Po, Paris, 2008.

Observatoire de la Fondation de France, *15-35 ans : les individualistes solidaires*, SCP Communication, Maisons-Alfort, 2007.

Paugam Serge, *Le lien social*, Presses universitaires de France, Paris, 2009.

Roudet Bernard, Tchernia Jean-François, « L'amitié, une valeur toujours centrale », in Galland Olivier, Roudet Bernard (dir.), *Les valeurs des jeunes. Tendances en France depuis 20 ans*, L'Harmattan/Injep, coll. « Débats Jeunesses », Paris, 2001, p. 47-59.

Roux Guillaume, « La tolérance et le respect des autres : une valeur cardinale », in Bréchon Pierre, Tchernia Jean-François (dir.), *La France à travers ses valeurs*, Armand Colin, Paris, 2009, p. 91-94.

Schweisguth Étienne, « Un nouveau cocktail de valeurs : liberté privée et ordre public », in Galland Olivier, Roudet Bernard (dir.), *Les valeurs des jeunes. Tendances en France depuis 20 ans*, L'Harmattan/Injep, coll. « Débats Jeunesses », Paris, 2001, p. 99-112.

Schweisguth Étienne, « Le libéralisme culturel aujourd'hui », in *Baromètre politique français (2006-2007)*, CEVIPOF/Ministère de l'Intérieur, Paris, 2007.

Schweisguth Étienne, « L'anti-autoritarisme en déclin », in Bréchon Pierre, Tchernia Jean-François (dir.), *La France à travers ses valeurs*, Armand Colin, Paris, 2009a, p. 103-108.

Schweisguth Étienne, « Les attitudes à l'égard de la fraude », in Bréchon Pierre, Tchernia Jean-François (dir.), *La France à travers ses valeurs*, Armand Colin, Paris, 2009b, p. 109-115.

Singly François de, *Les uns avec les autres. Quand l'individualisme crée du lien*, Armand Colin, Paris, 2003.

Tocqueville Alexis de, *De la démocratie en Amérique*, Flammarion, Paris, 2008, t. 1 et t. 2 (1re éd., t. 2, 1840).

Chapitre 3

L'univers de la religiosité : évolutions et influences sur les valeurs

Pierre Bréchon

Jusqu'au milieu du XXe siècle, les appartenances, les identités et les croyances religieuses ont été des domaines tout à fait structurants des systèmes de valeurs des Français. Au cours de leur jeunesse, en fonction de leur socialisation familiale, les individus adhéraient souvent à des valeurs religieuses marquées par le christianisme, ou parfois les rejetaient plus ou moins. Cette structuration des attitudes religieuses avait un très fort impact sur l'ensemble du système de valeurs des individus. Les jeunes très intégrés au catholicisme se révélaient aussi adeptes de valeurs de droite, de valeurs familiales traditionnelles, de conceptions morales rigoristes alors que les jeunes détachés du catholicisme épousaient en général des valeurs de gauche, des conceptions familiales plus relativistes et des repères moraux plus permissifs. Qu'en est-il aujourd'hui ? Le mouvement de sécularisation de la société française semble se caractériser par une perte de prégnance du catholicisme sur l'ensemble du système de valeurs des individus. Peut-on pour autant dire que la société française est sécularisée, que les jeunes n'ont plus d'appartenances, d'identités et de croyances religieuses et que le domaine religieux n'a plus d'impact sur le système de valeurs des jeunes Français ? C'est ce que nous voudrions analyser dans ce chapitre. Le panorama qui s'offre à nous, en considérant l'évolution du religieux depuis 1981 chez les jeunes, s'avère en fait très complexe, avec des évolutions contrastées[1]. On observe à la fois des effritements qui se poursuivent, des domaines où il n'y a pas de changements et quelques-uns où des

1. Analysant les résultats de 1999 comparés aux deux vagues précédentes, Yves Lambert, trop tôt disparu, mettait déjà en évidence cette complexité (Lambert, 2001).

recompositions religieuses semblent se dessiner. Mais ce religieux contemporain est-il un fort organisateur de sens et oriente-t-il encore le système de valeurs et les pratiques des jeunes Français ?

Déclin des appartenances institutionnelles, ouverture au spirituel

Considérons d'abord, parmi les indicateurs dont nous disposons, ceux qui relèvent de la dimension institutionnelle (haut du tableau 1). Les grandes religions font-elles sens pour les jeunes Français ? Dans quelle mesure y adhèrent-ils ? Ou au contraire sont-ils très détachés des religions, y sont-ils indifférents ou même opposés ? Aujourd'hui, 34 % des 18-29 ans disent appartenir à une religion, alors qu'ils étaient 59 % à se déclarer adeptes il y a à peine trente ans. L'évolution est considérable et traduit une prise de distance tout à fait évidente avec les grandes institutions religieuses dans lesquelles leurs parents se reconnaissaient beaucoup plus souvent. Le déclin de l'appartenance catholique est plus fort encore puisque les catholiques sont passés de 55 % des jeunes de 1981 à seulement 23 % de ceux de 2008.

Il y a aujourd'hui 11 % de jeunes membres d'autres religions, se répartissant entre 7 % de musulmans[1] et 4 % d'autres religions. Les jeunes musulmans se révèlent beaucoup plus croyants et pratiquants que les jeunes catholiques. Ils sont par exemple 91 % à dire croire en Dieu, 89 % à estimer que Dieu est important dans leur vie et 67 % à prier Dieu au moins une fois par mois

1. Jusqu'à présent, pratiquement toutes les enquêtes sous-représentaient les jeunes musulmans. Pour la première fois, elles les incluent à peu près correctement, d'une part parce qu'ils acceptent davantage de répondre (signe de meilleure intégration), d'autre part et surtout parce que la méthodologie adoptée en 2008 a permis de mieux représenter les catégories souvent exclues des enquêtes du fait d'un faible niveau scolaire.

(contre seulement respectivement 75 %, 50 % et 37 % des jeunes catholiques).

La régression de la part de catholiques dans la jeunesse française se fait essentiellement au profit d'une montée très forte des personnes sans appartenance religieuse et des athées convaincus. Plus d'un jeune sur quatre se dit aujourd'hui athée convaincu, c'est-à-dire en principe tout à fait en dehors du champ religieux. Le phénomène est très largement explicable par un déclin de la socialisation religieuse. Un certain nombre de parents catholiques, fortement détachés de leur religion, ne jugent plus utile de donner une éducation religieuse à leurs enfants. Le phénomène a pris une ampleur très grande en peu de temps. Seul un jeune sur quatre environ dit aujourd'hui qu'il assistait chaque semaine aux offices à 12 ans. Et 47 % des jeunes ont le sentiment de n'avoir jamais appartenu à une religion, contre seulement 22 % en 1990. Si l'assistance mensuelle aux offices a légèrement remonté en 2008 (de 5 à 7 %), c'est dû à la présence plus importante des jeunes musulmans dans l'enquête[1].

La part de jeunes qui se sentent religieux a nettement moins baissé que les appartenances aux religions (le déclin est de 8 points depuis 1981 pour le sentiment religieux, mais de 25 pour l'appartenance à une religion). Tout se passe comme si l'appartenance déclarée à une religion était chez les jeunes, il y a encore trente ans, assez largement liée à leurs origines familiales. Ils vivaient souvent cette appartenance comme une donnée de fait, dépendante de leur origine familiale. Ils pouvaient donc se dire catholiques sans avoir le sentiment d'être religieux. Le lien entre appartenance déclarée et sentiment religieux est nettement plus étroit aujourd'hui (le coefficient qui mesure l'intensité de cette relation, le V de

1. Alors que la pratique mensuelle est de 7 % sur l'ensemble des jeunes, elle monte à 13 % chez les catholiques, mais à 33 % chez les musulmans.

Cramer, est de 0,45 contre 0,34 en 1981). Seulement 30 % se sentent aujourd'hui religieux, 33 % disent que la religion est très ou assez importante dans leur vie, et 25 % que la religion leur apporte force et réconfort. Ces pourcentages n'ont en fait que très peu bougé depuis trente ans. Pour les générations plus âgées, on observe que les niveaux plus élevés se rencontrent surtout chez les plus de 55 ans. Ce qui tend à montrer que le principal décrochage à l'égard du religieux s'est produit il y a déjà longtemps et évolue plus lentement aujourd'hui. En fait, une analyse des différents indicateurs par cohorte de naissance tend à montrer que le décrochage s'est opéré assez fortement avec la génération du *baby-boom*, née entre 1946 et 1954, âgée de 54 à 62 ans au moment de l'enquête de 2008.

On dit souvent que si la religiosité institutionnelle baisse fortement, l'ouverture au spirituel serait plus pérenne (Bréchon, Campiche, 2011), voire en progrès. Une question a été introduite en 2008 pour mesurer le phénomène, avec la difficulté de savoir comment définir l'attitude spirituelle. Celle-ci a été caractérisée comme un intérêt « pour le sacré et le surnaturel ». 40 % des jeunes reconnaissent s'intéresser au spirituel ainsi défini. C'est en effet une proportion plus large que celle des personnes religieuses ; et l'intérêt pour le spirituel apparaît aussi développé chez les jeunes que dans les générations plus âgées. Le plus intéressant réside dans la part assez importante de jeunes qui se disent spirituels sans se sentir religieux : 22 % des jeunes sont dans ce cas, beaucoup plus que dans les générations âgées [1] où le sentiment religieux allait beaucoup plus souvent de pair avec le sentiment spirituel.

---

1. Chez les 55 ans et plus, on ne trouve que 8 % de personnes se déclarant non religieuses mais néanmoins spirituelles.

Tableau 1. Appartenance et intégration religieuse, de 1981 à 2008 (en %)

	18-29 ans				30-54 ans	55 ans et +
	1981	1990	1999	2008	2008	2008
Appartient à une religion	59	47	48	34	43	65
dont catholique	*55*	*43*	*43*	*23*	*34*	*61*
Sans appartenance	41	53	52	66	57	35
dont athée convaincu	*14*	*15*	*17*	*27*	*18*	*10*
N'a jamais appartenu à une religion	–	22	34	47	35	15
Assistait une fois par semaine aux offices à 12 ans	–	–	36	26	56	77
Assiste actuellement une fois par mois aux offices	11	7	5	7	8	19
Se sent religieux	38	37	34	30	39	57
Religion, très ou assez importante dans sa vie	–	31	26	33	32	46
Religion apporte force et réconfort	23	24	23	25	30	43
Intérêt pour le spirituel	–	–	–	40	40	40
A sa manière propre de se connecter avec le divin	–	–	–	43	45	48
Prend des moments pour prier ou méditer	33	42	32	31	39	49
Prie Dieu (au moins une fois par mois)	–	–	14	18	16	30

Lecture : les quatre premières colonnes de chiffres indiquent le pourcentage de 18-29 ans concernés par les différents indicateurs religieux mentionnés, pour chaque vague d'enquête. Les deux colonnes de droite donnent les réponses aux mêmes indicateurs en 2008 pour les générations plus âgées.

Une autre question nouvelle permet de repérer ceux qui vivent une relation au divin (notion plus large que Dieu) « sans avoir besoin des Églises ou des cérémonies religieuses ». Cette ouverture à la divinité sans la médiation des Églises est presque aussi fréquente chez les jeunes que dans les générations plus âgées[1].

1. Dans chaque génération, environ un quart des athées convaincus déclarent aussi avoir leur propre façon de se connecter avec Dieu sans avoir besoin des Églises et des cérémonies. La conviction athée semble donc parfois distante de ce qu'on imagine spontanément ! Il se pourrait que la réponse « athée convaincu » signifie parfois davantage un rejet de la religion catholique traditionnelle plutôt qu'un rejet de la croyance en Dieu.

Une question existant depuis 1981, dénombrant ceux qui disent qu'il leur « arrive de prendre un moment pour prier, pour méditer, pour la contemplation ou quelque chose comme cela », permet normalement de déceler une ouverture spirituelle en actes, plus large que la pratique de la prière adressée à Dieu. On n'observe pas d'évolution de cette pratique de la méditation chez les jeunes depuis trente ans : environ un tiers d'entre eux déclarent qu'il leur arrive de prendre des moments pour prier ou méditer[1]. La religiosité non institutionnelle semble donc assez stable.

Image des Églises en demi-teinte, mais attachement à leurs compétences pour célébrer les temps de la vie

Il est intéressant de considérer aussi quelles images les jeunes ont des religions. Sont-ils très critiques et négatifs à leur égard ou au contraire compréhensifs ? C'est ce qu'explore le tableau 2. Commençons par la mesure de la « confiance dans l'Église[2] », insérée dans une batterie d'indicateurs sur la confiance dans différentes institutions. Dans l'ensemble de la population, celle-ci a sensiblement baissé (de 54 % en 1981 à 42 % en 2008). Chez les jeunes, on n'observe pas d'évolution aussi nette. La confiance dans l'Église était déjà assez dégradée en 1981 et n'a que peu bougé depuis. Seuls les plus âgés gardent une image beaucoup plus positive de l'Église.

Une batterie de quatre indicateurs mesure plus précisément l'image des Églises dans des domaines particuliers. Celle-ci s'améliore nettement concernant la satisfaction

1. La pratique de la méditation/contemplation n'est reconnue que par 8 % des jeunes athées.

2. Le singulier qui est employé depuis 1981 pour cette question laisse entendre que l'on mesure ici l'image de la religion majoritaire dans le pays.

des besoins spirituels. Les religions apparaissent de plus en plus, aux yeux des jeunes, comme adaptées pour répondre aux besoins spirituels des individus[1]. Dans les autres domaines, elles apparaissent beaucoup plus disqualifiées, mais les résultats montrent que le phénomène n'est pas nouveau. Pour les problèmes et besoins moraux, pour les problèmes qui se posent dans la vie de famille, et encore plus pour les problèmes sociaux, les Églises ne sont en général pas considérées comme apportant de bonnes réponses. En 2008, les écarts générationnels dans les réponses sont assez faibles : les personnes âgées n'ont que des appréciations un peu meilleures.

Tableau 2. L'image des Églises, de 1981 à 2008 (en %)

	18-29 ans				30-54 ans	55 ans et +
	1981	1990	1999	2008	2008	2008
Grande ou certaine confiance dans l'Église	38	36	36	34	35	52
Les Églises (ou votre Église) apportent des réponses *…						
– aux besoins spirituels des individus	42	47	53	60	47	55
– aux problèmes et besoins moraux des individus	29	26	30	30	26	39
– aux problèmes de la vie familiale	22	17	19	23	23	37
– aux problèmes sociaux d'aujourd'hui	–	15	15	16	20	26
Toutes les religions apportent des vérités de base	53	–	–	50	41	43

* La question a été modifiée en 2008 et est désormais libellée ainsi : « Pensez-vous que les Églises, ou votre Église pour ceux qui se sont déclarés membres, apportent de bonnes réponses… » au lieu de « apportent des réponses ». De manière étonnante, la modification n'a pas empêché un maintien ou une progression des réponses positives.

1. On peut penser que des jeunes sans appartenance religieuse reconnaissent volontiers que les Églises apportent de bonnes réponses aux besoins spirituels de leurs membres. Cette croissance serait surtout liée à la montée de la tolérance à l'égard des différents choix religieux des individus.

Enfin, d'après le bas du tableau 2, la moitié des jeunes affirme qu'« il n'y a pas une seule vraie religion car toutes les grandes religions contiennent des vérités fondamentales ». Très peu considèrent qu'il y a une seule vraie religion et un tiers qu'« aucune des grandes religions n'a des vérités à offrir ». Cette question avait déjà été posée (sous une forme légèrement différente en 1981) et il ne semble pas y avoir d'évolution importante dans les réponses à trente ans d'écart.

Au total, l'image des religions (prises globalement) ne s'est pas dégradée chez les jeunes. Mais elle apparaît assez mitigée depuis longtemps. Les Églises ne semblent pas souvent considérées comme apportant des réponses adéquates pour régler des problèmes humains et sociétaux importants ; cependant, assez nombreux sont ceux qui reconnaissent que les religions comportent des « vérités de base », probablement au même titre que beaucoup de sagesses ou de philosophies.

Dans ce contexte, y a-t-il encore des attentes des jeunes en matière de célébration et de ritualisation des grands temps de passage, autrement dit ces grands moments qui rythment la vie des individus : la naissance d'un enfant, le mariage ou la mort ? Il est assez révélateur de constater (tableau 3) que la demande de célébration reste importante, même chez les jeunes. Certes elle s'est affaiblie pour la naissance, mais reste forte pour le mariage (alors que pourtant les mariages religieux – et civils – ont beaucoup baissé depuis quelques décennies) et pour le décès. Les niveaux enregistrés montrent qu'un certain nombre de personnes se déclarant sans appartenance confessionnelle, voire athées, trouvent important de célébrer ces grands moments par un rituel religieux. Elles attendent probablement avant tout une reconnaissance sociale de ce qui leur arrive, elles veulent que l'événement familial soit inscrit dans la vie collective. La cérémonie souhaitée est probablement autant sociale que religieuse.

Tableau 3. Importance d'avoir une cérémonie religieuse, de 1990 à 2008 (en %)

	18-29 ans			30-54 ans	55 ans et +
	1990	1999	2008	2008	2008
Pour une naissance	56	57	44	47	67
Pour un mariage	61	67	61	53	71
Pour un décès	69	75	72	67	76

Cela appartient à ce que la sociologue Grace Davie a appelé la « religion par procuration » : les grandes Églises établies des sociétés sécularisées continuent de donner du sens aux grands moments de la vie pour des gens qui ne croient plus à ces religions (Davie, 2000). Elles inscrivent dans l'ordre social un nouvel être humain ou un couple, ou elles célèbrent sa fin, essayant de dire quelque chose devant la mort qui reste un mystère pour les sociétés modernes, comme pour les sociétés traditionnelles.

Maintien des croyances en Dieu, croissance de l'espérance d'un futur au-delà du monde

Abordons à présent l'univers des croyances religieuses des jeunes (tableau 4). La croyance en Dieu est mesurée par plusieurs questions. La première est très simple puisqu'elle est dichotomique, obligeant les individus à un choix binaire. Il apparaît que le niveau était stable chez les jeunes de 1981 à 1999, mais qu'il s'est effrité depuis dix ans (de 8 points). Les jeunes sont du coup un peu moins croyants que les 30-54 ans, mais l'écart est beaucoup plus fort avec les 55 ans et plus, génération restée beaucoup plus religieuse.

Tableau 4. Croyances religieuses, de 1981 à 2008 (en %)

	18-29 ans				35-54 ans	55 ans et +
	1981	1990	1999	2008	2008	2008
Croire en Dieu, oui	46	46	48	40	49	64
Croire en Dieu, force vitale	29	33	34	28	31	32
Croire en un Dieu personnel	18	17	17	19	18	21
Dieu jugé important dans sa vie (positions 6-10)	26	21	23	25	31	46
Croire en la vie après la mort	31	40	42	45	36	37
Croire au paradis	18	25	30	35	34	36
Croire à l'enfer	10	13	20	25	21	17
Croire au péché	30	36	32	39	37	46
Croire à la réincarnation	20	28	31	28	26	18
Un porte-bonheur peut vous protéger (positions 6-10)	–	–	20	25	18	14

Une deuxième question essaye de faire préciser le type de Dieu auquel croient les individus. Là, les chiffres n'ont presque pas bougé en trente ans, davantage de jeunes annonçant croire en un Dieu force vitale plutôt qu'en un Dieu personnel. C'est donc un Dieu, sorte de puissance supérieure, qui semble recueillir le plus d'adhésions. Bien sûr ces formules restent vagues et il est probable qu'elles dissimulent des conceptions de Dieu beaucoup plus complexes et nuancées. Même si l'idée d'un Dieu personnel correspond davantage au choix des chrétiens et des musulmans, il y a beaucoup de diversité parmi ces croyants. Ainsi, beaucoup de jeunes catholiques pratiquants irréguliers ou non pratiquants disent croire en un Dieu force vitale. Qui est aussi choisi assez souvent par les personnes se disant sans religion et même 20 % des jeunes athées ! Ceux qui disent croire en un Dieu personnel déclarent beaucoup plus souvent prier Dieu, ce qui a une certaine logique. Mais pas absolue puisque 26 % de ceux qui prient Dieu chaque mois le considèrent pourtant comme une force vitale et non pas une personne.

Une troisième question mesure l'importance qui est accordée à Dieu dans sa vie à travers un positionnement sur une échelle allant de 1 (pas important du tout) à 10 (très important). Un quart des jeunes Français disent que Dieu est important dans leur vie si on retient les positions allant de 6 à 10. Si on se limite aux positions 8 à 10, l'importance forte reconnue à Dieu concerne 15 % des jeunes Français. Là encore, les chiffres n'ont presque pas bougé depuis 1981. Et ce n'est que chez les plus de 55 ans que l'on trouve un niveau très différent de valorisation de Dieu [1]. Autrement dit, il se confirme que, sur beaucoup de dimensions religieuses, l'essentiel de la perte de religiosité s'est en large partie opéré dès les générations du *baby-boom*, arrivant à l'âge adulte dans les années 1970 et arrivant aujourd'hui à l'âge de la retraite. Nous n'avons pas jusque-là enregistré de remontée significative de la religiosité chez les jeunes. Si les appartenances religieuses continuent à décliner, le sentiment religieux et les croyances en Dieu semblent assez stabilisés.

La deuxième moitié du tableau 4 fait apparaître des tendances assez différentes des précédentes. Elle concerne des croyances qui, pour les trois premières, portent sur le devenir de l'homme après ce monde. Elles font partie de l'univers des croyances chrétiennes mais peuvent être adoptées aussi par des adeptes d'autres systèmes religieux. Ces trois croyances (à la vie après la mort, à l'enfer et au paradis) sont très fortement corrélées entre elles. Chacun est invité à faire un choix simple, par oui ou non. Première évolution discordante : la croyance en une vie après la mort, qui avait beaucoup augmenté entre 1981 et 1990, a continué à progresser quelque peu. Et aujourd'hui les jeunes disent un peu

1. Si 41 % des 18-29 ans choisissent la position 1 de l'échelle – pas important du tout –, ce n'est le cas que de 24 % des 60 ans et plus.

plus souvent croire en une vie après la mort que les plus âgés ! Le paradis et l'enfer – visions concrètes de ce qui attend l'homme après la mort – font moins recette que l'acception générale, avec un décalage entre les deux : il est probablement plus difficile de croire à un avenir affreux qu'à un futur d'éternel bonheur. Mais deuxième fait troublant, là encore, on enregistre des progressions fortes chez les jeunes des croyances en ces deux horizons, béni ou honni.

On peut tenter d'expliquer ce phénomène en recourant à une autre enquête. L'International Social Survey Programme (ISSP), dont le module de 2008 portait sur la religion [1], comporte aussi des questions sur la croyance en la vie après la mort, au ciel et à l'enfer, mais avec quatre modalités de réponse (oui, certainement ; oui, probablement ; non, probablement pas ; non, certainement pas). Dans les réponses positives, il y a sensiblement plus de jeunes disant croire « probablement » à ces futurs que de jeunes y croyant « certainement ». Une analyse par cohorte montre qu'il s'agit plutôt d'un effet de cycle de vie : en vieillissant, les jeunes croient moins à une vie (probable) après la mort que quelques années avant. Tout ceci semble indiquer que la progression de ces croyances se fait sur une base qui est autant psychologique que religieuse. Il y aurait là une vraie recomposition, ces jeunes exprimeraient pendant leurs années de jeunesse l'espoir que la vie heureuse qu'ils expérimentent [2] puisse ne pas finir.

---

1. Pour une présentation des résultats des enquêtes ISSP, y compris celle de 2008 comparée à 1998 qui portait aussi sur la religion, voir le site : www.issp-france.info et Bréchon, 2014.

2. On sait que, dans toutes les enquêtes, la majorité des personnes interrogées affirme se sentir plutôt heureuse. Les jeunes font preuve d'un sentiment de bonheur plus élevé que les autres générations, aussi bien d'après l'enquête ISSP que d'après l'European Values Study (EVS).

La croyance au péché a aussi tendance à croître, mais il est difficile de savoir ce que les jeunes, dont beaucoup n'ont pas eu une éducation religieuse, mettent sous ce vocable. On pourrait être tenté de penser qu'ils n'ont pas intégré la conception chrétienne traditionnelle du péché comme acte qui est une offense à Dieu et qu'ils croient simplement que certains de leurs comportements sont mauvais. Or le lien entre croyance au péché et croyance en Dieu reste très intense chez les jeunes, même s'il est un peu plus faible que pour les générations antérieures ; ce qui permet de conclure que les jeunes croyant au péché en perçoivent probablement souvent la dimension religieuse.

La croyance en la réincarnation a augmenté entre 1981 et 1990, mais reste stable depuis. Cette croyance en un futur éternel par un retour en ce monde attire plus d'un jeune sur quatre. C'est une croyance qui est peu liée à l'ensemble des autres indicateurs religieux, indiquant une forme de religiosité assez décalée et spécifique par rapport à l'univers religieux le plus habituel des jeunes Français (univers qui reste marqué par la tradition chrétienne).

La dernière question du tableau 4 (croire qu'un porte-bonheur comme une mascotte ou un talisman peut constituer un objet protecteur efficace) n'a été posée que dans les deux dernières vagues. Cette croyance au merveilleux, que l'on retrouve sous de multiples formes dans de nombreuses sociétés, touche un jeune sur quatre, en progression sensible depuis 1999. Il s'agit d'une croyance nettement plus développée chez les jeunes que dans les générations plus âgées. Elle est aussi plus développée chez les jeunes qui font preuve de religiosité et croient en Dieu [1] et moins chez les incroyants.

1. Les plus croyants aux porte-bonheur sont en fait les catholiques peu pratiquants et les croyants moyennement intensifs.

Autrement dit, la croyance aux porte-bonheur n'est pas – chez les jeunes comme chez les plus âgés, aujourd'hui comme hier – une croyance indépendante des autres croyances religieuses.

On peut synthétiser quelques points importants mis en évidence. La religiosité institutionnelle, liée à l'appartenance déclarée au catholicisme et à l'assistance aux offices, est en baisse très forte chez les jeunes. La croyance en Dieu est au contraire assez stable. C'est ce que confirme le tableau 5, basé sur une échelle qui prend en compte les trois questions présentées antérieurement[1]. Les croyances intermédiaires ont tendance à baisser très légèrement au profit à la fois de la forte croyance et de la faible croyance en Dieu.

Une autre échelle a été construite pour synthétiser les croyances au futur[2]. Elle est présentée au tableau 6.

Tableau 5. Échelle de croyance en Dieu, de 1981 à 2008 (en % vertical)

	18-29 ans				30-54 ans	55 ans et +
	1981	1990	1999	2008	2008	2008
Croyance faible (de 6 à 10)	47	46	44	50	42	29
Croyance moyenne (de 11 à 22)	42	45	46	36	42	49
Croyance forte (de 23 à 26)	10	9	10	14	16	22

1. La question dichotomique de croyance en Dieu a été recodée 8 pour les croyants et 3 pour les incroyants ; croire en un Dieu personnel est aussi codé 8, force vitale, 6, ne pas savoir, 4 et ne pas croire, 2 ; l'importance de Dieu dans sa vie conserve les valeurs de départ, de 1, pas important du tout, à 10, très important. L'échelle est construite par addition, elle va donc de 6 à 26. Elle est redécoupée en trois catégories identiques pour les quatre vagues d'enquête.

2. L'échelle a été construite avec quatre indicateurs : la croyance à une vie après la mort, au paradis, à l'enfer et au péché. On a beaucoup hésité à mettre cette dernière question qui ne porte pas sur le futur mais les quatre éléments sont statistiquement très fortement corrélés (alpha de Cronbach à plus de 0,8).

Tableau 6. Échelle de croyance au futur extra-mondain, de 1981 à 2008 (en % vertical)

	18-29 ans				35-54 ans	55 ans et +
	1981	1990	1999	2008	2008	2008
Croyance nulle (niveau 8)	52	44	43	42	47	40
Croyance moyenne (niveaux 6 et 7)	33	37	32	28	26	34
Croyance forte (niveaux 4 et 5)	15	19	25	30	27	26

Identique aux quatre dates, elle montre la croissance assez nette de ces croyances chez les jeunes (elles passent de 15 à 30 % des 18-29 ans). Au point qu'ils sont aujourd'hui davantage croyants que les personnes âgées elles-mêmes !

Au total les croyances semblent beaucoup mieux se maintenir que les pratiques qui tendent à baisser d'autant plus qu'elles sont liées à un univers religieux traditionnel. Les croyances à un futur extra-mondain sont même en fort développement chez les plus jeunes, mais sur un mode plus possibiliste que fortement affirmatif.

Des formes de religiosité qui continuent d'avoir un impact sur les valeurs

Essayons à présent de dresser le portrait des jeunes religieux et des jeunes à l'inverse très détachés de la religiosité, voire hostiles. Nous avons pour cela construit une échelle d'attitude mesurant la religiosité globale des individus en prenant neuf variables très fortement liées entre elles (les V de Cramer sont entre 0,27 et 0,76) : appartenir à une religion, assister aux offices, se ressentir comme une personne religieuse, croire en Dieu, croire à une vie après la mort, trouver Dieu important dans sa vie, trouver force et réconfort dans la religion, prendre des moments pour prier et méditer, faire confiance à l'Église [1].

Le tableau 7 permet d'identifier quelques caractéristiques sociodémographiques des personnes fortement religieuses et de leurs opposés. Le premier résultat marquant est l'importance des différences de genre. Les jeunes femmes restent beaucoup plus religieuses que les jeunes hommes. On aurait pu s'attendre à ce que la différence de religiosité entre hommes et femmes s'estompe, particulièrement chez les jeunes ayant fait des études longues, là où les modes de vie masculins et féminins sont normalement les plus proches. Il n'en est rien, comme le montre le tableau 8. La différence de religiosité entre hommes et femmes est aussi forte chez les diplômés que chez les personnes à faible niveau scolaire.

Les classes d'âge, qui ne figurent pas sur le tableau 7, restent aussi très liées à la religiosité globale. La forte religiosité passe de 27 % chez les 18-29 ans à 34 % chez les 30-44 ans, 39 % chez les 45-59 ans et 52 % chez les 60 ans et plus. Au niveau de chaque question, on pouvait avoir l'impression que seules les personnes âgées manifestaient un niveau de sentiments et de pratiques religieuses plus important. Sur cette échelle synthétique, on voit cependant qu'il y a bien un dégradé de religiosité au fil des âges. Le mouvement de sécularisation garde une certaine progressivité, même si le saut de religiosité le plus important est entre les 45-59 ans et les 60 ans et plus.

1. Pour donner une importance à peu près égale dans l'échelle à chaque variable, des recodages ont été effectués. L'échelle va de 22 à 75. Elle est découpée de façon à avoir trois groupes de taille importante (notamment aux deux extrêmes). Pour cela, il a fallu considérer la religiosité faible comme allant de 22 à 46, la religiosité moyenne de 47 à 60 et la religiosité forte de 61 à 75.

Tableau 7. Échelle de religiosité globale chez les 18-29 ans croisée par quelques variables sociodémographiques (en % horizontal)

	Faible	Moyenne	Forte
Ensemble	51	22	27
Homme	60	20	21
Femme	42	25	34
Primaire collège	58	32	11
Professionnel	52	16	32
Secondaire	48	27	25
Supérieur	49	21	30
Musulman	0	5	95
Catholique	6	30	64
Sans appartenance	64	29	8
Athée convaincu	87	12	1
Français d'origine française	56	23	21
Français d'origine étrangère ou étranger	32	20	48

Lecture : sur 100 personnes âgées de 18 à 29 ans, 51 sont considérées comme manifestant une faible religiosité, 22 une religiosité moyenne et 27 une religiosité forte. La faible religiosité est de 56 % chez les jeunes Français d'origine française mais seulement de 32 % chez les Français d'origine étrangère ou les étrangers.

Tableau 8. Faible religiosité selon le genre, le niveau d'études et l'âge, en 2008 (en %)

	18-29 ans		30-54 ans		55 ans et +		Ensemble		Ensemble
	– Bac	Bac et +	– Bac	Bac et +	– Bac	Bac et +	– Bac	Bac et +	
Homme	61	59	51	51	40	35	48	50	49
Femme	45	40	36	44	19	28	29	38	32
Ensemble	54	49	44	47	29	31	38	44	40

Lecture : si la faible religiosité est de 40 % dans l'ensemble de la population, elle est de 54 % chez les 18-29 ans n'ayant pas le bac. Dans cette dernière catégorie, la faible religiosité monte à 61 % chez les hommes alors qu'elle n'est que de 45 % chez les femmes.

Le niveau de diplôme a beaucoup moins d'influence que le genre ou l'âge. Chez les jeunes (comme chez les adultes), le niveau de diplôme n'introduit que de faibles différences de religiosité, les jeunes ayant fait des études supérieures étant légèrement plus religieux que les autres. La profession exercée semble n'avoir qu'un faible impact, les professions indépendantes et les employés étant cependant plus religieux que les ouvriers, cadres supérieurs et professions intermédiaires (58 % des ouvriers de 18-29 ans ont une faible religiosité contre 46 % des jeunes employés, ce qui est en large partie explicable par un effet de genre).

L'appartenance religieuse déclarée est très logiquement liée au niveau de religiosité. Les athées convaincus semblent ici pratiquement presque totalement en dehors de la religiosité et présentent une différence sensible avec ceux qui se disent seulement « sans religion ». La différence de religiosité est forte entre les catholiques et les musulmans, chez qui elle est beaucoup plus développée. Cette importante religiosité des musulmans explique aussi très largement la plus forte religiosité des personnes d'origine étrangère.

Venons-en à l'impact de la religiosité sur les valeurs. Le tableau 9 prend d'abord en compte des variables d'ouverture aux autres [1]. Les jeunes religieux se révèlent sensiblement plus altruistes que les autres, surtout en ce qui concerne l'altruisme social. Cela correspond assez bien aux idéaux d'entraide, de solidarité, d'amour du prochain de beaucoup de religions.

Puis deux échelles d'individualisme (l'individualisme étant défini comme une orientation générale qui privilégie une recherche constante de son intérêt personnel, selon le principe du « chacun pour soi ») et d'individualisation (définie comme une volonté de faire des choix autonomes dans toute sa vie, de ne pas se laisser imposer

1. La construction des échelles du tableau 9 est présentée en annexe, à la fin de ce chapitre.

ses choix par d'autres, la société ou les institutions) sont croisées avec la religiosité. Les jeunes manifestant de la religiosité se révèlent moins individualistes (ils pensent davantage à autrui), mais ils sont aussi moins adeptes des valeurs d'individualisation. Ils s'en remettent moins à leur jugement personnel et reconnaissent davantage l'importance des principes et des valeurs collectives.

Tableau 9. Échelle de religiosité globale chez les 18-29 ans croisée par quelques dimensions de valeurs (en %)

	Faible	Moyenne	Forte
Ensemble	**51**	**22**	**27**
Altruisme identitaire très fort	42	23	35
Assez fort	55	16	29
Assez faible	48	23	29
Très faible	57	25	18
Altruisme social très fort	35	19	46
Assez fort	54	20	26
Assez faible	51	21	28
Très faible	56	26	18
Individualisme fort	58	24	18
Moyen	43	22	35
Faible	46	20	35
Individualisation forte	56	23	22
Moyenne	50	23	27
Faible	42	22	36
Confiance aux institutions très forte	32	26	43
Assez forte	53	25	22
Assez faible	56	23	21
Très faible	57	17	26
Très xénophobe	54	22	25
Assez xénophobe	52	25	24
Peu xénophobe	48	28	25
Pas du tout xénophobe	52	15	33
Autopositionnement à gauche (1-4)	51	23	26
Au centre (5)	57	19	24
À droite (6-10)	44	21	36

Les trois dernières dimensions portent sur des valeurs politiques. Les jeunes qui font preuve de conformisme et de légitimité en politique, ce qui est mesuré par une tendance à faire très généralement confiance aux institutions, se révèlent aussi plus religieux. La religiosité semble donc aller le plus souvent de pair avec une certaine forme d'intégration politique, y compris chez les jeunes. La deuxième dimension porte sur la xénophobie qui, comme le conformisme, est plutôt faible dans les jeunes générations. Cette faiblesse est essentiellement un effet de diplôme (à même niveau de diplôme, les écarts de xénophobie selon l'âge sont limités). Les liens entre xénophobie et religiosité se révèlent très faibles. On ne trouve qu'une petite tendance à une forte religiosité chez les personnes à très faible xénophobie[1]. Enfin, l'orientation politique à gauche ou à droite ne manifeste chez les jeunes que d'assez faibles différences : les jeunes de gauche ne sont ni plus ni moins religieux que la moyenne de leur catégorie d'âge ; par contre, les 18-29 ans de droite sont sensiblement plus religieux. Les différences enregistrées ici entre orientation politique et religiosité sont plus faibles que ce que l'on est habitué à observer : le V de Cramer pour les 18-29 ans n'est que de 0,12, alors qu'il est de 0,11 pour les 30-44 ans, de 0,14 pour les 45-59 ans et de 0,19 pour les 60 ans et plus[2].

---

1. Mais si on considère le lien entre la xénophobie et le niveau d'intégration aux grandes religions, ce sont les adeptes des autres religions (du fait de leurs origines nationales) et les athées convaincus qui se révèlent les moins xénophobes. Parmi les catholiques, les peu ou pas du tout pratiquants sont plus xénophobes que les pratiquants réguliers. On observait déjà un phénomène semblable dans les enquêtes électorales de 2002 (Bréchon, 2009).

2. Là encore, les relations sont plus fortes chez les jeunes si l'on croise l'échelle gauche-droite avec l'échelle d'intégration aux grandes religions, allant des catholiques pratiquants aux athées convaincus. Les V de Cramer sont respectivement de 0,16 ; 0,18 ; 0,16 et 0,19 pour les quatre grandes catégories d'âge.

Tableau 10. Échelle de croyance au futur extra-mondain croisée par des variables politiques et morales chez les 18-29 ans (en %)

	Faible	Moyenne	Forte
Ensemble	**42**	**28**	**30**
Autopositionnement à gauche (1-4)	48	25	27
Au centre (5)	40	31	29
À droite (6-10)	36	29	36
Grande confiance en l'armée et la police	33	25	42
Assez grande confiance	43	29	29
Assez faible confiance	38	35	28
Très faible confiance	54	21	25
Agir selon des principes intangibles	32	28	40
Selon principes sauf cas spéciaux	38	28	34
Selon les circonstances	48	27	25
Libéralisme des mœurs très faible	28	18	53
Libéralisme des mœurs assez faible	43	26	32
Libéralisme des mœurs assez fort	44	31	26
Libéralisme des mœurs très fort	49	31	19
Le mariage est une institution dépassée, oui	53	25	23
non	38	29	33

Il convient de noter la spécificité des jeunes musulmans dont on a dit préalablement qu'ils étaient beaucoup plus religieux que les catholiques. Leur système de valeurs apparaît beaucoup plus traditionnel en matière morale (ils sont très peu permissifs en matière de mœurs) que celui des jeunes catholiques. En revanche, en matière politique, ils sont beaucoup plus orientés à gauche que les catholiques. L'articulation du religieux, de l'éthique et du politique est ainsi très spécifique chez les jeunes musulmans.

La religiosité n'est donc pas sans effet sur le système de valeurs des jeunes. Mais son impact semble plutôt en baisse par rapport à ce qu'il était autrefois et plutôt moins fort que chez les personnes âgées. Cette influence ayant été appréciée avec une échelle de religiosité globale, il est intéressant de considérer ce qu'il en est pour les formes de croyances selon nous les plus recomposées et bricolées, les croyances au futur extra-mondain (tableau 10) : croire à une vie après la mort, au paradis, à l'enfer... Selon que l'on croit ou non à un futur au-delà de ce monde, observe-t-on des différences dans les valeurs des jeunes ?

On constate d'abord que les jeunes de droite croient davantage à un futur religieux que ceux de gauche. Les différences sont sensibles et à peu près de même importance que pour la religiosité globale. La confiance en l'armée et la police est aussi plus forte chez ceux qui croient à un futur religieux, alors que ceux qui ne font pas confiance aux institutions d'ordre se révèlent beaucoup plus incrédules sur leur avenir au-delà de ce monde[1]. La conception de la morale est aussi assez dépendante des croyances au futur : les adeptes de principes intangibles, extérieurs aux individus et que l'on doit seulement suivre, sont plus nombreux chez les croyants que chez les incroyants qui sont beaucoup plus relativistes en matière d'éthique. Cette liaison est assez intense tout comme la relation avec le libéralisme des mœurs. Ceux qui sont libéraux et permissifs concernant la sexualité et la maîtrise du corps sont plus souvent sans croyance sur le futur religieux, alors que ceux qui font preuve de plus de rigueur morale et sexuelle sont beaucoup plus souvent des croyants. On trouve aussi des différences conséquentes avec la conception du mariage. Ceux qui estiment qu'il s'agit d'une institution dépassée sont moins croyants que ceux qui croient dans ce contrat traditionnel. L'ensemble du tableau montre donc que l'adoption de ces croyances – en progrès chez les jeunes – qui peuvent être assez générales et

1. En revanche, le niveau de politisation des jeunes n'est pas très différent selon qu'ils croient ou non à un futur au-delà de la mort.

flottantes (elles peuvent être adoptées au-delà de la tradition chrétienne) n'en a pas moins des effets très semblables à ceux des autres variables religieuses.

Les jeunes ne s'avèrent pas très croyants et la religion ne constitue pas un enjeu important pour la plupart d'entre eux (12 % la trouvent très importante dans leur vie). Néanmoins, ils ne sont souvent pas complètement sécularisés, ils s'interrogent sur le sens de la vie et aussi souvent sur la possible existence d'un ordre supra-humain. Leurs croyances apparaissent davantage comme des croyances probabilistes que comme des certitudes intangibles, notamment en ce qui concerne un espoir de futur au-delà de l'existence terrestre. Mais le fait d'avoir des croyances religieuses ou d'être plutôt indifférent, voire plus ou moins convaincu de la non-existence du divin et de l'inutilité des religions, a des conséquences sur le système de valeurs des jeunes, des effets qui semblent cependant souvent un peu moins forts que dans les générations plus âgées. Ces effets peuvent s'observer quelle que soit la forme de religiosité des individus, qu'elle porte sur des appartenances institutionnelles, des pratiques ou des croyances plus ou moins recomposées.

Annexe. Construction des échelles de valeurs

L'attachement aux valeurs altruistes est mesuré avec deux batteries de questions. La première cherche à définir si l'on se sent concerné par les conditions de vie des gens du voisinage, de la région où l'on habite, de ses concitoyens, des Européens, de l'humanité tout entière. La seconde porte sur le fait de se sentir concerné par les conditions de vie des personnes âgées, des chômeurs, des immigrés, des malades ou handicapés, des enfants pauvres. On peut considérer que la première dimension mesure un altruisme de type identitaire (se sentir proche des personnes de communautés de plus en plus larges) et la seconde un altruisme social ou compassionnel (se sentir proche des défavorisés). Pour chaque catégorie, il y a cinq modalités de réponses, de beaucoup à pas du tout. Les échelles sont constituées par addition ; chacune regroupant cinq catégories, elles vont de 5 à 25 et sont ensuite redécoupées en quatre niveaux. L'alpha de Cronbach est de 0,85 pour la première échelle, de 0,84 pour la seconde.

L'échelle d'individualisme est construite sur vingt indicateurs de base comme par exemple : ne pas se sentir concerné par les différentes catégories de personnes évoquées, ne pas s'intéresser à ce que disent ou font les autres, ne pas s'intéresser à la politique, refuser de participer à des manifestations, de signer des pétitions, de faire grève... On met en évidence ici une attitude d'indifférence à autrui, de repli sur soi et d'utilitarisme (alpha de Cronbach à 0,85). L'échelle a été construite à partir d'une analyse en composantes principales sur l'ensemble des indicateurs retenus, en sauvegardant comme échelle synthétique d'individualisme le score des individus sur le premier facteur. Pour plus de détails sur cette échelle et la suivante, ainsi que pour une analyse des liens entre individualisation et individualisme, voir Bréchon, Galland, 2010.

L'échelle d'individualisation repose aussi sur vingt indicateurs comme : privilégier une morale de principe ou agir selon son choix dans chaque situation, toujours suivre les instructions au travail ou être convaincu d'abord, souhaiter avoir un travail où l'on a de l'initiative, où l'on peut employer ses capacités et se faire entendre dans les décisions. Plusieurs questions portent sur la volonté de choisir sa manière de vivre les relations familiales (par exemple affirmer que c'est à chacun de choisir d'avoir ou non des enfants), valoriser la permissivité privée et le libéralisme des mœurs (l'adultère, l'homosexualité, le divorce, l'euthanasie, le suicide sont des comportements justifiables et dépendants des choix individuels et non de ce qu'une société peut imposer à ses membres), valoriser la liberté d'expression et les choix démocratiques. L'alpha de Cronbach est de 0,70. L'échelle est construite comme la précédente, à partir des scores sur le premier facteur d'une analyse en composantes principales.

L'indice de xénophobie est construit à partir de sept questions qui mêlent des stéréotypes positifs et négatifs à l'égard des immigrés, parfois sous forme d'échelle en dix positions avec deux positions antithétiques allant par exemple de 1, « Les immigrés accentuent les problèmes de criminalité », à 10, « Les immigrés n'accentuent pas les problèmes de criminalité », parfois sous forme de réaction à une seule affirmation comme « À cause du nombre d'immigrés en France, je me sens parfois comme un étranger » (cinq modalités de réponses possibles). L'alpha de Cronbach est de 0,91. L'échelle additive va de 9 à 70 et a été recodée en quartiles.

Bibliographie

Bréchon Pierre, « Intégration au catholicisme et valeurs politiques en France », in Dargent Claude, Duriez Bruno, Liogier Raphaël (dir.), *Religion et valeurs en France et en Europe,* L'Harmattan, coll. « Religions en question », Paris, 2009, p. 23-44.

Bréchon Pierre, « Le croire religieux des Français, d'après les enquêtes ISSP de 1998 et 2008 », in Aubin-Boltanski Emma, Lamine Anne-Sophie, Luca Nathalie (dir.), *Croire en actes,* L'Harmattan, coll. « Religions en question », Paris, 2014.

Bréchon Pierre, Campiche Roland J., « Pertinence de la théorie de la dualisation de la religion en Suisse, en France et en Europe », *Social Compass,* n° 2, vol. LVIII, 2011, p. 162-175.

Bréchon Pierre, Galland Olivier, « Individualisation et individualisme », in Bréchon Pierre, Galland Olivier (dir.), *L'individualisation des valeurs,* Armand Colin, Paris, 2010, p. 13-30.

Davie Grace, *Religion in Modern Europe. A Memory Mutates*, Oxford University Press, Oxford (Royaume-Uni), 2000.

Lambert Yves, « Religion : croire sans appartenir », in Galland Olivier, Roudet Bernard (dir.), *Les valeurs des jeunes. Tendances en France depuis 20 ans*, L'Harmattan/Injep, coll. « Débats Jeunesses », Paris, 2001, p. 79-93.

Chapitre 4

Les jeunes, la politique et la démocratie

Bernard Roudet

Dépolitisation, crise de confiance dans les institutions politiques, développement des actions protestataires : en 1999, l'avant-dernière enquête Valeurs témoignait de tendances fortes qui affectaient le rapport des Français à la politique ; tendances mises en évidence par d'autres enquêtes et analyses, relatives notamment à l'augmentation de l'abstentionnisme électoral. Si elles concernaient l'ensemble de la population, ces évolutions touchaient particulièrement les jeunes générations, considérées comme porteuses d'un rapport de plus en plus distancié à la politique (Bréchon, 2001 ; Bréchon, 2005). Dès lors, les médias s'inquiétaient d'une dépolitisation de la jeunesse, tandis que les pouvoirs publics recherchaient les moyens de réactiver la citoyenneté des jeunes.

Dix ans plus tard, les résultats de la dernière enquête Valeurs confirment-ils ces tendances ou bien font-ils apparaître de nouvelles évolutions ? Que nous apprennent-ils sur les liens que les jeunes Français entretiennent avec le monde politique et avec le système démocratique ? Dans un premier temps seront examinés les rapports des jeunes à la vie politique : leur politisation, leur participation et leur positionnement politiques, ainsi que leurs choix en matière d'évolution et d'organisation de la société. Dans un second temps seront abordées les relations des jeunes au système démocratique et à ses institutions : leur confiance dans les institutions politiques, leurs opinions sur la démocratie et sur son fonctionnement, mais aussi sur d'autres systèmes politiques. Ce questionnement conduira à mettre en évidence l'influence du niveau d'études sur les valeurs politiques et démocratiques des jeunes, ainsi que la polarisation, induite par ce niveau d'études, entre la jeunesse disposant d'un bon bagage scolaire et la jeunesse pas ou faiblement diplômée.

Des évolutions dans les rapports des jeunes à la vie politique

L'enquête Valeurs comprend de nombreuses questions sur la politique, introduisant une approche assez complète des rapports des jeunes à ce domaine de valeurs et permettant des comparaisons avec les résultats d'autres travaux réalisés sur ce sujet.

Une politisation en hausse

La politisation recouvre l'intérêt des individus pour la vie politique, ainsi que leur compétence dans ce domaine : leur connaissance des enjeux politiques et des débats d'actualité, leur maîtrise du vocabulaire et des codes de la politique (Bréchon, 2006). Les enquêtes Valeurs proposent quatre indicateurs de politisation. Deux sont relatifs à la valorisation de la politique : il s'agit de l'importance prise par la politique dans la vie et de l'intérêt déclaré pour la politique. Les deux autres concernent davantage des comportements : ce sont la fréquence des discussions politiques entre amis et le suivi de l'actualité politique dans les médias. Ces quatre questions n'ont pas été posées à chaque enquête, mais les réponses données témoignent d'évolutions notables et apparaissent fortement corrélées (tableau 1).

Les deux questions relatives à la valorisation de la politique ont été posées à partir de 1990. En 1999 comme en 1990, moins d'un jeune sur trois (31 %) considérait la politique comme importante dans la vie. En 2008, la moitié d'entre eux partage cette opinion (50 %), ce qui représente un taux supérieur à celui des adultes (43 %). De façon comparable, l'intérêt pour la politique concernait moins d'un tiers des jeunes de 1990 à 1999, cet indicateur étant toutefois à la baisse entre les deux enquêtes (de 32 à 28 %). Or, en 2008, ce sont 41 %

des jeunes qui se disent intéressés par la politique, taux équivalent à celui des adultes. Aujourd'hui, sur ces deux indicateurs, les jeunes ne se différencient pas des adultes, voire les dépassent ! Même s'il reste encore à un niveau relativement modeste, le pourcentage de jeunes les plus politisés, ceux qui considèrent la politique comme très importante dans la vie et qui se déclarent très intéressés par la politique, double entre les deux dernières enquêtes.

Tableau 1. Politisation des 18-29 ans de 1981 à 2008, et des 30 ans et plus en 2008 (en %)

	1981	1990	1999	2008	2008 30 ans et +
Importance de la politique dans la vie					
Très important	–	5	5	13	13
Assez important	–	25	26	37	30
Pas très important	–	38	35	34	32
Pas important du tout	–	31	34	16	25
Intérêt pour la politique					
Très intéressé	–	5	6	12	12
Assez intéressé	–	27	22	29	31
Pas très intéressé	–	33	30	30	29
Pas du tout intéressé	–	34	42	29	28
Fréquence des discussions politiques entre amis					
Souvent	12	10	9	17	16
De temps en temps	53	51	46	53	53
Jamais	35	38	45	30	31
Suivi de l'actualité politique dans les médias					
Tous les jours	–	–	38	36	63
Plusieurs fois par semaine	–	–	21	23	12
Une ou deux fois par semaine	–	–	11	15	9
Moins souvent	–	–	17	16	10
Jamais	–	–	12	10	6

Considérons maintenant les deux autres indicateurs de politisation : les discussions politiques entre amis ont diminué entre 1981 et 1999, concernant respectivement 65 % et 55 % des jeunes. Mais, en 2008, ces discussions touchent 70 % des jeunes, dépassant le taux initial de 1981 pour rejoindre celui des adultes (69 %). Aujourd'hui, les 18-29 ans qui discutent souvent de politique avec leurs amis sont deux fois plus nombreux qu'en 1999 [1]. Si le suivi quotidien de l'actualité politique à la télévision, à la radio ou dans les journaux est à peu près stable entre 1999 et 2008 (36 %), les jeunes sont désormais un peu plus nombreux qu'en 1999 à suivre l'actualité chaque semaine (38 % contre 32 %). Ce sont toutefois 63 % des adultes qui, chaque jour, suivent l'actualité politique en 2008 [2].

La jeunesse ne s'est jamais caractérisée par un fort intérêt pour la politique au sein d'une société française globalement peu politisée. Mais les résultats de la dernière enquête Valeurs font apparaître une nette remontée de la politisation des jeunes, aujourd'hui comparable à celle des adultes. Rien n'indique toutefois que cette remontée ne soit pas ponctuelle et qu'elle prélude à une « repolitisation » progressive des jeunes générations. Des effets de contexte peuvent jouer sur les réponses

1. Autre résultat qui confirme ce regain d'intérêt pour la politique : près d'un jeune sur trois considère que le fait d'être d'accord sur les questions politiques est très ou assez important pour le succès d'un mariage. Ce pourcentage est lui aussi en augmentation : 24 % en 1999 et 31 % en 2008.

2. Cette différence témoigne sans doute de la tendance des jeunes à moins lire les journaux, à moins regarder la télévision et à moins écouter la radio. Selon l'enquête sur les pratiques culturelles des Français de 2008, pour la première fois depuis l'arrivée de la télévision dans les foyers, le temps que les jeunes lui consacrent a diminué. La proportion d'auditeurs quotidiens de la radio, comme la durée d'écoute hebdomadaire, est nettement en baisse parmi les jeunes. La lecture quotidienne de journaux payants continue à diminuer, particulièrement chez les jeunes générations. Toutefois, la presse gratuite et la presse en ligne sont davantage lues par les jeunes que par les adultes (Donnat, 2008).

et cette valorisation de la politique peut varier selon les enjeux et les circonstances (Cautrès, 2009a). Quoi qu'il en soit, ce plus fort intérêt des jeunes pour la vie politique est-il accompagné de changements dans leurs formes de participation politique ?

Faible participation électorale, forte participation protestataire

La participation politique recouvre la participation dite « conventionnelle », inscrite par le droit de vote dans le fonctionnement de la démocratie représentative et organisée autour de l'offre des partis politiques. À côté de cette participation électorale prennent place des formes de participation non institutionnelles, plus individualisées et essentiellement protestataires : participer à une manifestation, signer une pétition… Concernant la participation électorale, la première enquête Valeurs est réalisée alors même que l'abstention augmente en France à partir de l'élection présidentielle de 1981 (Bréchon, 2009). Mais les enquêtes Valeurs ne permettent de mesurer que partiellement l'évolution de l'abstention. Il importe pourtant de caractériser rapidement celle-ci, car elle constitue un élément important du rapport des jeunes Français à la politique : l'abstention a toujours été plus forte chez les jeunes.

Cette moindre participation électorale est une donnée structurelle qui s'explique par un effet de cycle de vie : Anne Muxel parle du « moratoire électoral des années de jeunesse ». Le vote augmente avec l'entrée dans la vie adulte, au fur et à mesure de l'insertion sociale et professionnelle, et d'une familiarisation progressive avec la vie politique. Selon les analyses d'Anne Muxel et de Vincent Tournier (Muxel, 2010 ; Tournier, 2009), si l'abstention s'est indéniablement répandue, le différentiel de participation électorale entre les jeunes et les adultes apparaît relativement stable depuis trente ans. Quant aux abstentionnistes systématiques, ils ne représentent qu'environ 10 % des inscrits, proportion qui reste stable elle aussi. L'augmentation de l'abstention, particulièrement chez les jeunes, résulte donc moins d'une abstention systématique que d'un recul du vote régulier au profit d'un vote intermittent (Jugnot, Frémeaux, 2010). Avec le renouvellement générationnel, le vote est moins conçu comme un devoir, autrefois accompli sans même être politisé, que comme un droit exercé au gré des enjeux mobilisateurs du moment (Bréchon, 2011). Les jeunes électeurs, davantage que les adultes, se montrent mobiles dans leurs premiers choix électoraux, tout en hésitant jusqu'au dernier moment pour décider de leur vote. Mais le principe du vote reste en lui-même fortement valorisé par les jeunes générations.

En même temps que se développe l'abstentionnisme intermittent, des formes de participation politique non conventionnelles tendent à s'accroître parmi les jeunes. Les réponses à une question de l'enquête Valeurs sur les formes d'action politique protestataire sont particulièrement significatives de cette évolution (tableau 2). Près de deux jeunes sur trois ont déjà signé une pétition en 2008 ; près d'un sur deux a participé à une manifestation. Si le pourcentage de pétitionnaires n'a guère augmenté depuis 1999, celui des manifestants s'est accru de 7 points en 2008 et apparaît nettement supérieur à celui des adultes. Ainsi que l'a souligné Anne Muxel, l'attachement à la manifestation s'affirme d'autant plus que l'on est jeune. « Ce phénomène est d'abord générationnel : les générations âgées sont peu protestataires, celles du *baby-boom* le sont nettement plus, mais celles qui arrivent à l'âge adulte aujourd'hui confirment cette tendance » (Muxel, 2010, p. 166). Les autres formes d'action – participer à un boycott ou à une grève, occuper des bureaux ou des usines – sont beaucoup moins pratiquées par les jeunes, surtout la dernière du fait de leur insertion professionnelle plus tardive. Il faut toutefois noter que la participation à chacune de ces trois actions a augmenté depuis l'enquête de 1999, particulièrement la participation à un boycott.

Cette importance accordée à l'action directe est à rapprocher de la remise en cause, dont témoigne le vote intermittent, de la médiation traditionnelle que constitue la représentation politique. Aux modes de participation politique institutionnels sont préférées des formes d'actions plus individualisées [1]. Le lien entre politisation et participation politique se complexifie. On peut être politisé, mais ne pas voter en signe de refus de l'offre politique ; on peut manifester par une réaction émotionnelle à des enjeux immédiats ou bien sans vraiment s'intéresser à la politique, par affinité avec un groupe de pairs (Gaubert, 1995).

Tableau 2. Formes d'action politique protestataire pratiquées par les 18-29 ans de 1981 à 2008, et par les 30 ans et plus en 2008 (en %)

Formes d'action politique	1981	1990	1999	2008	2008 30 ans et +
Signer une pétition	47	46	62	64	64
Participer à une manifestation autorisée	34	30	41	48	40
Participer à un boycott	14	9	9	16	15
Participer à une grève sauvage	12	3	8	11	12
Occuper des bureaux ou des usines	7	2	3	5	10

1. La participation à une organisation politique, quant à elle, ne concerne, selon l'enquête Valeurs de 2008, que 3 % des jeunes Français.

Un clivage droite-gauche qui fait toujours sens, un positionnement politique orienté moins à gauche et davantage aux extrêmes

Des commentaires insistent souvent sur le caractère dépassé du clivage gauche-droite ou, en tout cas, sur le resserrement de l'offre de l'échiquier politique, notamment sur les questions économiques. Or les résultats de la dernière enquête Valeurs font apparaître que les Français, et tout particulièrement les jeunes, refusent nettement moins qu'auparavant de se classer sur une échelle politique graduée de 1, pour la gauche, à 10, pour la droite (tableau 3). Ce moindre refus de se positionner politiquement semble confirmer la tendance à une augmentation de la politisation et indiquer que la polarité politique fait toujours sens pour les Français, y compris parmi les jeunes générations.

Les analyses politiques ont montré que, depuis une quarantaine d'années, l'orientation politique dominante des jeunes générations privilégie la gauche, mais que l'écart avec la droite diminue régulièrement (Muxel, 2010, p. 147). Dans l'enquête Valeurs, les évolutions dans les positionnements des jeunes sur près de trente ans sont assez significatives. Le positionnement à gauche (de 1 à 4 sur l'échelle) est quasiment stable par rapport à 1981 (36 % en 2008 et 37 % en 1981), après avoir diminué autour de 30 % en 1990 et 1999.

Tableau 3. Positionnement sur l'échelle politique (1 à 10) des 18-29 ans de 1981 à 2008, et des 30 ans et plus en 2008 (en %)

Positionnement politique	1981	1990	1999	2008	2008 30 ans et +
01 + 02 – Extrême gauche	12	8	7	13	14
03 + 04 – Gauche	25	23	23	23	18
05 + 06 – Centre	33	32	36	39	37
07 + 08 – Droite	10	10	7	13	14
09 + 10 – Extrême droite	1	2	3	4	7
Ne sait pas / Sans réponse	19	25	24	8	10

Le positionnement à droite (de 7 à 10 sur l'échelle) a augmenté de 6 points en 2008 (17 %), alors qu'il était stabilisé autour de 11 % entre 1981 et 1999. Le positionnement au centre (5 et 6 sur l'échelle) a lui aussi augmenté de 6 points depuis 1981, mais plus progressivement : 39 % en 2008 contre 36 % en 1999 et 33 % en 1981. Alors qu'en 1981 la plus grande partie des jeunes se situait à gauche de l'échelle, c'est au centre qu'ils se positionnent majoritairement en 2008. Parallèlement à ce mouvement vers le centre et la droite, on constate une montée des positionnements aux extrémités de l'échelle. Par rapport à 1999 et 1990, les jeunes se classent en 2008 davantage à l'extrémité gauche de l'échelle (1 et 2), positionnement qui a doublé depuis 1999 pour retrouver son niveau de 1981, permettant ainsi à l'ensemble de la gauche de retrouver son résultat global de la première enquête. Quant au positionnement très minoritaire à l'extrémité droite de l'échelle (9 et 10), il tend à augmenter très faiblement mais régulièrement depuis 1981.

Globalement, ces évolutions témoignent d'un positionnement politique des jeunes qui, s'il reste ancré à gauche, tend à glisser légèrement vers le centre et la droite, mais peut-être aussi vers les extrémités de l'échelle. L'évolution la plus forte depuis 1999 étant toutefois la baisse du non-positionnement sur l'échelle politique, cette baisse a pu profiter à toutes les orientations politiques. Selon les données rassemblées par Anne Muxel, le glissement à droite est confirmé par l'analyse des résultats des enquêtes électorales conduites depuis les années 1970 : au fil des élections, les jeunes se situent toujours plus à gauche qu'à droite mais cet écart a diminué, notamment depuis vingt ans. Lors du premier tour de l'élection présidentielle de 1988, la moitié des 18-30 ans a voté pour la gauche socialiste (49 %) ; seul un tiers d'entre eux le fera pour la présidentielle de 2007 (32 %). Les votes juvéniles aux extrémités de l'échiquier politique évoluent différemment : l'extrême gauche progresse de 6 à 10 % entre 1988 et 2007, tandis que l'extrême droite passe de 10 à 5 %. Cette évolution se retrouve dans l'ensemble de l'électorat, mais la poussée de l'extrême gauche paraît plus marquée dans les tranches d'âge jeunes. Quant à la droite de gouvernement, son attractivité est plutôt stable sur vingt ans (Muxel, 2010, p. 213).

Un désir affirmé de changement social pour une société plus égalitaire

Augmentation des formes de participation protestataire, augmentation aussi du positionnement à l'extrémité gauche de l'échelle politique : est-ce à dire que les jeunes générations seraient aujourd'hui plus critiques vis-à-vis de la société, davantage sensibles à une logique de transformation sociale et politique ? La jeunesse est souvent associée à la contestation de l'ordre établi. Des approches sociologiques ont pu noter que le potentiel de changement social se concentre chez les jeunes adultes, à la fois assez âgés pour participer à ce changement et assez jeunes pour ne pas être engagés dans une profession, une famille, une façon de vivre qui réduit cette capacité de changement (Ryder, 1965).

À une question relative aux modalités de changement dans l'organisation sociale, question qui n'avait pas été posée en 1999, une nette majorité de jeunes se prononce pour une amélioration progressive de la société par des réformes (65 %), pourcentage similaire à celui des adultes en 2008 et qui reste stable au fil des enquêtes (tableau 4). Les opposants résolus à tout changement sont de plus en plus minoritaires : 10 % en 2008, taux inférieur à celui des adultes (16 %). Mais l'évolution la plus notable concerne les adeptes de la position radicale, visant à changer toute l'organisation de la société par une action révolutionnaire. Cette position concerne près du quart des jeunes en 2008, avec un taux supérieur de 10 points à celui des 30 ans et plus : elle multiplie ses adeptes par quatre depuis 1990 et par deux par rapport à 1981.

Une telle évolution est surprenante : on aurait pu supposer que le changement radical aurait été davantage à l'ordre du jour au moment de l'arrivée de la gauche au pouvoir, en 1981. Dans les années 1990, le contexte lié à la chute des régimes communistes pouvait s'accompagner du recul et du faible score de la perspective révolutionnaire constatés dans les résultats de l'enquête. Quelque vingt ans plus tard, le retour d'une option radicale se réfère sans doute, davantage qu'aux lendemains radieux d'une révolution socialiste, à la perspective altermondialiste et aux différentes formes d'activisme social et politique (Jordan, 2003 ; Jeanneau, Lernould, 2008).

En tout cas, ce résultat témoigne d'une certaine radicalité, peut-être ponctuelle, dans les opinions d'une forte minorité des jeunes générations, radicalité à la fois dans le changement social souhaité et dans les formes d'action collective envisagées. Si ces opinions n'impliquent pas forcément des pratiques, elles proposent en tout cas l'image d'une jeunesse concernée par les évolutions de notre société.

Tableau 4. Souhait de changement dans l'organisation de la société des 18-29 ans de 1981 à 2008, et des 30 ans et plus en 2008 (en %)

Changement social	1981	1990	2008	2008 30 ans et +
Il faut changer radicalement toute l'organisation de notre société par une action révolutionnaire	11	6	24	14
Il faut améliorer petit à petit notre société par des réformes	66	66	65	68
Il faut défendre courageusement notre société actuelle contre tous les changements	15	23	10	16
Ne sait pas / Sans réponse	8	5	1	2

Mais de quel idéal de société peut témoigner ce désir de changement ? Une question de l'enquête demande à la personne interrogée de choisir parmi deux opinions la plus proche de la sienne. Chacune est axée sur un modèle de société, le premier centré sur la valeur « liberté », le second sur la valeur « égalité ». Ces deux propositions sont les suivantes :

– « Je trouve que la liberté et l'égalité sont également importantes. Mais s'il fallait choisir l'une ou l'autre, je considérerais que la liberté est plus importante, c'est-à-dire que chacun puisse vivre en liberté et se développer sans contrainte » ;

– « Certainement la liberté et l'égalité sont importantes. Mais s'il fallait que je choisisse, je considérerais que l'égalité est plus importante, c'est-à-dire que personne ne soit défavorisé et que la différence entre les classes sociales ne soit pas aussi forte. »

La réponse « ni l'un, ni l'autre », qui apparaît dans le tableau 5, était permise aux répondants, mais elle ne figurait pas parmi les choix prévus : elle devait être formulée spontanément par la personne enquêtée. À l'aube des années 1980, la majorité des jeunes opte pour la liberté. En 1990 et 1999, l'écart tend à se réduire pour se renverser en 2008 : les partisans de l'égalité deviennent alors majoritaires. À chaque enquête, il n'y a sur cette question pratiquement aucune différence entre les réponses des jeunes et des adultes.

Tableau 5. Modèle de société des 18-29 ans de 1981 à 2008, et des 30 ans et plus en 2008 (en %)

Choix de société	1981	1990	1999	2008	2008 30 ans et +
Liberté	53	47	49	40	40
Égalité	35	43	41	57	57
Ni l'un, ni l'autre	8	7	8	3	2
Ne sait pas / Sans réponse	4	10	2	0	1

Commentant ces résultats de l'enquête pour l'ensemble de la population française, Raul Magni Berton souligne combien cette évolution est paradoxale (Magni Berton, 2009). En 1981, année marquée par l'élection d'un président et d'une assemblée socialistes, mettant en avant des principes égalitaires et des projets de nationalisation, c'est la liberté qui est privilégiée dans les réponses. En 2008, dans une Union européenne limitant les interventions des États et dans une France venant d'élire un président de droite s'élevant contre l'égalitarisme, c'est l'égalité qui est mise en avant. L'évolution de l'opinion paraît aller à l'encontre de l'évolution politique : alors qu'en 2008 la seconde privilégie la liberté, la première valorise l'égalité. Il semblerait que la société civile, dans l'expression de ses opinions, veuille contrebalancer les évolutions de la société politique qu'elle a mise en place. On peut supposer que l'expression de cette opinion égalitaire révèle une inquiétude croissante face aux différenciations sociales, face aux phénomènes d'exclusion et d'accroissement des inégalités que connaît notre société, notamment parmi les jeunes générations.

Des rapports à la démocratie non dénués d'ambivalences

Publiée peu avant la réalisation de l'enquête Valeurs de 2008, une analyse de la société française insiste sur le climat d'incivisme et de défiance qui traverse le pays, notamment vis-à-vis des pouvoirs publics (Algan, Cahuc, 2007). Les commentaires de l'actualité, diffusés par les médias, s'interrogent fréquemment sur la faible confiance des Français envers le monde politique et sur les conséquences possibles de cette situation en termes de vie démocratique. Une telle attitude de défiance se retrouve-t-elle dans les résultats de l'enquête Valeurs ? Comment les jeunes se situent-ils face aux institutions politiques et au système démocratique, et quelles interprétations peut-on faire des opinions qu'ils expriment dans l'enquête ?

Davantage de confiance dans les institutions politiques

L'enquête Valeurs permet de comparer la confiance des jeunes Français dans trois types d'institutions : les institutions de l'État providence, dont la fonction est de fournir des services publics à l'ensemble de la population ; les institutions de la démocratie représentative, qui sont au centre de notre système politique ; et enfin des institutions privées animant la vie politique et sociale, jouant un rôle de contre-pouvoir (tableau 6). Si l'on établit une moyenne de confiance pour chacun de ces trois groupes d'institutions, il apparaît que la confiance est très forte dans le premier groupe (systèmes de santé, d'enseignement et de sécurité sociale), concernant les trois quarts des jeunes. En revanche, moins de la moitié des jeunes Français a confiance dans les institutions démocratiques, dénotant une relative faiblesse de celles-ci ; le Parlement et surtout le Gouvernement recueillant les taux les plus bas. Enfin, l'ensemble constitué par les syndicats, la presse et les partis politiques ne recueille la confiance que du tiers des jeunes.

Les résultats de l'enquête 2008 révèlent toutefois une évolution importante : à l'exception de la presse, la confiance envers l'ensemble des institutions est à la hausse par rapport à 1999. Et cette hausse est particulièrement forte pour les institutions de la démocratie représentative : + 12 points pour le système judiciaire, + 13 points pour l'administration, + 8 points pour le Parlement. Quant aux syndicats, ils recueillent une augmentation de 14 points parmi les jeunes, obtenant un taux de confiance supérieur de 10 points à celui exprimé par les 30 ans et plus : en 2008, la moitié des jeunes fait confiance aux syndicats pour seulement un tiers en 1999. Les derniers résultats marquent donc un retour de balancier face aux baisses de confiance enregistrées dans les précédentes enquêtes : la critique du personnel politique n'empêche pas une revalorisation des institutions du système démocratique. La confiance dans les institutions de l'État providence, qui a toujours été élevée, connaît une hausse continue. Seule la presse paraît moins avoir l'image d'un contre-pouvoir.

Tableau 6. Confiance dans les institutions des 18-29 ans de 1981 à 2008, et des 30 ans et plus en 2008 (en %)

Grande et certaine confiance dans les institutions	1981	1990	1999	2008	2008 30 ans et +
Le système de santé	–	–	76	81	80
Le système d'enseignement	51	65	70	73	76
Le système de sécurité sociale	–	61	62	70	75
Le système judiciaire	–	–	48	60	53
L'administration	41	41	39	52	61
Le Parlement	42	48	35	43	46
Le Gouvernement	–	–	–	24	33
Les syndicats	42	33	35	49	39
La presse	31	42	38	35	38
Les partis politiques	–	–	–	18	17

Malgré cette tendance à la hausse, la très faible confiance envers le Gouvernement et les partis politiques, institutions introduites dans l'enquête de 2008, apparaît préoccupante : les partis ont en effet la charge de définir l'offre politique et de désigner les représentants des citoyens au sein des instances gouvernantes. Si le Parlement, en tant qu'institution délibérative, voit remonter sa cote de confiance, le Gouvernement, lieu d'exercice du pouvoir politique, est l'objet, comme les partis, d'une forte défiance. Cette situation invite certainement à repenser la question de la représentation politique (Bréchon, Tchernia, 2009, p. 315). Et elle nous conduit à examiner plus globalement les opinions des jeunes sur le système démocratique.

Un système politique démocratique très valorisé, mais de plus en plus critiqué

Quelques questions sur la démocratie ont été introduites en 1999 dans l'enquête, dans la perspective d'interroger sur ce thème les habitants des pays d'Europe centrale et orientale acquis depuis une dizaine d'années à l'idée démocratique. Mais les résultats se révèlent tout aussi intéressants pour l'Europe occidentale et pour la France. Il apparaît tout d'abord que les jeunes et les adultes sont très attachés à l'idée démocratique et que cet attachement a plutôt augmenté depuis 1999. En 2008, 88 % des jeunes Français estiment que « la démocratie peut poser des problèmes, mais c'est quand même mieux que n'importe quelle autre forme de gouvernement » (pour 91 % des adultes). Ils étaient 85 % à partager cette opinion en 1999. De même, 88 % d'entre eux pensent qu'avoir un système politique démocratique est une bonne façon de gouverner le pays (pour 87 % des adultes) contre 82 % en 1999.

Mais lorsqu'on leur demande s'ils sont satisfaits de la façon dont la démocratie évolue dans notre pays, 65 % se déclarent insatisfaits ; ce qui est supérieur au taux d'insatisfaction des adultes (58 %), mais aussi largement supérieur au pourcentage de jeunes insatisfaits en 1999 (48 %). Et quand ils se positionnent sur une échelle de satisfaction relative au système de gouvernement, le pourcentage de jeunes qui estiment que le système va mal est là encore supérieur à celui des adultes : 64 % contre 59 %, augmentant de 26 points depuis 1999 (38 %). Tous les indicateurs d'insatisfaction vis-à-vis de la démocratie sont à la hausse : 61 % des jeunes déclarent que le système économique fonctionne mal en démocratie (pour 53 % des adultes, en augmentation de 16 points par rapport à 1999) ; 75 % considèrent que « les démocraties ont du mal à prendre des décisions, il y a trop de disputes » (autant que les adultes et en augmentation de 8 points) ; 48 % pensent que les démocraties ne savent pas maintenir l'ordre (moins que les adultes : 52 %, et en très légère augmentation : 3 points).

Les résultats apparus comme les plus surprenants en 1999 de cette série de questions relatives à la démocratie le sont tout autant en 2008. Ils concernent une question proposant différents types de systèmes politiques et demandant aux personnes enquêtées si cette façon de gouverner serait bonne ou mauvaise pour le pays (tableau 7). Si le système démocratique, proposé en dernière position dans la question, convient à une très forte majorité d'enquêtés, jeunes (88 %) comme adultes, d'autres systèmes politiques ne sont pas négligés dans les réponses. Ainsi, un système technocratique apparaît comme une bonne forme de gouvernement pour la moitié des enquêtés, jeunes et adultes : face au discrédit du personnel politique, ceux-ci considéreraient comme une bonne façon de gouverner « que ce soient des experts et non un Gouvernement qui décident ce qui leur semble le meilleur pour le pays ».

Tableau 7. Les bonnes et les mauvaises façons de gouverner la France, selon les 18-29 ans de 1999 à 2008 et selon les 30 ans et plus en 2008 (en %)

	1999	2008	2008 30 ans et +
Avoir à sa tête un homme fort qui n'a pas à se préoccuper du Parlement ni des élections			
Bonne (très bonne + assez bonne)	25	23	29
Mauvaise (très mauvaise + assez mauvaise)	66	75	68
Ne sait pas / sans réponse	9	2	3
Que ce soient des experts et non un Gouvernement qui décident ce qui leur semble le meilleur pour le pays			
Bonne	48	50	49
Mauvaise	40	48	46
Ne sait pas / sans réponse	12	2	5
Que l'armée dirige le pays			
Bonne	5	10	6
Mauvaise	92	90	93
Ne sait pas / sans réponse	3	0	1
Avoir un système politique démocratique			
Bonne	82	88	87
Mauvaise	9	11	10
Ne sait pas / sans réponse	9	1	3

Plus étonnant, près d'un quart des jeunes (contre près de 30 % des adultes) estime qu'une bonne façon de gouverner le pays serait d'« avoir à sa tête un homme fort qui n'a pas à se préoccuper du Parlement ni des élections ». L'hypothèse d'un régime autoritaire est ici envisagée. Enfin, un jeune sur dix ne s'opposerait pas à un régime militaire, considérant, plus encore que les adultes (+ 4 points), qu'une bonne façon de gouverner serait « que l'armée dirige le pays ». Le pourcentage de non-réponses aux quatre items de cette question a notablement diminué depuis 1999. Le pourcentage des jeunes enquêtés mettant en avant les hypothèses technocratique et autoritaire reste à peu près stable entre les deux enquêtes. Mais le régime militaire voit doubler le taux de ses partisans. Ces résultats montrent que, dans un pays comme la France, *a priori* largement acquis à l'idée démocratique, celle-ci n'est pas exempte de fragilités : le système existant peut être accepté par certains, mais sans véritable adhésion, sans attachement profond aux valeurs démocratiques.

Le paradoxe démocratique et l'influence du niveau d'études

De tels résultats ne sont pas faciles à interpréter. Ils se révèlent tout d'abord paradoxaux, puisque des enquêtés ont pu se prononcer favorablement à la fois pour un régime technocratique, voire autoritaire, et pour le régime démocratique. Cette position s'inscrit dans la tendance, précédemment évoquée, qu'ont les Français à soutenir massivement la démocratie, tout en adressant à ce régime politique de nombreuses critiques, directes ou indirectes (Cautrès, 2009b). Elle s'inscrit aussi dans une autre tendance, particulièrement présente parmi les jeunes générations et que révèlent les résultats des enquêtes Valeurs, à demander plus de régulation publique, voire davantage d'ordre et d'autorité (Schweisguth, 2009). On constate en effet que le rigorisme se renforce chez les jeunes en matière de morale publique, alors qu'il s'affaiblit dans la morale privée : les jeunes sont davantage permissifs et tolérants sur les mœurs, mais plus stricts en ce qui concerne le respect des normes dans la vie publique. Le respect de l'autorité a connu, dans la plupart des pays européens occidentaux, une spectaculaire remontée (Galland, 2005). Enfin, et surtout, ces résultats témoignent, dans leur ambivalence, de la pluralité et de la plus grande complexité des rapports à la démocratie et à la politique (Rosanvallon, 2006).

À ce propos, il importe de noter l'influence du niveau d'études sur les rapports des jeunes générations à la démocratie et à la politique. En effet, en fonction de celui-ci, le déficit politique des jeunes n'a pas les mêmes conséquences sur leur rapport à la démocratie. Les jeunes les plus instruits sont tout aussi critiques à l'égard de la classe politique que les jeunes les moins instruits. Selon l'enquête Valeurs de 2008, qu'ils aient terminé leurs études au plus tard à 18 ans, pour les moins diplômés, ou au plus tôt à 22 ans, pour les plus diplômés, seuls 19 % des jeunes font confiance aux partis politiques. Mais les plus instruits restent davantage attachés au fonctionnement et aux principes de la démocratie représentative : 52 % des jeunes qui ont fini leurs études après 21 ans ont confiance dans le Parlement contre 34 % des jeunes qui ont terminé avant 19 ans. Selon Gérard Grunberg et Anne Muxel, une telle dissociation révèle un paradoxe démocratique qui fonde désormais, dans les nouvelles générations, les formes d'expression de la citoyenneté (Grunberg, Muxel, 2002). Certes, l'élévation du niveau d'études ne freine pas la disposition critique à l'égard de la politique : elle induit toutefois un accroissement des valeurs universalistes et humanistes de tolérance, d'ouverture sur le monde et sur autrui qui compense le retrait politique et qui garantit un attachement au système démocratique.

De même, contrairement à ce que l'on pourrait penser, les actions de protestations ne sont pas le fait des jeunes les plus en difficulté, mais sont davantage présentes parmi des jeunes diplômés ou appartenant aux groupes sociaux favorisés. Les résultats de l'enquête Valeurs montrent que les personnes les plus désavantagées d'un point de vue socio-économique sont les moins actives politiquement (Magni Berton, 2010). Ainsi, 57 % des jeunes les plus instruits (fin d'études après 21 ans) ont déjà pris part à une manifestation contre 30 % des moins instruits (fin d'études avant 19 ans). Au contraire, parmi les moins diplômés, le lien se distend avec la politique comme avec la démocratie : seuls 27 % se déclarent intéressés par la politique (contre 54 % des plus instruits) et seuls 29 % considèrent la démocratie comme une très bonne façon de gouverner (contre 58 % des plus instruits). Plus abstentionnistes, plus en retrait des formes de participations protestataires, ces jeunes seraient toutefois davantage partisans de changer radicalement la société par une action révolutionnaire : 32 % contre 19 %. Ils accepteraient davantage un *leadership* autoritaire : 32 % approuveraient un gouvernement par un homme fort (contre 14 % des plus instruits). Ils sont plus nombreux à refuser de se situer sur une échelle politique (14 % contre 5 %).

Ce mécontentement des jeunes peu diplômés à l'égard de la société et de sa classe politique, cette radicalisation de leurs opinions constatée dans l'enquête Valeurs se traduisent-ils en actes dans leurs choix électoraux pour ceux d'entre eux qui votent ? Certes, les jeunes votent toujours en nombre pour les deux partis de gouvernement que sont le PS et l'UMP : ce fut le cas de 44 % des sans diplôme et de 56 % des étudiants lors du premier tour de l'élection présidentielle de 2007[1]. Mais, pour la même élection, un tiers des jeunes chômeurs (32 %) et un tiers des jeunes sans diplôme et déjà au travail (33 %) ont voté soit à l'extrême gauche, soit à l'extrême droite, alors qu'à peine deux étudiants sur dix (16 %) ont fait de même. Ces signes de radicalisation se portent donc aux deux extrêmes de l'échiquier politique. Si le fléchissement général du vote en faveur de l'extrême droite est aussi présent parmi la jeunesse non diplômée (14 % en 1988 et 9 % en 2007), celle-ci vote toujours plus que la jeunesse diplômée pour l'extrême droite (3 % des étudiants en 2007). Mais la radicalisation politique d'une partie de la

1. Nous nous référons dans ce paragraphe aux chiffres et aux tendances signalés par Anne Muxel (Muxel, 2010, p. 212-219).

jeunesse se manifeste davantage à l'extrême gauche : sa poussée parmi les 18-30 ans apparaît liée au vote des jeunes particulièrement fragilisés. Parmi les électeurs de 18-30 ans n'ayant pas le baccalauréat, le vote en faveur de l'extrême gauche augmente de 9 points entre les élections présidentielles de 1988 et de 2007 (de 5 à 14 %), alors qu'il reste stable parmi les détenteurs de ce diplôme (8 % en 1988 comme en 2007), mais atteint toutefois 13 % en 2007 parmi les étudiants.

Anne Muxel a souligné combien, dans la France d'aujourd'hui, le niveau de diplôme est un facteur politiquement discriminant, entraînant un clivage nettement plus important dans les classes d'âge jeunes que dans le reste de la population. « Le différentiel est particulièrement marqué entre les jeunes qui poursuivent des études dans l'enseignement supérieur et les jeunes qui sortent du système scolaire de façon précoce et sans diplôme » (Muxel, 2010, p. 39). Cette fracture intragénérationnelle a été mise en évidence par différents travaux (Galland, 2000). Dans la société française, marquée par la démocratisation des études, par l'élévation du niveau scolaire et par le rôle central accordé au diplôme, le fait d'avoir un bagage scolaire reconnu participe fortement et très tôt à la réussite de l'orientation socioprofessionnelle des jeunes. *A contrario*, ne pas être diplômé est devenu un facteur de relégation. Confrontés à des formes d'insertion inégalitaires, les jeunes peu ou pas diplômés rejettent une société qui elle-même tend à les exclure. Or les travaux de sciences politiques ont bien établi les liens entre les conditions de l'intégration sociale et les modalités de l'intégration politique : « Plus les conditions d'insertion sociale et culturelle sont réunies, plus les conditions de l'insertion politique sont facilitées » (Muxel, 2010, p. 43).

C'est donc parmi ces jeunes avec un faible niveau d'études que peut se creuser un rapport distancié à la politique. L'absence de formation, couplée avec des déficits sociaux, renforce un refus des principes démocratiques pour réguler le vivre ensemble. Ainsi, la continuité du modèle démocratique n'est pas induite par le renouvellement générationnel : l'éducation est en fait le réel enjeu pour la stabilité de ce modèle (Grunberg, Muxel, 2002). Reste à savoir, dans cet enjeu pour les politiques publiques, quels peuvent être les lieux, les contextes institutionnels et les modalités d'action qui pourraient permettre de remédier à ce déficit de citoyenneté, entre le rôle central attribué à l'école, la place des associations et des conseils de jeunes au sein du quartier ou de la commune, ou encore des dispositifs institutionnels promouvant la participation et le volontariat (Becquet, 2009; Roudet, 2005).

Au total, les tendances à la défiance constatées parmi les jeunes générations semblent traduire une distance moins par rapport à l'idée démocratique elle-même que face aux formes actuelles de la vie politique. Il reste toutefois à s'assurer qu'un déficit politique ne retentisse pas sur le lien démocratique, tant la reconnaissance d'un espace proprement politique de délibération est constitutive de l'idéal démocratique. Les analyses optimistes de cette situation estiment que la montée du mécontentement à l'égard de la démocratie ou de l'état de la société française ne conduit pas forcément à un rejet de l'idéal démocratique, mais peut témoigner au contraire d'une inscription dans le jeu démocratique (Magni Berton, 2010).

En tout cas, pour la majorité des jeunes, le lien à la politique semble désormais moins distant, même si leur engagement prend souvent une forme protestataire. Cette tendance s'inscrit dans une évolution globale de notre société vers l'individualisation, c'est-à-dire vers une valorisation de l'autonomie personnelle, évolution qui induit notamment une plus forte politisation et davantage de participation protestataire. En même temps, cet intérêt grandissant pour la vie publique s'inscrit dans un contexte de transformation des modalités de l'action politique, aujourd'hui davantage contextualisée : l'engagement durable dans des groupements politiques s'affaiblit au profit d'actions plus ponctuelles liées à des événements particuliers ou à des groupes sociaux spécifiques (Bréchon, Galland, 2010a et 2010b). La volonté de garder son autonomie prend le pas sur une implication permanente, expression d'une vision globale du monde : une mobilisation s'engage sur des objectifs délimités, en visant une efficacité immédiate (Ion, Franguiadakis, Viot, 2005). Et les transformations du paysage militant introduisent, en sus des partis et des syndicats traditionnels, un ensemble diversifié d'associations, de réseaux, de collectifs, de coordinations qui agrègent de multiples causes (Mayer, 2010). Autant d'évolutions qui s'inscrivent dans les profonds changements du paysage politique français depuis trente ans, affectant aussi bien le rapport des citoyens aux institutions qui les gouvernent que leurs formes de participation à la vie civique et démocratique (Muxel, 2011).

Bibliographie

Algan Yves, Cahuc Pierre, *La société de défiance. Comment le modèle social français s'autodétruit*, Rue d'Ulm, Paris, 2007.

Becquet Valérie, « L'engagement des jeunes dans l'espace public », in Roudet Bernard (dir.), *Les jeunes en France*, Presses de l'université Laval/Injep, coll. « Regards sur la jeunesse du monde », Québec (Canada), 2009, p. 103-122.

Bréchon Pierre, « Moins politisés, mais plus protestataires », in Galland Olivier, Roudet Bernard (dir.), *Les valeurs des jeunes. Tendances en France depuis 20 ans*, L'Harmattan/Injep, coll. « Débats Jeunesses », Paris, 2001, p. 61-75.

Bréchon Pierre, « Générations et politique en Europe occidentale », in Galland Olivier, Roudet Bernard (dir.), *Les jeunes Européens et leurs valeurs. Europe occidentale, Europe centrale et orientale*, La Découverte/Injep, coll. « Recherches », Paris, 2005, p. 93-116.

Bréchon Pierre, *Comportements et attitudes politiques*, Presses universitaires de Grenoble, Grenoble, 2006.

Bréchon Pierre, *La France aux urnes*, La Documentation française, Paris, 2009.

Bréchon Pierre, « L'abstention : de puissants effets de générations ? », in Muxel Anne (dir.), *La politique au fil de l'âge*, Presses de Sciences Po, Paris, 2011, p. 92-111.

Bréchon Pierre, Galland Olivier, « Individualisation et individualisme », in Bréchon Pierre, Galland Olivier (dir.), *L'individualisation des valeurs*, Armand Colin, Paris, 2010a, p. 13-30.

Bréchon Pierre, Galland Olivier, « Individualisation des valeurs ou individualisation des individus ? », in Bréchon Pierre, Galland Olivier (dir.), *L'individualisation des valeurs*, Armand Colin, Paris, 2010b, p. 251-258.

Bréchon Pierre, Tchernia Jean-François, « L'univers ambigu de la politique : entre confiance et défiance », in Bréchon Pierre, Tchernia Jean-François (dir.), *La France à travers ses valeurs*, Armand Colin, Paris, 2009, p. 314-315.

Cautrès Bruno, « Une politisation en hausse ! », in Bréchon Pierre, Tchernia Jean-François (dir.), *La France à travers ses valeurs*, Armand Colin, Paris, 2009a, p. 269-273.

Cautrès Bruno, « Un fort attachement à la démocratie, mais de nombreuses critiques », in Bréchon Pierre, Tchernia Jean-François (dir.), *La France à travers ses valeurs*, Armand Colin, Paris, 2009b, p. 299-288.

Donnat Olivier, *Les pratiques culturelles des Français à l'ère numérique. Enquête 2008*, La Découverte/Ministère de la Culture et de la Communication, Paris, 2008. www.pratiquesculturelles.culture.gouv.fr

Galland Olivier, « Une polarisation de la jeunesse française », *Revue de l'OFCE*, n° 72, 2000, p. 221-228.

Galland Olivier, « La jeunesse n'est plus ce qu'elle était... », in Galland Olivier, Roudet Bernard (dir.), *Les jeunes Européens et leurs valeurs. Europe occidentale, Europe centrale et orientale*, La Découverte/Injep, coll. « Recherches », Paris, 2005, p. 305-311.

Gaubert Christophe, « Badauds, manifestants, casseurs. Formes de sociabilité, ethos de virilité et usages des manifestations », *Sociétés contemporaines*, n° 21, 1995, p. 103-118.

Grunberg Gérard, Muxel Anne, « La dynamique des générations », in Grunberg Gérard, Mayer Nonna, Sniderman Paul M. (dir.), *La démocratie à l'épreuve. Une nouvelle approche de l'opinion des Français*, Presses de Sciences Po, Paris, 2002, p. 135-170.

Ion Jacques, Franguiadakis Spyros, Viot Pascal, *Militer aujourd'hui*, Autrement, Paris, 2005.

Jeanneau Laurent, Lernould Sébastien, *Les nouveaux militants*, Les petits matins, Paris, 2008.

Jordan Tim, *S'engager ! Les nouveaux militants, activistes, agitateurs…*, Autrement, Paris, 2003.

Jugnot Stéphane, Frémeaux Nicolas, « Les enfants des *baby-boomers* votent par intermittence, surtout quand ils sont peu diplômés », in *France, portrait social*, Insee, coll. « Insee Références », Paris, 2010, p. 121-131.

Magni Berton Raul, « Liberté et égalité », in Bréchon Pierre, Tchernia Jean-François (dir.), *La France à travers ses valeurs*, Armand Colin, Paris, 2009, p. 285-288.

Magni Berton Raul, « Évaluation de la force des valeurs démocratiques », in Bréchon Pierre, Galland Olivier (dir.), *L'individualisation des valeurs*, Armand Colin, Paris, 2010, p. 161-175.

Mayer Nonna, *Sociologie des comportements politiques*, Armand Colin, Paris, 2010, chap. 9 : « Militer aujourd'hui », p. 228-254.

Muxel Anne, *Avoir 20 ans en politique. Les enfants du désenchantement*, Le Seuil, Paris, 2010.

Muxel Anne, « Système politique, attitudes et formes de politisation », in Galland Olivier, Lemel Yannick (dir.), *La société française. Un bilan sociologique des évolutions depuis l'après-guerre*, Armand Colin, Paris, 2011 (3e éd.), p. 253-281.

Rosanvallon Pierre, *La contre-démocratie. La politique à l'âge de la défiance*, Le Seuil, Paris, 2006.

Roudet Bernard, « Les jeunes, les valeurs de la démocratie et l'école », in Becquet Valérie, Linares Chantal de (dir.), *Quand les jeunes s'engagent. Entre expérimentations et constructions identitaires*, L'Harmattan/Injep, coll. « Débats Jeunesses », Paris, 2005, p. 95-106.

Ryder Norman, « The Cohort in the Study of Social Change », *American Sociological Review*, nº 6, vol. XXX, 1965, p. 843-861.

Schweisguth Étienne, « L'anti-autoritarisme en déclin », in Bréchon Pierre, Tchernia Jean-François (dir.), *La France à travers ses valeurs*, Armand Colin, Paris, 2009, p. 103-108.

Tournier Vincent, « Comment le vote vient aux jeunes. L'apprentissage de la norme électorale », *Agora débats/jeunesses*, « Les jeunes face au politique. 1re partie : opinions et pratiques », nº 51, 2009, p. 79-96.

Chapitre 5

Jeunes hommes et jeunes femmes : une nouvelle partition des valeurs

Nathalie Dompnier

Au cours des dernières décennies, l'élévation du taux d'activité des femmes, la progression de leur niveau de diplôme ou encore la maîtrise du calendrier et du nombre des naissances ont profondément remanié les rapports hommes/femmes dans notre société. Depuis la précédente vague des enquêtes Valeurs, en 1999, diverses mesures sont venues acter ou encourager certaines transformations de ces rapports. Que l'on songe par exemple à la loi sur la parité dans le domaine politique. Ou que l'on pense encore à la mise en place du congé parental pour les jeunes pères. Ces mesures laissent envisager une nouvelle partition des rôles masculins et féminins dans la société française et un décloisonnement de domaines traditionnellement marqués par une très forte division sexuelle du travail social – en l'occurrence la politique et la famille. Ces dix dernières années ont vu aussi l'émergence de phénomènes nouveaux comme l'accès de femmes à des positions auxquelles elles n'avaient jusqu'alors pas accès. C'est, par exemple, la présence d'une femme au second tour de l'élection présidentielle en 2007 ou l'accès d'une autre à la présidence du Mouvement des entreprises de France (Medef) en 2005.

La socialisation des jeunes adultes de la fin des années 2000 est sans doute marquée par ce contexte et par cette transformation – ou cette volonté affichée de transformation – de la division du travail et des rapports entre hommes et femmes. Pour autant, des mesures comme la loi sur la parité ont montré leurs limites, et l'accès de femmes à des postes de hautes responsabilités en politique ou dans le monde de l'entreprise reste limité[1]. On sait par ailleurs

1. Les rapports de l'Observatoire de la parité, puis du Haut Conseil à l'égalité entre les femmes et les hommes, soulignent régulièrement ces distorsions (www.haut-conseil-egalite.gouv.fr).

que l'activité professionnelle des femmes ne s'accompagne pas d'un partage égalitaire des tâches domestiques et que les écarts sont encore plus marqués quand le foyer comporte des enfants (Régnier-Loilier, 2009). Diverses analyses récentes ont encore pu montrer la prégnance des rôles sociaux traditionnels dans la socialisation des enfants[1]. L'expérience et la socialisation des jeunes adultes sont ainsi marquées par des messages sociaux très hétéroclites, parfois contradictoires, sur les rôles masculins et féminins. Et, de manière plus générale, on peut s'interroger sur les rapprochements éventuels et les tensions entre les normes et valeurs intériorisées par les filles et les garçons dans la société française.

Les enquêtes Valeurs nous permettent précisément d'observer les valeurs des jeunes hommes et des jeunes femmes. La vague de 2008 interroge les opinions et valeurs de 601 jeunes Français de 18 à 29 ans, répartis pour moitié entre garçons et filles. La taille de l'échantillon (3 071 personnes interrogées) donne ainsi la possibilité de mettre en évidence de grandes tendances en fonction du sexe des répondants.

On a fait le choix, dans les développements qui suivent, de donner régulièrement en parallèle les résultats obtenus pour les hommes et les femmes dans la tranche d'âge 18-29 ans et parmi les plus de 30 ans. L'enjeu est de tester et de contrôler la spécificité des opinions et des valeurs des hommes et des femmes parmi les jeunes. Si des écarts apparaissent entre eux, sont-ils les mêmes que ceux que l'on observe parmi leurs aînés, ou bien ces écarts sont-ils propres à une tranche d'âge ou à une

---

1. Ce phénomène a particulièrement été souligné dans la littérature enfantine. À la suite des analyses des contes traditionnels d'Elena Gianini Belotti dans *Du côté des petites filles* (Éditions des femmes, Paris, 1974), divers collectifs ont récemment mis en évidence le sexisme des livres pour enfants. Plus largement, et tout en nuançant le propos de Gianini Belotti, Christian Baudelot et Roger Establet (2007) reviennent sur le caractère genré de la socialisation.

génération ? Inversement, peut-on observer des questions sur lesquelles les positions des jeunes hommes et jeunes femmes tendraient à se rapprocher tandis que des différences seraient observables parmi les tranches d'âge plus élevées ? Ce questionnement nécessite aussi d'observer les écarts entre les réponses des jeunes hommes et des jeunes femmes au cours des décennies antérieures, ce que nous permettent les enquêtes Valeurs réalisées depuis 1981. Il s'agit donc de voir si les différences ou proximités aujourd'hui constatées parmi les jeunes sont des constantes ou sont propres à une génération.

En examinant les réponses à l'enquête Valeurs 2008 dans divers domaines, les différences qui apparaissent entre jeunes hommes et jeunes femmes semblent de prime abord ramener à une division assez traditionnelle des valeurs et des conceptions des rôles sociaux. Les jeunes femmes apparaissent ainsi plus attachées à la famille et accordent davantage d'importance à la spiritualité, tandis que les jeunes hommes manifestent un intérêt plus soutenu pour la politique. Autant de tendances qui peuvent sembler connues de longue date et qui pourraient attester une stabilité du caractère genré des valeurs. Cependant, on essaiera de montrer ici que cette partition apparemment assez classique a connu des transformations et surtout que l'interprétation que l'on peut en faire a changé. Certaines données laissent en effet apparaître parfois des convergences, mais parfois aussi de nouveaux clivages entre jeunes hommes et jeunes femmes.

Famille et couple : des sentiments et des attentes différenciés

Comment la famille est-elle perçue par les jeunes hommes et femmes ? Traditionnellement, le foyer, comme espace domestique, constitue un domaine féminin et la charge comme le soin de la famille reviennent très largement aux femmes. Cette conception est-elle d'un autre âge ou bien demeure-t-elle parmi les générations les plus jeunes ? Trouve-t-on parmi les jeunes – hommes et femmes – des valeurs plus égalitaires que parmi leurs aînés, valeurs qui pourraient être porteuses d'un renouvellement des rapports et des rôles au sein du couple et de la famille [1] ? Ou bien, comme s'en inquiètent certains, une vision traditionnelle de la division du travail entre hommes et femmes reprend-elle le dessus depuis les années 1990 ? Les transformations éventuelles des valeurs familiales concernent-elles de la même manière les jeunes hommes et les jeunes femmes ?

Certaines réponses donnent à voir un plus grand attachement des femmes à la famille, quel que soit leur âge. 81 % des hommes et 90 % des femmes de 18-29 ans répondent qu'elle est très importante dans leur vie. Plus encore, tandis que 52 % des jeunes hommes se sentent très concernés par les conditions de vie de leur famille proche, c'est le cas de 68 % des jeunes femmes. Ces observations pourraient alimenter l'hypothèse du maintien d'une conception classique de la famille comme domaine féminin par excellence. Cependant, malgré un écart de 9 points, les niveaux de réponse à la question sur l'importance de la famille montrent que cette dernière occupe également une place centrale pour les hommes. Par ailleurs, l'une des difficultés d'analyse se trouve, particulièrement pour les jeunes, dans l'incertitude quant à la « famille » à laquelle renvoient les réponses. S'agit-il de celle dont les répondants sont les enfants – et une partie des jeunes interrogés vivent encore chez leurs parents –, ou de la famille qu'ils bâtissent ou envisagent

1. Cette évolution des valeurs a déjà été soulignée lors des enquêtes précédentes, en particulier par Jean-François Tchernia (2001, p. 119 et suivantes) qui interrogeait ainsi l'écart entre valeurs et partage des tâches domestiques.

de bâtir avec un conjoint et éventuellement des enfants – une autre partie des jeunes interrogés vit en couple et certains sont parents ? La famille est-elle envisagée comme le foyer ou bien, dans un sens plus large, comme l'ensemble des liens de parenté ?

En 2008, pas plus que lors des enquêtes précédentes, les réponses sur l'amour et le respect portés aux parents ne donnent de résultats différents selon le sexe. Aucun écart significatif n'apparaît non plus dans les réponses sur les devoirs des parents à l'égard des enfants ou sur ceux des enfants à l'égard des parents. Ainsi, les écarts observés précédemment ne s'expliquent pas par des conceptions différentes des obligations et devoirs familiaux. Les jeunes hommes ne manifestent pas un esprit plus indépendant ou une plus grande distance qui pourrait se traduire par l'opinion selon laquelle les enfants, ou les parents, ont « leur vie à eux » plutôt que des devoirs à l'égard de la famille.

La taille de l'échantillon rend délicate une distinction entre les réponses des jeunes en fonction de la situation matrimoniale ou des conditions de logement. Cependant, on observe que ce sont celles et ceux qui ne résident pas avec leurs parents qui accordent la plus grande importance à la famille dans leur vie. Celles et ceux qui vivent avec un-e partenaire déclarent également davantage que les autres que la famille est très importante dans leur vie. Tout se passe alors comme si la sortie du cocon familial et l'expérience de la vie en couple amenaient à fortement valoriser la famille et à prendre conscience de son importance. Ici, la part plus importante de femmes que d'hommes n'habitant plus avec leurs parents et vivant en couple explique une partie des écarts observés dans les réponses concernant l'importance accordée à la famille.

En revanche, il apparaît, pour les deux sexes, que le fait de vivre seul – ni avec ses parents, ni avec un conjoint – est corrélé à un sentiment moindre d'être concerné par les conditions de vie de la famille proche. L'absence de communauté de vie permet de rendre compte des différences entre les réponses à cette question et à celle sur l'importance de la famille. Cette dernière appelle sans doute davantage des réponses qui reposent sur une conception générale et peut-être idéale de la famille. Ces éléments ne permettent finalement pas d'éclairer la plus forte préoccupation des femmes que des hommes pour les conditions de vie de la famille proche.

On peut émettre l'hypothèse que la plus forte valorisation de la famille par les jeunes femmes est peut-être avant tout une question de nuance appelée par le statut social des enquêtés. En effet, sur les deux premières questions évoquées, il apparaît surtout que les jeunes hommes choisissent des réponses plus modérées – la famille comme quelque chose d'assez important plutôt que très important et le sentiment d'être assez concerné plutôt que très concerné par la famille proche. Les réponses sont donc moins tranchées mais elles vont dans le même sens que celles des femmes. On pourrait y voir une forme de retenue conforme à une conception classique du rapport de l'homme à la famille mais qui n'en traduit pas moins un attachement à l'institution.

À propos du couple, les opinions des hommes et des femmes de 18-29 ans se rejoignent sur toute une série de questions. Ainsi, ils s'accordent à une très large majorité (95 %) pour considérer qu'il est normal que deux personnes puissent vivre ensemble sans être mariées. Cependant, ils sont minoritaires à envisager le mariage comme une institution dépassée (29 % parmi les femmes et 27 % parmi les hommes). Ils considèrent aussi fréquemment – mais à un niveau de 10 points inférieur à leurs aînés – qu'une relation stable et durable est indispensable pour être heureux (59 % pour les hommes et 61 % pour les femmes). Ils se rejoignent encore pour affirmer que mari et femme doivent contribuer l'un et l'autre aux ressources du ménage (91 % des hommes et 94 % des femmes le pensent). Pour les deux sexes, on repère donc une conception plutôt libérale du couple au sens où la liberté individuelle doit primer dans le choix de ses modalités. C'est aussi une conception égalitaire qui apparaît, avec un très large accord sur le principe d'une participation égale des hommes et des femmes aux revenus du ménage comme aux tâches ménagères[1]. Mais dans le même temps sont mis en avant des aspirations et des repères assez traditionnels où le mariage reste une institution qui fait sens et où le modèle du couple stable reste privilégié.

Cet accord entre hommes et femmes repose-t-il sur une même conception du couple et du mariage ? On peut tenter de le repérer, entre autres, à travers les propositions soumises aux personnes interrogées dans la question suivante : « Voici une liste de choses dont on dit qu'elles contribuent au succès d'un mariage. Veuillez me dire pour chacune si vous pensez que c'est très important, assez important ou pas très important. » On retiendra ici uniquement les réponses « très important » pour mettre en évidence les facteurs les plus valorisés par les répondants. Sur certaines réponses, les écarts sont nuls ou insignifiants. Ainsi, l'appartenance à un même milieu social, le partage des mêmes convictions religieuses, l'accord sur les questions politiques ne sont généralement pas considérés comme des facteurs très importants. Les différences sont faibles aussi sur les bonnes conditions de logement (41 % des hommes et 45 % des femmes

1. Il faudrait très certainement nuancer ici en prenant en considération les différences selon les milieux sociaux. Marie-Clémence Le Pape souligne ainsi que, dans les milieux populaires, si les enquêté-e-s qu'elle interroge « sont conscients que la tendance actuelle [...] est au partage égalitaire et indifférencié des tâches ménagères dans le couple, ils ne cautionnent pas cette vision des rôles conjugaux » (Le Pape, 2009, p. 90).

estiment que c'est très important), le partage des tâches ménagères (respectivement 54 % et 55 %).

De légères différences s'observent sur d'autres points, les jeunes femmes accordant un peu plus fréquemment de l'importance à la fidélité (5 points d'écart) et les jeunes hommes à des revenus convenables ou au temps pour les amis et les activités personnelles (5 points d'écart également). Les réponses les plus clivées sont répertoriées dans le tableau 1.

La hiérarchie entre ces critères est la même parmi les jeunes hommes et les jeunes femmes, mais ces dernières les citent davantage, avec un écart allant jusqu'à 14 points pour l'indépendance à l'égard des beaux-parents. Globalement, les femmes retiennent la réponse « très important » sur un nombre de critères beaucoup plus élevé que les hommes, ce qui peut traduire des attentes plus nombreuses et plus fortes à l'égard de la vie en couple. On remarque également que la bonne entente sexuelle, plus citée par les hommes que par les femmes parmi les plus de 30 ans, est en revanche davantage considérée comme très importante par les femmes de 18-29 ans que par les hommes du même âge.

Tableau 1. Ce qui est très important dans le succès d'un mariage pour les 18-29 ans, et pour les 30 ans et plus, selon le sexe (en %)

	18-29 ans		30 ans et +	
	Hommes	Femmes	Hommes	Femmes
Chercher à discuter des problèmes qui se présentent entre mari et femme	81	89	74	81
Bonne entente sexuelle	63	73	72	66
Avoir des enfants	56	66	66	72
Vivre indépendamment des beaux-parents	49	63	59	66

On voit donc émerger une génération de jeunes femmes très exigeantes à l'égard du couple et de la vie de famille, tant sur des aspects de longue date privilégiés par les femmes – la fidélité, les enfants –, et qui renvoient à une conception assez traditionnelle de la famille, que sur des questions qui touchent davantage à l'épanouissement personnel dans le couple – la discussion, le respect mutuel, l'entente sexuelle.

Le travail et son articulation avec la vie de famille : des jeunes femmes en quête d'indépendance

S'intéresser aux valeurs des jeunes, c'est se pencher sur une période de la vie où les individus se trouvent entre études et début de vie active. En France, une pression sociale particulièrement forte semble peser sur les jeunes à ce moment de leur vie. Comme l'indique Cécile Van de Velde, en France, « plus qu'ailleurs, l'âge adulte est prioritairement pensé comme l'âge du définitif, et la jeunesse, associée au temps des études et de l'insertion professionnelle, revêt la signification d'un investissement de long terme, censé déterminer le destin social des individus » (Van de Velde, 2008, p. 113). Cette période, où les premiers pas dans la vie active se combinent souvent avec le départ du foyer parental et les premières expériences de vie en couple, est-elle vécue différemment par les hommes et par les femmes ?

Alors que les écarts sont très faibles parmi les autres tranches d'âge, les jeunes femmes considèrent davantage que les hommes que le travail est très important dans leur vie (75 % pour les premières et 66 % pour les seconds). Cet écart se repérait également dans les enquêtes antérieures. Cette valorisation du travail trouve un écho dans le rôle qui lui est conféré par et pour les femmes. 48 % des jeunes femmes se disent tout à fait d'accord avec la proposition : « Avoir un emploi, c'est le meilleur moyen pour une femme d'avoir son indépendance », alors que 32 % des hommes de 18-29 ans donnent cette réponse, se déclarant davantage « plutôt d'accord » que « tout à fait d'accord ». Ici encore, on retrouve en 2008 des écarts de même ampleur que lors des vagues d'enquête précédentes.

De même, les jeunes femmes répondent de manière beaucoup plus tranchée que les hommes sur les questions qui ont trait à la relation des mères qui travaillent avec leurs enfants (tableau 2).

Si ces réponses nous renseignent sur des conceptions différentes de la parentalité, elles nous informent aussi sur la conception du travail et de la place du travail dans la vie des individus. Les femmes, tout particulièrement parmi les jeunes, affirment davantage que les hommes la compatibilité du travail avec une vie de famille et avec l'épanouissement des enfants. Étant donné l'importance qu'elles accordent au travail et le rôle qu'elles lui confèrent dans l'indépendance des femmes, elles ne semblent pas prêtes à y renoncer pour leur vie de famille.

Tableau 2. Le travail des femmes et la vie familiale pour les 18-29 ans, et pour les 30 ans et plus, selon le sexe (en %)

	18-29 ans		30 ans et +	
	Hommes	Femmes	Hommes	Femmes
Une mère qui travaille peut avoir avec ses enfants des relations aussi chaleureuses et sécurisantes qu'une mère qui ne travaille pas				
Tout à fait d'accord	56	68	52	63
Un enfant qui n'a pas encore l'âge d'aller à l'école a des chances de souffrir si sa mère travaille				
Pas du tout d'accord	22	43	18	29
Avoir un travail, c'est bien, mais ce que la plupart des femmes veulent vraiment, c'est un foyer et des enfants				
Pas du tout d'accord	12	22	10	13

Tableau 3. Le travail des femmes et la vie familiale parmi les 18-29 ans en 1990 et 2008, selon le sexe (en %)

	1990		2008	
	Hommes	Femmes	Hommes	Femmes
Une mère qui travaille peut avoir avec ses enfants des relations aussi chaleureuses et sécurisantes qu'une mère qui ne travaille pas				
Tout à fait d'accord	43	40	56	68
Un enfant qui n'a pas encore l'âge d'aller à l'école a des chances de souffrir si sa mère travaille				
Pas du tout d'accord	6	9	22	43

On peut d'ailleurs remarquer que c'est parmi celles et ceux qui considèrent que l'emploi est essentiel à l'indépendance des femmes que l'on retrouve le plus fréquemment l'idée selon laquelle le travail ne nuit pas à la qualité des relations de la mère avec ses enfants.

Les transformations des opinions sur ces questions ont été particulièrement fortes au cours des vingt dernières années. Si l'importance accordée au travail par les jeunes hommes comme par les jeunes femmes a augmenté, ainsi que l'idée selon laquelle l'emploi est essentiel pour l'indépendance des femmes, ce sont surtout les réponses qui affirment la compatibilité du travail des femmes avec l'épanouissement des enfants qui ont très fortement progressé.

Bien que l'idée selon laquelle l'épanouissement des enfants n'est pas incompatible avec l'activité féminine progresse dans les deux catégories, on voit dans le tableau 3 que les différences se sont creusées entre les hommes et les femmes. On assiste ici à une profonde mutation de la conception du rapport entre travail et maternité, que l'on doit sans doute rattacher à des phénomènes plus anciens comme le progrès de l'activité féminine et du niveau d'études des filles. On peut faire l'hypothèse que l'activité féminine, d'abord accompagnée d'une forme de culpabilité vis-à-vis des enfants parmi les jeunes femmes, est aujourd'hui assumée comme « normale ». Toute une série de messages sociaux convergent d'ailleurs en ce sens, la publicité ou les médias donnant de plus en plus à voir l'image de femmes conciliant avec bonheur vie active et maternité.

On doit remarquer pour finir que, sur la plupart de ces questions, les réponses des jeunes hommes sont le plus souvent non pas discordantes, mais plus nuancées que celles des femmes du même âge. On peut y lire une plus grande prudence sur des sujets qui concernent immédiatement la situation des femmes. Réciproquement, on peut aussi faire l'hypothèse que les réponses plus tranchées des femmes coïncident avec des aspirations personnelles plus qu'avec des opinions détachées sur un sujet lointain.

Religion : de nouvelles manières de croire mais des jeunes hommes toujours plus sceptiques

On a longtemps pu observer que les femmes étaient plus croyantes et plus pratiquantes que les hommes. Assiste-t-on à un rapprochement des valeurs et des comportements religieux, notamment parmi les jeunes ? Et le rapport à la religion est-il le même parmi les hommes et les femmes ? Les réponses concernant l'importance de la religion dans la vie varient peu selon le sexe parmi les plus jeunes. Si 31 % des hommes la déclarent très ou assez importante, c'est le cas de 35 % des femmes. Les écarts sont plus faibles chez les 18-29 ans (4 points) que parmi les catégories plus âgées (12 points). De même on n'observe pas d'écart significatif parmi les jeunes sur la fréquence de l'assistance à des offices religieux, alors que, parmi les plus âgés, les femmes pratiquent sensiblement plus que les hommes. Les réactions sont très proches encore quant aux réponses apportées par les Églises aux besoins spirituels des individus. Ces éléments peuvent laisser à penser que le rapport à la religion des hommes et des femmes tend à converger parmi les jeunes générations.

Cependant, des différences sont repérables, tant dans le regard porté sur les Églises, comme institutions, que dans les croyances auxquelles les jeunes adhèrent. Et ces différences donnent plutôt à voir le maintien d'une plus grande religiosité parmi les femmes que parmi les hommes. Sur les Églises tout d'abord, les jeunes femmes considèrent plus souvent que les jeunes hommes qu'elles apportent de bonnes réponses aux problèmes et aux besoins moraux des individus (+ 5 points), mais surtout qu'elles apportent de bonnes réponses aux problèmes qui se posent dans la vie de famille (+ 10 points). Les femmes de 18-29 ans manifestent donc une confiance un peu plus grande que les hommes du même âge dans la capacité des Églises à aider et accompagner les individus face à certaines difficultés. Mais les écarts entre hommes et femmes sont plus marqués encore si l'on s'intéresse aux pratiques et aux croyances.

Sur de nombreux points, les jeunes s'avèrent moins religieux que leurs aînés, mais les écarts entre hommes et femmes perdurent, en particulier dans le rapport personnel à la foi, saisi à travers la question sur les moments consacrés à la prière ou à la méditation et sur la sensibilité à la spiritualité (tableau 4). Pour cette dernière, on remarque d'ailleurs que les réponses des jeunes ne diffèrent pas de celles des plus de 30 ans.

Tableau 4. Le rapport à la religion selon le sexe pour les 18-29 ans, et pour les 30 ans et plus (en %)

	18-29 ans		30 ans et +	
	Hommes	Femmes	Hommes	Femmes
Force et réconfort dans la religion	22	28	30	43
Quelqu'un de religieux	25	35	40	55
Moments de prière ou de méditation	24	37	37	51
Appartenance à une religion	30	38	48	59
Sensibilité à la spiritualité	35	45	37	45

Tableau 5. Les croyances des jeunes hommes et jeunes femmes en 1981 et en 2008 (en %)

	1981		2008	
	Hommes	Femmes	Hommes	Femmes
À l'enfer	7	12	23	26
Dans la réincarnation	19	22	23	34
Au péché	24	37	37	41
En Dieu	41	52	38	43
Au paradis	15	22	29	43
À une vie après la mort			40	53

Cet intérêt pour la spiritualité, plus marqué parmi les femmes, se lit également dans les croyances déclarées (tableau 5).

Si les écarts se sont resserrés à propos de la croyance en Dieu ou dans le péché, les jeunes femmes déclarent beaucoup plus que les hommes croire en une vie après la mort, au paradis ou à la réincarnation. Les différences de croyances ne tiennent pas seulement aux écarts dans l'appartenance déclarée à une religion. En effet, parmi les jeunes qui affirment une telle appartenance, la croyance au paradis ou en une vie après la mort est un peu plus répandue chez les femmes que chez les hommes. Mais on observe surtout des écarts très marqués parmi les jeunes qui ne déclarent pas d'appartenance religieuse : la part de femmes qui déclarent alors croire au paradis ou en une vie après la mort est deux fois plus élevée que la part d'hommes dans la même situation.

Ainsi, le rapport aux Églises a connu des transformations, particulièrement marquées parmi les jeunes générations. Dans le prolongement des tendances antérieures, il apparaît que les jeunes femmes ne sont désormais pas plus attachées à l'Église que les jeunes hommes et qu'elles ne pratiquent pas davantage. En revanche, elles sont beaucoup plus enclines que les hommes à envisager une vie après la mort, sous différentes formes, et se montrent plus sensibles à la spiritualité. Les convergences observées touchent donc avant tout au rapport à l'institution religieuse, mais le sexe reste une variable déterminante dans la croyance et le rapport à la foi.

Politique : des jeunes femmes plus à gauche, des jeunes hommes plus critiques et une participation renforcée

On observe généralement que l'intérêt déclaré pour la politique est moins soutenu parmi les jeunes que dans le reste de la population, mais aussi que les femmes se déclarent moins intéressées par la politique que les hommes. Il en va de même du sentiment de compétence politique, les jeunes et les femmes estimant plus fréquemment que les autres que la politique est quelque chose de trop compliqué. Corrélativement, leurs connaissances des institutions et du jeu partisan sont souvent moins développées (Chiche, Haegel, 2002). Si ces constats se vérifient et si les effets des variables âge et sexe se renforcent, c'est donc parmi les jeunes femmes que l'on devrait observer le rapport le plus distancié à la politique.

Le tableau 6 confirme pour partie cette hypothèse concernant les jeunes femmes : il s'agit de la catégorie qui considère le moins la politique comme quelque chose de très important et qui se déclare le moins intéressée par la politique. Ce sont aussi les femmes de 18-29 ans qui suivent le moins fréquemment l'actualité politique dans les médias.

Tableau 6. Le rapport à la politique des hommes et femmes de 18-29 ans, et de 30 ans et plus (en %)

	18-29 ans		30 ans et +	
	Hommes	Femmes	Hommes	Femmes
La politique est quelque chose de très important dans ma vie	17	10	14	11
Très ou assez intéressé par la politique	48	34	48	38
Discussions politiques fréquentes ou occasionnelles avec des amis	76	64	75	63
Suivi quotidien ou hebdomadaire de l'actualité politique dans les médias	76	72	88	84

Cependant, ce tableau amène aussi à nuancer les effets générationnels. Parmi les femmes comme parmi les hommes, les écarts concernant l'importance ou l'intérêt pour la politique ainsi que les discussions restent très limités selon l'âge. L'effet le plus remarquable n'est donc pas lié à l'âge mais plutôt au genre. Tandis que l'élévation du niveau d'études des femmes pouvait laisser à penser que les écarts entre hommes et femmes se réduiraient chez les jeunes, on trouve parmi les 18-29 ans une reproduction très marquée des différences genrées dans le rapport à la politique.

La faiblesse de l'intérêt pour la politique est parfois associée à un positionnement au centre sur l'échelle gauche-droite, cette réponse correspondant en fait à un non-choix parmi les personnes interrogées les moins politisées. Or, sur l'échelle proposée dans les enquêtes Valeurs, non seulement les jeunes ne se positionnent pas plus au centre que les tranches d'âge plus âgées, mais les femmes ne le font pas plus que les hommes. La distinction des réponses entre hommes et femmes fait en revanche apparaître un phénomène particulièrement intéressant : si les jeunes se positionnent globalement un peu plus à gauche que leurs aînés, c'est essentiellement en raison des orientations politiques des jeunes femmes, celles des jeunes hommes étant peu différentes de celles des tranches d'âge supérieures (tableau 7).

Les jeunes femmes sont donc plus nombreuses à se situer à gauche que les jeunes hommes, y compris sur les positions d'extrême gauche (positions 1 et 2 sur l'échelle de 1 à 10). Ces orientations sont corrélées à certaines valeurs de gauche, plus présentes chez les femmes que chez les hommes parmi les 18-29 ans. Ainsi, les femmes s'avèrent plus libérales en matière de mœurs. Par exemple, on relève qu'elles sont 61 % parmi les 18-29 ans à se dire d'accord avec la possibilité pour les couples homosexuels d'adopter des enfants tandis que 42 % des hommes du même âge pensent de même. Toutefois, on ne peut considérer ce positionnement plus marqué à gauche chez les jeunes femmes comme une tendance lourde. La figure 1 montre que les orientations politiques ont beaucoup fluctué depuis 1981, la part de positionnement à gauche des jeunes hommes ayant surtout décru dans les années 1980, sans doute en lien avec l'expérience de la gauche au pouvoir, tandis que celui des jeunes femmes, après avoir décliné plus progressivement, est surtout remonté en 2008.

Tableau 7. Autopositionnement des jeunes hommes et jeunes femmes sur une échelle gauche-droite en dix positions (en %)

	18-29 ans		30 ans et plus	
	Hommes	Femmes	Hommes	Femmes
Gauche (1-4)	36	43	37	35
Centre (5-6)	43	42	41	40
Droite (7-10)	21	15	22	25

Figure 1. Autopositionnement à gauche des 18-29 ans selon le sexe (positions 1 à 4 sur une échelle de 1 à 10) depuis 1981

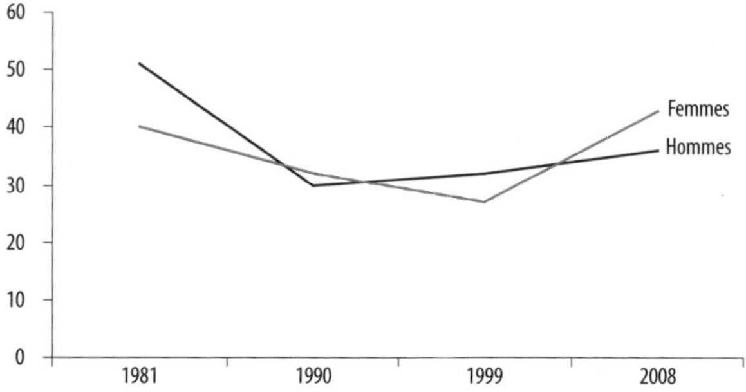

Cependant, les jeunes femmes ne sont pas les plus favorables à une transformation brutale et radicale de la société. Elles sont en revanche plus confiantes dans les institutions que les jeunes hommes, plus attachées aux valeurs d'ordre et moins favorables à un changement de l'organisation sociale par une action révolutionnaire (tableau 8).

Tableau 8. Le rapport aux institutions et le changement social pour les 18-29 ans, et pour les 30 ans et plus (en %)

	18-29 ans		30 ans et +	
	Hommes	Femmes	Hommes	Femmes
Confiance dans la police	61	69	72	77
Confiance dans l'armée	70	73	72	72
Confiance dans le Parlement	39	48	45	46
Respecter davantage l'autorité	72	76	78	82
Changer radicalement par une action révolutionnaire	27	21	16	13

On retrouve ici une tendance forte des années 1990-2000, celle d'une combinaison de plus en plus fréquente de positionnements à gauche et de valeurs d'ordre (Dompnier, 2010). Ces différentes réponses donnent aussi à voir des jeunes hommes plus sceptiques quant à l'organisation sociopolitique actuelle. Est-ce à dire qu'ils envisagent plus que les jeunes femmes des modes d'action politiques non conformes au jeu institutionnel ou illégaux ? Pour l'observer, on retient ici des questions qui portent sur cinq modalités de participation et pour lesquelles on demande aux personnes interrogées si elles l'ont déjà fait, si elles pourraient le faire ou si elles ne le feront jamais. Les deux premières réponses ont été regroupées (déjà fait ou pourrait le faire) comme des réponses qui révèlent des modes de participation qui semblent envisageables et légitimes aux personnes interrogées. On découvre ici une très grande proximité entre les formes de participations légitimes aux yeux des jeunes hommes et des jeunes femmes. Si les premiers se tournent davantage vers le boycott et les secondes plutôt vers la pétition, il n'y a pas d'écart significatif sur les autres modes d'action (tableau 9).

Tableau 9. Les formes de participation déjà employées ou susceptibles de l'être par les jeunes hommes et les jeunes femmes (en %)

	18-29 ans		30 ans et plus	
	Hommes	Femmes	Hommes	Femmes
Signer une pétition	89	95	89	86
Participer à un boycott	75	68	65	54
Prendre part à une manifestation autorisée	88	88	77	64
Participer à une grève sauvage	57	54	48	38
Occuper des bureaux ou des usines	54	53	54	44

Figure 2. L'éventualité du recours à la manifestation et à la grève sauvage selon les hommes et les femmes de 18-29 ans depuis 1981

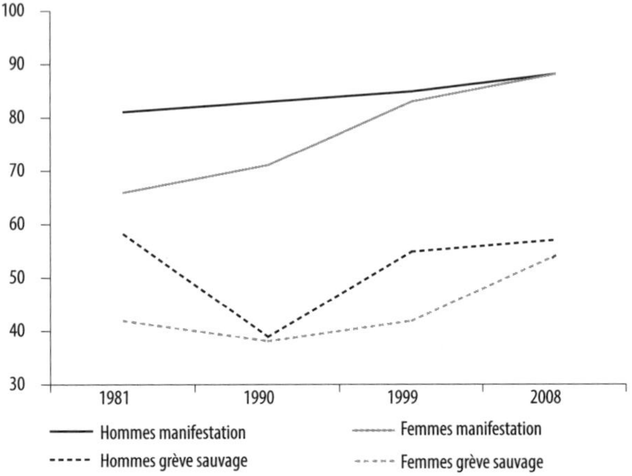

Lecture : en 1981, 81 % des hommes et 66 % des femmes répondaient qu'ils ou elles avaient déjà participé à une manifestation autorisée ou pourraient le faire.

Alors que parmi les plus de 30 ans un écart de plus de 10 points sépare les hommes et les femmes quant aux différentes formes d'action, à l'exception de la pétition, les 18-29 ans ont des réponses sensiblement similaires. C'est là un phénomène relativement nouveau, comme le montre la figure 2. La manière dont les jeunes femmes envisagent la participation politique s'est rapprochée des positions masculines.

Évoquant les « calendriers politiques » différenciés des hommes et des femmes, Annick Percheron remarquait en 1994 : « Les femmes entrent avec fougue en politique mais tendent à s'en retirer vers 27-28 ans, au moment même où les hommes s'y installent à leur tour, comme si le mariage et la maternité renvoyaient les femmes vers la sphère du privé et comme si, en revanche, l'installation dans la vie professionnelle conduisait les hommes à devenir des citoyens actifs » (Percheron, 1994). On doit sans doute nuancer le constat, la « fougue » des jeunes femmes restant finalement très mesurée. Les enquêtes Valeurs font surtout apparaître que, au-delà de la participation, le rapport à la politique et les conceptions de la participation des jeunes hommes et jeunes femmes se sont rapprochés. Reste donc à savoir – ce que la prochaine vague d'enquête Valeurs pourra permettre d'étudier – si ces convergences se maintiennent au fil du temps avec l'installation dans la vie familiale et professionnelle de ces jeunes adultes.

Finalement, on ne peut conclure à un rapprochement général des valeurs des hommes et des femmes parmi les plus jeunes. Les transformations profondes du statut de la femme, de l'accès aux études et à l'emploi dans les dernières décennies vont de pair avec une modification du regard porté sur la famille, le couple, le travail ou encore la politique. Dans certains domaines, des convergences peuvent être décelées, par exemple dans les conceptions du mariage, le rapport aux institutions religieuses ou les formes de participation politique. On assiste alors à une rupture assez nette par rapport aux générations précédentes parmi lesquelles les valeurs des hommes et des femmes divergeaient et répondaient à une partition très nette des statuts et des rôles sociaux. Mais, dans la plupart des domaines, des différences peuvent être observées entre jeunes hommes et jeunes femmes. Elles ne sont pas la simple reproduction de valeurs liées à des positions et rôles sociaux traditionnels. La division sexuelle du travail social a connu d'importants bouleversements au cours des dernières décennies. Elle s'accompagne d'une transformation des valeurs, mais non de la suppression de leur caractère genré.

Bibliographie

Baudelot Christian, Establet Roger, *Quoi de neuf chez les filles ? Entre stéréotypes et libertés*, Nathan, Paris, 2007.

Chiche Jean, Haegel Florence, « Les connaissances politiques », in Grunberg Gérard, Mayer Nonna, Sniderman Paul M. (dir.), *La démocratie à l'épreuve. Une nouvelle approche de l'opinion des Français*, Presses de Sciences Po, Paris, 2002, p. 273-292.

Dompnier Nathalie, « Liberté privée et ordre public : la fin des antagonismes », in Bréchon Pierre, Galland Olivier (dir.), *L'individualisation des valeurs*, Armand Colin, Paris, 2010, p. 141-160.

Le Pape Marie-Clémence, « Être parent dans les milieux populaires : entre valeurs familiales traditionnelles et nouvelles formes éducatives », *Informations sociales*, n° 154, 2009, p. 90.

Percheron Annick, « Les jeunes français au tournant des années quatre-vingt-dix », in Fournier Bernard, Hudon Raymond (dir.), *Jeunesse et politique*, L'Harmattan, Paris, 1994, p. 136-137.

Régnier-Loilier Arnaud, « L'arrivée d'un enfant modifie-t-elle la répartition des tâches domestiques au sein du couple ? », *Population et sociétés*, n° 461, novembre 2009.

Tchernia Jean-François, « Rôles sexués : un consensus sans effet ? » in Galland Olivier, Roudet Bernard (dir.), *Les valeurs des jeunes. Tendances en France depuis 20 ans*, L'Harmattan/Injep, coll. « Débats Jeunesses », Paris, 2001, p. 119-134.

Van de Velde Cécile, *Devenir adulte. Sociologie comparée de la jeunesse en Europe*, Presses universitaires de France, Paris, 2008.

Chapitre 6

Des jeunes parmi d'autres ? Les jeunes issus des immigrations

Antoine Jardin et Vincent Tiberj

Récemment, Ronald Schmidt et ses collègues (Schmidt *et al.*, 2010) déploraient en ces termes l'état de la recherche sur la diversité aux États-Unis : « Depuis presque un siècle, la plupart des politistes du courant dominant et la très grande majorité des manuels ont ignoré les rôles de la "race" et des inégalités raciales dans la vie politique du pays, ainsi que dans les comportements et les préférences politiques des électeurs, comme si les clivages ethniques et raciaux jouaient un rôle mineur sur la grande scène de la démocratie américaine. Cela reste encore trop vrai aujourd'hui. » Le constat est étonnant vu d'ici car il s'applique avec encore plus d'acuité au cas français. Non pas que la situation des minorités ethniques ou des immigrés n'ait pas suscité d'intérêt dans la communauté scientifique, mais ces travaux sont restés souvent marginaux dans la sociologie politique française. On peut pointer plusieurs raisons à cet état de fait.

D'abord les débats français sur les statistiques relatives aux origines[1] pèsent fortement. Il suffit de rappeler ceux qui ont émergé à l'occasion de la publication du sondage du Conseil représentatif des associations noires (Cran) en 2006 sur la « population noire » de France ou de la mise en place de l'enquête Insee-Ined Trajectoires et origines[2]. On constate la réticence à intégrer dans les enquêtes classiques certaines mesures de l'origine (présence d'immigrés ou d'étrangers parmi les ascendants

1. Avec le dernier débat en date suscité par le rapport Héran au nom du Comité pour la mesure de la diversité et l'évaluation des discriminations (Comedd) et la création de la Commission alternative de réflexion sur les « statistiques ethniques » et les discriminations (Carsed) qui s'y opposait (Comedd, 2010 ; Carsed, 2010).

2. Voir le site : http://teo.site.ined.fr.

des personnes interrogées, origines géographiques et *a fortiori* indicateurs ethno-raciaux). Conséquemment, plusieurs travaux des années 2000 se sont focalisés sur une entrée par la religion (Dargent, 2003). Or, caractériser la population des « nouveaux Français » non par leurs origines mais par le fait qu'ils sont très souvent musulmans est caractéristique d'une certaine gêne face au sujet d'étude. Cela s'assimile à une tentative de raccrocher la question de la diversité comme fait social et politique à une grille de lecture plus classique et mieux acceptée en sciences sociales. Si spécificité de la diversité il y a, ce serait alors le produit de la référence au contenu culturel et sociétal de l'islam, hypothèse en soi parfaitement valable pour peu qu'elle soit correctement contrôlée.

Au-delà du débat sur les origines, le retard français peut s'expliquer par un certain désintérêt pour la question face à des sujets plus traditionnels, comme la classe sociale par exemple. Le paradoxe va jusqu'à voir fleurir une littérature qui dénonce par avance le remplacement des « vrais clivages » de classe par la question de la « race[1] ». En fait, l'étude de l'impact des origines est probablement dans une situation scientifique similaire à celles des *gender studies* jusqu'à récemment.

La situation évolue cependant. La *Revue française de science politique* a ainsi consacré en septembre 2010 un numéro spécial à la question : « Représentants et représentés : élus de la diversité et minorités visibles ». Quant aux enquêtes électorales du Cevipof[2], celles de 2002 incluaient une question non détaillée sur l'ascendance immigrée des personnes interrogées, celles de 2007 comportaient deux questions : l'une sur les tra-

1. On pense notamment à Walter Benn Michaels (2009). La recherche tend pourtant à travailler sur l'intersectionnalité et la complémentarité des questions sociales et raciales. Voir notamment Lamont, 2002.

2. Centre de recherches politiques de Sciences Po, Paris.

jectoires migratoires, l'autre qui précisait les origines géographiques. On peut également citer les enquêtes spécifiques, comme l'enquête *Rapport au politique des Français issus de l'immigration (Rapfi)* de 2005, qui portait sur un échantillon représentatif des Français d'origine maghrébine, africaine et turque (Brouard, Tiberj, 2005), ou l'enquête Trajectoires et origines (TeO), qui couvrait l'ensemble de la diversité française, y compris les ultramarins (Beauchemin, Hamel, Simon, 2010).

Pourtant, la France, ancien et actuel pays d'immigration, ancien pays colonisateur, ancien pays d'esclavage, se caractérise par une variété de situations presque unique dans les pays occidentaux. Au-delà de la proportion de première, deuxième et troisième génération qui nous place parmi les pays où l'immigration a été la plus importante, l'hétérogénéité des trajectoires migratoires s'avère particulièrement intéressante. On compte ainsi, comme aux États-Unis, de nombreux courants migratoires européens, souvent du Sud (Italie, Espagne, Portugal), mais également des pays de l'Europe orientale. La « population noire » est en partie d'origine immigrée (Afrique subsaharienne), mais elle compte aussi les ultramarins. Certains des courants migratoires extra-européens renvoient directement à l'histoire coloniale française (Maghreb, Afrique subsaharienne, ex-Indochine), mais d'autres n'ont pas de rapport avec ce passé (Turquie ou Chine par exemple). En résumé, la France constitue un cas empirique où la perception de la couleur de peau peut jouer un rôle spécifique, tout comme le fait de parler la langue nationale, de partager l'histoire coloniale, d'être de religion chrétienne ou musulmane, en sus du processus migratoire lui-même.

Origines, migrations et attitudes politiques des jeunes

L'objectif du présent chapitre est de contribuer aux connaissances sur l'impact de l'origine et de la migration sur les systèmes de valeurs des individus et particulièrement ici des jeunes. On s'interrogera sur l'utilité de ces variables pour comprendre les préférences normatives des individus au même titre que des variables sociologiques plus traditionnelles comme la profession et l'origine sociale, la cohorte de naissance ou le genre par exemple. Il s'agira aussi de statuer sur le degré de convergence des jeunes « issus de l'immigration » avec le reste de la population et notamment leurs homologues générationnels sans ascendance étrangère, puis d'identifier les mécanismes qui pourraient intervenir.

Lors des dernières années, la question du partage ou non par les immigrés et leurs descendants des « valeurs républicaines » est devenue un leitmotiv des « questions de société ». C'est le processus d'« intégration » qui est alors réinterrogé et très souvent dénoncé comme un échec. Se pose aussi la question de la compatibilité de l'islam avec les valeurs supposées communes de l'Occident. Cette préoccupation politique est devenue telle que tous les immigrés, quelle que soit leur origine, sont rappelés « aux valeurs » en signant le contrat d'accueil et d'intégration. Cette question des valeurs est d'ailleurs de plus en plus étudiée par la recherche en sciences sociales. Ainsi, dans les travaux dont Jocelyne Streiff-Fénart a fait un bilan récent (Streiff-Fénart, 2006), le thème du « conservatisme moral » selon l'expression d'Anne Muxel se retrouve régulièrement, notamment sur les questions de genre (Flanquart, 2003 ; Guénif Souilamas, 2000 ; Muxel, 1988). Notre chapitre dialoguera avec ce courant de recherche.

Il s'agit pour nous de faire un point sur ces questions de valeurs parmi les jeunes en reprenant la classification en termes socio-économiques et culturels (Kitschelt, 1995 ; Achterberg, Houtman, 2010 ; Grunberg, Schweisguth, 1990) et en y ajoutant celle du rapport au politique. À travers l'enquête Valeurs, on fera un point sur les immigrés et descendants d'immigrés appartenant à l'ensemble des vagues migratoires.

Hypothèses

Nous avons deux hypothèses, la plus importante étant celle de l'existence d'un effet de l'origine sur les valeurs. On contrôlera systématiquement « l'origine des effets de l'origine » pour peu qu'il y ait effet. Il convient de ne pas tomber dans l'excès inverse des critiques que nous faisions précédemment. Toutes les différences que l'on pourra constater entre notre population d'intérêt et la population « de référence », prise ici au sens statistique, ne seront pas nécessairement dues au fait d'être immigré ou d'une origine particulière[1]. Nos analyses se feront donc toutes choses égales par ailleurs, en contrôlant par les autres logiques d'explication sociologique comme le genre, la classe sociale ou le diplôme par exemple.

Par « origine des effets de l'origine », nous entendons aussi réfléchir à ce que recouvre cette notion. Elle peut renvoyer au processus d'incorporation dans la société française. Alors c'est le parcours migratoire en lui-même qui expliquerait les différences. Être immigré ou enfant d'immigrés peut induire une attitude différente à l'égard des migrants arrivés après soi ou sa famille, en étant soit plus ouvert – solidarité migratoire –, soit plus fermé – peur de la concurrence des « nouveaux venus ». L'effet de l'origine peut dépendre d'une tout autre logique : celle

1. Si les enfants d'immigrés réussissent moins bien scolairement que l'ensemble de la population, c'est parce que leurs parents appartiennent aux classes sociales les moins pourvues en capital culturel, non parce qu'ils sont immigrés (Vallet, Caille, 1995).

de leur visibilité. Ainsi, aux États-Unis, les modèles qui considéraient que l'intégration suivait le même parcours indépendamment des vagues migratoires (Dahl, 1961) ont été remis en cause par les travaux récents qui montrent que la visibilité constitue une dimension essentielle. Les minorités visibles continuant à être discriminées, elles développent un système de valeurs et une politisation différents du reste de la population, contrairement aux vagues d'immigration européenne (Dawson, 1994 ; Hero, 1992 ; Pinderhughes, 1987 ; Rogers, 2006). Un descendant d'immigrés d'origine italienne ou espagnole n'aurait alors pas les mêmes perspectives de vie qu'un descendant d'immigrés maghrébins. Dès lors, les frontières de la diversité évoluent : s'il y a en France une discrimination selon la couleur de peau, celle-ci peut très bien concerner les ultramarins. Enfin on prendra en compte la mixité des origines, un facteur trop souvent oublié. Être issu d'une famille « à double culture » peut avoir un impact propre sur les valeurs des individus. L'ouverture culturelle des parents d'une famille mixte, qu'on peut postuler *a priori* comme plus grande que celle d'une famille non mixte, influerait sur les valeurs des enfants.

Les origines ne pèsent pas de manière univoque sur les valeurs. C'est notre deuxième hypothèse. La littérature nous apprend que le conservatisme culturel constitue une dimension de valeurs relativement bien structurée : le conservatisme de mœurs est souvent associé à une vision autoritaire et hiérarchique de la société et à un rejet de l'autre (Mayer, 2002). Mais les travaux de Sylvain Brouard et Vincent Tiberj ont montré qu'il n'en était pas de même pour les immigrés et les enfants de l'immigration. Ainsi, sur ces questions, ces jeunes seront parfois plus conservateurs que le reste de leur génération sur certaines thématiques, sans qu'ils ne témoignent d'une attitude autoritaire cohérente. On vérifiera ce qu'il en est dans l'enquête Valeurs.

Les variables d'origine

Nous avons été confrontés à d'importants problèmes pour construire nos indicateurs d'origine : d'abord une contrainte d'effectifs particulièrement forte, ensuite une manière d'approcher la diversité dans l'enquête loin d'être optimale. Les groupes concernés restent très minoritaires en France, particulièrement les individus originaires du Maghreb ou d'Afrique subsaharienne (environ 4 % de l'électorat français). Pour obtenir un nombre suffisant d'individus issus de l'immigration récente, nous avons donc été contraints de relever la barre à moins de 40 ans pour définir les « jeunes ». Par ailleurs, les vagues migratoires n'ont pas « le même âge ». Les immigrés sud-européens ne sont pas venus en France dans le même temps que les immigrés algériens et, *a fortiori*, marocains, tunisiens ou d'Afrique subsaharienne. Ce décalage en termes d'arrivée sur le territoire se retrouve parmi les descendants. Ainsi, les « jeunes de la diversité » sont souvent originaires du Maghreb ou d'Afrique subsaharienne quand les plus de 50 ans d'origine étrangère sont plutôt des descendants d'immigrés sud-européens. Même avec cette limite des 40 ans, nous avons été amenés à distinguer de manière grossière deux origines : l'Afrique et le reste du monde.

Par ailleurs les enquêtes Valeurs appréhendent l'origine immigrée par le lieu de naissance d'ego ou de son père et/ou de sa mère. On peut donc distinguer entre les individus d'origine mixte et les autres, mais seules deux générations d'immigration sont couvertes. Plus ennuyeux, avec cette mesure, nous assimilons les Français sans ascendance étrangère nés à l'étranger à des immigrés, tout comme les rapatriés et les descendants de rapatriés d'Algérie. Dans l'enquête TeO représentative de la population vivant en France de 18 à 50 ans, les rapatriés et leurs descendants comptent pour 6 % de la population alors que les immigrés sont 10 % et les descendants d'immigrés 12 %. Sur cette base, parmi les personnes interrogées « possiblement immigrées » ou « descendantes d'immigrés » dans l'enquête Valeurs, près d'un cinquième n'appartient pas à la population qui nous intéresse. Il aurait fallu approcher la diversité à travers une question plus directe sur les origines nationales et la nationalité à la naissance des individus. Il faudra donc rester prudent quant à nos résultats.

Nous avons constitué deux variables d'origine. La première distingue les individus en fonction de leur position présumée face à l'immigration selon quatre modalités : 1°) ego, son père et sa mère sont nés en France ; on qualifiera ce groupe de « sans ascendance étrangère » ; 2°) ego est né en France de deux parents nés à l'étranger ; on qualifiera ce groupe de « deuxième génération non mixte » ; 3°) ego est né en France et un de ses parents est né à l'étranger ; on qualifiera ce groupe de « deuxième génération mixte » ; 4°) ego est né à l'étranger ; on qualifiera ce groupe d'« immigré » (tableau 1).

La deuxième variable distingue les individus selon trois modalités : 1°) sans ascendance étrangère, c'est-à-dire le groupe 1 de la précédente variable (n = 852) ; 2°) individus soit nés au Maghreb ou dans le reste de l'Afrique, soit dont au moins un des parents est né au Maghreb ou dans le reste de l'Afrique (n = 292) ; on qualifiera ce groupe d'« originaires du Maghreb ou d'Afrique », la première origine constituant l'essentiel des individus ; 3°) individus soit nés à l'étranger (y compris l'Europe) mais hors du continent africain, soit dont un des parents est né à l'étranger hors du continent africain (n = 348) ; on qualifiera ce groupe d'« autres origines ».

Tableau 1. Position des individus selon leur ascendance

Groupe	Enquêté	Père	Mère
Sans ascendance étrangère (n = 852)	Né en France	Né en France	Née en France
Deuxième génération non mixte (n = 77)	Né en France	Né à l'étranger	Née à l'étranger
Deuxième génération mixte (n = 108)	Né en France	Un des deux né à l'étranger	
Immigré (n = 85)	Né à l'étranger	Ascendance non étudiée	

Les valeurs culturelles : un syndrome autoritaire ?

L'enquête Valeurs produit des données particulièrement riches sur les questions culturelles à partir desquelles nous avons choisi de construire des échelles d'attitude. Dans une logique de cumulativité des analyses, nous avons reproduit l'échelle « Question de mœurs » d'Étienne Schweisguth[1] qui rassemble les opinions sur le divorce, l'avortement, l'homosexualité, l'adoption par les couples homosexuels. Cette échelle couvre bien la dimension de conservatisme moral évoquée précédemment. Nous avons également travaillé à partir de deux autres échelles constituées par nos soins, l'une autour de l'immigration et l'autre autour de la question des « rôles de genre ». La première traite de la relation à l'immigration dans ses différentes dimensions de préjugé (impact culturel, économique, en termes d'ordre et de sécurité notamment...). La dernière échelle a trait aux rôles familiaux des hommes et des femmes. On mesure l'attitude des personnes interrogées à l'égard du travail des femmes, du rôle de *childcare* qui leur était traditionnellement dévolu et

1. On a notamment travaillé à partir de Schweisguth, 2010.

de la transformation du rôle des pères[1]. Chacune de ces échelles a été standardisée par une note allant de 0 à 10, un score 10 impliquant que l'individu a systématiquement donné la réponse la plus culturellement ouverte, un score de 0 qu'il a donné systématiquement la réponse la plus culturellement conservatrice.

Globalement, ces échelles sont bien liées les unes aux autres, conformément aux travaux déjà publiés sur cette question. Les corrélations entre chacune d'elles oscillent entre 0,21 et 0,25 (toutes étant significatives). Autrement dit, si un individu est plutôt fermé à l'immigration, il le sera également face aux évolutions récentes des mœurs et tendra à défendre une vision des rôles genrés plutôt traditionnelle. Toutefois, nos trois échelles ne peuvent être considérées comme redondantes : elles mesurent des rapports à des valeurs distinctes, ce qui autorise des analyses spécifiques. Peut-on alors repérer des différences de positionnement dues à l'origine ? Et si oui lesquelles ?

Tableau 2. Scores moyens sur les questions culturelles selon l'origine

	Échelle « Questions de mœurs »	Échelle « Rôle de genre »	Échelle « Immigration »
Sans ascendance étrangère	6,6	6,9	5,4
Deuxième génération non mixte	6,2	6,5	6,6
Deuxième génération mixte	6,7	7	6
Immigrés	5,5	6,3	6,9
Originaires du Maghreb ou d'Afrique	6,1	6,6	6,8
Autres origines	6,2	6,6	6,1
Ensemble des 18-39 ans	6,5	6,8	5,6
Ensemble de la population	6,1	6,6	5,2

Lecture : 10 = réponse « ouverte ».

1. Dans le cas de cette échelle, l'alpha de Cronbach est légèrement inférieur à la barre traditionnellement retenue : soit 0,58 pour un alpha minimal habituellement de 0,6.

Globalement, les résultats sont attendus (tableau 2) : ainsi les jeunes, même avec la classe d'âge retenue, s'avèrent significativement plus ouverts que l'ensemble de la population pour les questions de mœurs et d'immigration. En revanche, l'écart entre les jeunes et l'ensemble de la population sur les questions de genre n'est plus significatif. On voit bien ici comment le statut des femmes a non seulement changé, mais fait désormais l'objet d'un large consensus.

À première vue, l'origine pourrait bien avoir un impact sur les réponses sur l'échelle « mœurs ». Il existe un écart de près de 1,1 point sur 10 entre les jeunes immigrés et les jeunes sans ascendance étrangère sur la question des mœurs, les premiers s'avérant clairement plus conservateurs. Pour bien mesurer l'ampleur de cet écart, on peut le comparer avec celui qui sépare les diplômés du supérieur des diplômés du primaire (1,4 point) ou encore les 18-24 ans des plus de 65 ans (1,2 point). Les jeunes immigrés ressemblent plus à des seniors qu'à leurs homologues générationnels. Les descendants d'immigrés non mixtes se trouvent dans un entre-deux, mais s'avèrent plus proches de leurs homologues générationnels que les immigrés. Les descendants de couples mixtes en revanche se révèlent au moins autant, sinon plus ouverts que leurs homologues générationnels.

Les résultats semblent se reproduire pour la question des rôles genrés, mais les différences sont atténuées. Ainsi, entre les jeunes immigrés et les jeunes sans ascendance étrangère, les écarts ne sont plus que de 0,6. En résumé, on relève des différences qui vont plutôt dans le sens d'un conservatisme moral des immigrés et des descendants non mixtes. Cependant, ce conservatisme est relatif. Tous les groupes en question affichent des moyennes supérieures à 5/10. Si 43 % des immigrés ont un score inférieur à 5/10 sur l'échelle de mœurs, ils ne sont plus que 22,5 % pour l'échelle de rôle de genre. Les attitudes conservatrices existent donc bien dans le groupe des immigrés et subsistent encore parmi certains descendants, mais elles sont loin d'être majoritaires. L'homosexualité, le divorce et l'avortement induisent plus de réticences parmi les jeunes immigrés et les descendants de l'immigration. En revanche, l'archétype de la femme au foyer s'occupant des enfants n'est clairement pas la vision dominante chez ces individus.

Il est difficile de dire que les immigrés et les descendants d'immigrés s'avèrent systématiquement plus conservateurs que le reste de la population. Ainsi, les jeunes sans ascendance étrangère se démarquent en étant les plus négatifs sur l'échelle « Immigration ». La persistance d'une solidarité migratoire au sein des descendants d'immigrés est remarquable. Enfin, les interviewés originaires du Maghreb ou d'Afrique, dont on sait par ailleurs qu'ils sont les plus susceptibles de subir racisme et comportements discriminatoires (Beauchemin, Hamel, Simon, 2010), s'avèrent les plus favorables aux immigrés.

Parmi les immigrés et leurs descendants, contrairement à ce que l'on observe dans la population globale, le conservatisme ne se décline pas sur l'ensemble de ses sous-dimensions. Pour preuve, en matière de tolérance à l'immigration, l'ouverture change radicalement de camp.

Pour l'heure, on a traité l'origine de manière descriptive, mais rien n'empêche de considérer que derrière les écarts que l'on a constatés se cache en fait l'influence d'autres variables, comme par exemple le niveau d'éducation. Si l'origine continue de peser, une fois contrôlée par d'autres variables similaires telles que la profession, le genre ou l'éducation, on peut alors se demander ce qui compte vraiment : est-ce le fait d'être né hors de France, d'être éduqué dans une famille qui a elle-même migré ? Ou bien est-ce dû à une autre caractéristique, comme par exemple le rapport à la religion ?

Tableau 3. Les déterminants des attitudes conservatrices

	Mœurs		Rôle de genre		Immigrés	
	Coef.	Erreur	Coef.	Erreur	Coef.	Erreur
Éducation						
Secondaire	– 0,58 ***	0,20	– 0,10	0,13	– 0,65 ***	0,20
Primaire (supérieur)	– 1,31 ***	0,20	– 0,49 ***	0,13	– 1,42 ***	0,19
Origine géographique						
Autres origines	– 0,59 *	0,33	– 0,35	0,22	0,82 **	0,33
Maghreb et Afrique (sans ascendance migratoire)	– 0,3	0,38	– 0,23	0,25	1,22 ***	0,38
Lien à l'immigration						
Descendant non mixte	0,51	0,39	0,15	0,26	– 0,23	0,39
Descendant mixte	0,57	0,38	0,4	0,25	– 0,46	0,38
Immigré (sans ascendance migratoire)	(omis)		(omis)		(omis)	
Femme (homme)	– 0,13	0,15	0,32 ***	0,10	– 0,11	0,15
Profession						
Indépendants	– 0,12	0,44	– 0,62 *	0,28	– 1,36 ***	0,43
Prof. int.	0,02	0,29	– 0,06	0,19	– 0,53 *	0,29
Employés	0,09	0,30	– 0,15	0,19	– 0,97 ***	0,29
Ouvriers	– 0,42	0,31	– 0,34 *	0,20	– 1,24 ***	0,31
Inactifs (cadres et prof. sup.)	0,15	0,33	– 0,39 *	0,22	– 1,05 ***	0,33
Rapport à la religion						
Musulmans	– 1,37 ***	0,39	– 0,58 **	0,25	1,52 ***	0,38
Autres religions	– 0,19	0,43	– 0,59 **	0,28	1,11 **	0,44
Sans religion (catholiques)	0,40 **	0,17	0,01	0,11	0,56 **	0,16
_cons	7,16 ***	0,51	7,13 ***	0,32	6,62 ***	0,51
R2 ajusté	10 %		6 %		15 %	

Note : * p < 0,1 ; ** p < 0,05 ; *** p < 0,01.

Lecture : ce tableau présente des analyses de variance (Anova), une des méthodes permettant d'étudier les relations toutes choses égales par ailleurs. Pour ces échelles d'attitude qui vont de 0 à 10, les coefficients se lisent de la manière suivante : un catholique, sans ascendance étrangère, cadre diplômé du supérieur, a une note en moyenne de 7,16/10 sur l'échelle de mœurs, alors qu'un ouvrier de même religion diplômé du primaire aura une note de 7,16 – (0,42 + 1,31) = 5,43.

L'erreur standard (notée ici « Erreur ») est une mesure permettant à la fois de s'assurer de la robustesse des résultats (les coefficients obtenus sont-ils différents de zéro, cas où il n'y aura pas de différence entre la modalité testée et la modalité de référence ?) mais aussi de construire des intervalles de confiance autour des coefficients (ils ont 95 % de chances d'être situés autour de leur valeur entre plus ou moins 1,96 fois l'erreur standard).

Jusqu'ici, nous avons volontairement laissé la question de l'islam de côté. Cette religion est devenue le cadrage dominant du débat sur l'immigration, alors même que tous les immigrés ne sont pas musulmans, y compris parmi les populations d'origine maghrébine ou africaine, tout comme leurs attitudes, valeurs et opinions ne sont probablement pas toutes dictées par la religion. Parmi les individus originaires du Maghreb ou d'Afrique, près de 33 % se déclarent sans religion, 32 % se disent musulmans et 29 % catholiques[1]. On est donc loin d'une population aussi homogène que celle régulièrement dépeinte dans les médias.

Pour l'origine face aux questions de mœurs, les résultats sont assez clairs (tableau 3) : à l'exception de l'échelle « Immigration », ni l'origine géographique ni le lien à l'immigration n'ont d'impact significatif. Ainsi, un immigré originaire du Maghreb ou d'Afrique se distinguera par un score inférieur de 0,3 (non significatif) par rapport à une personne interrogée sans ascendance étrangère sur l'échelle de mœurs, un descendant de deux parents immigrés de même origine aura même un score légèrement supérieur (– 0,3 + 0,51) et toujours non significatif. Autrement dit, l'écart de 1,1 constaté

1. Le lecteur doit rester prudent cependant sur le nombre de catholiques dans ce groupe. Il s'explique essentiellement par le défaut de mesure des origines de l'enquête Valeurs : ici, on a sans doute affaire à des pieds-noirs ou des descendants de pieds-noirs. Le résultat le plus intéressant reste surtout le nombre d'athées. Dans l'enquête Rapfi, avec une mesure des rapports à la religion différente, on compte quand même environ 22 % d'athées parmi les descendants d'immigrés maghrébins, africains ou turcs. Ceci plaide d'ailleurs pour que les chercheurs et les médias fassent plus souvent la distinction entre musulmans et descendants d'immigrés.

précédemment tient essentiellement à d'autres éléments de structure, notamment le niveau de diplôme, mais non au fait d'être immigré. Si effet spécifique il y a, il tient à la question religieuse : ainsi les musulmans se caractérisent par une plus grande fermeture en matière de mœurs et, dans une moindre mesure, de rôle de genre. En revanche, les mêmes musulmans sont les plus ouverts en matière d'acceptation des immigrés. On retrouve donc des résultats proches de ceux avancés par Sylvain Brouard et Vincent Tiberj (2005) : l'islam est facteur de conservatisme de mœurs, mais non l'origine migratoire en tant que telle.

Cette origine a cependant un effet dans le sens d'une forme de solidarité des migrants et de leurs enfants. Ainsi, les descendants d'immigrés comme les immigrés s'avèrent moins sensibles au rejet des nouveaux venus que l'ensemble de leurs homologues générationnels, à niveau de diplôme et profession similaires. D'ailleurs, cette solidarité migratoire ne se limite pas aux individus les plus susceptibles d'être eux-mêmes discriminés (à savoir les immigrés et les descendants originaires du Maghreb ou d'Afrique) mais également aux individus d'autres origines. La mémoire de la trajectoire migratoire continue de peser dans les familles et sur les systèmes de valeurs.

L'analyse du rapport à différentes attitudes culturelles indique la nécessité de prendre en compte l'origine nationale et les trajectoires migratoires individuelles et familiales. Cependant, ces effets ne sont pas toujours les mêmes, et peuvent aller, en fonction des thématiques, dans le sens d'une plus grande ouverture, comme d'une plus grande fermeture. Ils peuvent être réels mais aussi être dus à d'autres facteurs comme la religion par exemple.

Des rapports contrastés au mérite individuel et au libéralisme économique

Qu'en est-il des attitudes vis-à-vis du fonctionnement de l'économie et de la protection sociale ? Existe-t-il là aussi des effets divergents de l'origine nationale et migratoire ?

Si tel était le cas, nous pourrions postuler que les individus possédant une ascendance étrangère se démarqueraient par des attitudes économiques proches de la gauche, marquées par l'importance de l'intervention de l'État face aux mécanismes du marché, et un attachement important au système de protection sociale. De tels résultats confirmeraient les résultats produits par l'analyse de l'enquête Rapfi (Brouard, Tiberj, 2005). Cependant, on se focalise ici plus particulièrement sur le cas des moins de 40 ans. Notre démarche implique donc de faire l'hypothèse implicite d'une relative neutralité de l'effet de l'âge sur la relation entre origine et attitude politique. Ici encore, le principe d'une mémoire des trajectoires familiales pourrait jouer un rôle important, dans la mesure où nombre de migrants sont arrivés et s'installent aujourd'hui en France à la recherche de meilleures conditions de vie matérielles. À cela se combinent les effets de la situation économique contemporaine, marquée à la fois par la crise économique de 2008 et par le développement d'une dualisation croissante du marché du travail marginalisant particulièrement les salariés jeunes et immigrés, qui pourraient donc rapprocher ces jeunes de la gauche sur le plan économique.

Nous avons répliqué la démarche d'analyse précédemment utilisée dans le souci de maintenir une comparabilité entre les différents domaines étudiés. Deux échelles d'attitude ont été codées : l'attitude envers le mérite et l'effort au travail d'une part (échelle « rejet du mérite ») et l'attitude envers les rôles respectifs du marché et de l'État dans l'économie d'autre part (échelle « antilibéralisme économique »). Cette séparation se fonde sur plusieurs travaux mettant en évidence une relative autonomie du rapport à l'effort individuel, distinguant nettement plus les personnes d'origine étrangère, que les autres questions économiques et sociales (Brouard, Tiberj, 2005 ; Peugny, 2006).

L'échelle de mesure du rejet du mérite va de 0 à 5 (alpha de 0,64). Le score 0 correspond aux réponses suivantes : « Il est humiliant de recevoir de l'argent sans travailler », « On devient paresseux lorsqu'on ne travaille pas », « Le travail est un devoir envers la société », « Le travail est toujours la priorité principale ». L'échelle de l'antilibéralisme économique va de 0 à 10 (alpha de 0,64). Un score de 0 correspond aux réponses suivantes : « Les individus sont responsables de leur protection sociale », « Les chômeurs doivent accepter n'importe quel emploi », « La compétition est une bonne chose pour les individus », « L'État doit donner plus de liberté aux entreprises », « Davantage d'entreprises doivent être privatisées ».

Tableau 4. Scores moyens sur les échelles économiques selon l'origine

	Rejet du mérite (sur 5)	Antilibéralisme économique (sur 10)
Sans ascendance étrangère	2,4	4,65
Deuxième génération non mixte	2,3	5,07
Deuxième génération mixte	2,6	4,81
Immigrés	1,87	4,75
Originaires du Maghreb ou d'Afrique	2,29	4,97
Autres origines	2,26	4,74
Ensemble des 18-39 ans	2,37	4,7
Ensemble de la population	2,07	4,67

Les résultats (tableau 4) contredisent de nombreuses représentations diffusées dans la société française. Ainsi, les migrants récents forment le groupe le plus attaché à l'éthique du travail, suivi par les personnes ayant deux parents immigrés. De plus, les jeunes originaires du Maghreb ou d'Afrique ont un positionnement plus exigeant sur le rapport au travail que l'ensemble des 18-39 ans du pays (– 0,1). En revanche, au niveau global, un net décalage apparaît entre la jeunesse et l'ensemble de la population (+ 0,3), cette dernière attachant une importance accrue à l'effort et au mérite. La majorité des jeunes d'origine étrangère est donc plus exigeante en termes de rapport au travail que l'ensemble des jeunes du pays. Parmi eux, les jeunes migrants le sont même encore plus que l'ensemble de la jeunesse (– 0,5) et que l'ensemble de la population (– 0,2). L'effet de l'ascendance étrangère comme celui de l'origine géographique sont statistiquement significatifs à ce niveau d'analyse, et ce pour chaque modalité.

Sur la deuxième échelle, les individus possédant des ascendances étrangères tendent légèrement vers davantage d'opposition au libéralisme. Le score des migrants est plus important que celui des descendants de migrants, mais ces écarts sont faibles (non significatifs) et ne permettent pas de mettre en évidence une différenciation de l'attitude relative au libéralisme économique en fonction de l'origine géographique ou du rapport à l'immigration. Les personnes originaires du Maghreb ou d'Afrique se montrent également légèrement plus proches des valeurs économiquement de gauche. Nous retrouvons ici les principaux résultats de l'enquête Rapfi, indiquant un léger tropisme en faveur du rôle de l'État des migrants et des descendants de migrants, nuancé par des positionnements complexes sur la culture du travail. En revanche, dans la population générale, les moins de 40 ans ne se distinguent pas de l'ensemble de la société sur ce point.

Nous avons répliqué les modèles de régression utilisés dans l'étude des attitudes culturelles pour comprendre le rapport aux questions économiques et à la valeur de l'effort, du travail et du mérite. Derrière cette division, l'idée implicite d'une relative autonomie du rapport au mérite semble pertinente compte tenu de l'importance de l'ambition individuelle dans les trajectoires des migrants, que cela soit pour eux-mêmes ou pour leurs enfants. L'hypothèse que nous formulons est la suivante : si les migrants et descendants de migrants sont marqués par des attitudes de gauche sur les questions économiques, ils sont également plus enclins à souligner l'importance du travail et du mérite. En effet, ne disposant le plus souvent pas de ressources en patrimoine ou en capitaux, le travail apparaît comme d'autant plus important dans les stratégies individuelles et familiales des personnes marquées par des trajectoires migratoires récentes. De plus, il semble que les effets de ces trajectoires soient importants sur le rapport au mérite mais négligeables sur le rapport au libéralisme économique.

Le rapport au libéralisme économique est ici essentiellement déterminé par les questions religieuses et par le niveau d'éducation des individus. Par rapport aux catholiques, les musulmans se démarquent par une position significativement plus distante des attitudes libérales. De la même façon, les personnes disposant d'un faible bagage scolaire (niveau primaire) se révèlent davantage en faveur de l'intervention étatique. En revanche, les effets de l'immigration et de l'origine géographique sont extrêmement faibles et le plus souvent non significatifs à niveau d'éducation, âge, sexe et profession contrôlés. Ces résultats confirment les hypothèses issues de l'analyse bivariée et mettent en avant l'importance des facteurs sociologiques classiques.

Tableau 5. Les déterminants des attitudes économiques

	Échelle « Rejet du mérite »			Échelle « Antilibéralisme »		
	Coef.	Erreur	Significatif	Coef.	Erreur	Significatif
Éducation						
Secondaire	– 0,10	0,09		0,06	0,14	
Primaire	– 0,33	0,09	***	0,35	0,14	**
(supérieur)						
Origine géographique						
Autres origines	– 0,39	0,15	**	– 0,29	0,23	
Maghreb et Afrique	– 0,34	0,18	*	– 0,42	0,26	
(sans ascendance migratoire)						
Lien à l'immigration						
Descendant non mixte	0,32	0,18		0,42	0,27	
Descendant mixte	0,57	0,17	***	0,52	0,26	*
Immigré	(omis)			(omis)		
(sans ascendance migratoire)						
Femme	0,10	0,07		0,18	0,11	
(homme)						
Profession						
Indépendants	0,04	0,13		0,07	0,20	
Prof. int.	– 0,04	0,14		0,12	0,21	
Employés	– 0,13	0,14		0,07	0,21	
Ouvriers	– 0,16	0,26		– 0,32	0,39	
Inactifs	– 0,18	0,15		0,06	0,23	
(cadres et prof. sup.)						
Rapport à la religion						
Musulmans	0,05	0,18		1,24	0,27	***
Autres religions	– 0,19	0,20		0,86	0,31	***
Sans religion	0,31	0,08	***	0,37	0,12	***
(catholiques)						
_cons	2,34	0,13	***	4,08	0,20	***
R2 ajusté	5 %			3 %		

Lecture : ce tableau se lit de la même façon que le tableau 3 du présent chapitre.

Concernant le rapport au mérite et au travail, on retrouve l'effet du diplôme : les personnes peu diplômées sont celles qui mettent le plus l'accent sur l'effort individuel. Les personnes d'origine étrangère ont une attitude significativement plus exigeante sur l'importance du mérite. Les migrants et leurs descendants, loin de remettre en cause l'importance de l'effort et du travail, y adhèrent davantage que l'ensemble des autres jeunes.

Le rapport à la démocratie

Nous analyserons dans cette dernière partie l'attitude envers la démocratie. Si des travaux ont mis en évidence les inégalités d'inscription et de participation électorale qui touchent les quartiers dégradés des banlieues françaises (Braconnier, Dormagen, 2007), nous chercherons à montrer l'existence de différences de niveau de défiance entre les différentes composantes de la jeunesse. Pour ce faire, nous examinerons le niveau de satisfaction vis-à-vis de la situation de la démocratie dans le pays. Les modalités ont été regroupées de façon à produire une variable dichotomique distinguant les confiants (tout à fait et plutôt satisfaits) des défiants (plutôt et pas du tout satisfaits).

Une analyse de régression logistique basée sur les variables indépendantes déjà utilisées permet d'estimer la probabilité d'appartenir au groupe des défiants (codé 1) plutôt qu'au groupe des confiants (codé 0). Les *odds ratio* indiquent les rapports de chances associés à ces probabilités.

Les facteurs explicatifs traditionnels de la défiance politique se retrouvent (tableau 6). Les diplômés du secondaire ont 1,76 fois plus de chances d'être défiants (plutôt que confiants) par rapport aux diplômés du supérieur. Les sans-religion ont 1,68 fois plus de chances de porter un jugement sévère sur la situation hexagonale, tandis qu'aucune différence ne semble introduite par la proximité à l'islam.

Tableau 6. Les logiques de la défiance

	Odds ratio	Erreur	Significatif
Éducation			
Secondaire	1,76	0,31	***
Primaire	1,26	0,22	
(supérieur)			
Origine géographique			
Autres origines	0,57	0,16	*
Maghreb ou Afrique	0,45	0,15	**
(sans ascendance migratoire)			
Lien à l'immigration			
Descendant non mixte	1,38	0,46	
Descendant mixte	2,41	0,81	**
Immigré	(omis)		
(sans ascendance migratoire)			
Femme	1,10	0,15	
(homme)			
Profession			
Prof. int.	0,90	0,23	
Employés	0,83	0,22	
Ouvriers	0,94	0,26	
Indépendants	0,75	0,37	
Inactifs	0,76	0,22	
(cadres et prof. sup.)			
Rapport à la religion			
Musulmans	1,31	0,44	
Autres religions	1,02	0,38	
Sans religion	1,68	0,24	***
(catholiques)			
Pseudo-R2	3 %		

Lecture : ce tableau présente les résultats d'une régression logistique, les étoiles comme précédemment indiquent le niveau de significativité (* p < 0,1 ; ** p < 0,05 ; *** p < 0,01). Les *odds ratio* mesurent les rapports de chances entre les individus de la modalité de référence et ceux de la modalité testée : s'il est de 1, les deux groupes ont autant de chances d'être défiants (donc il n'y a pas d'écart significatif) ; s'il est supérieur à 1, le groupe testé a plus de chances d'être défiant et, s'il est inférieur à 1, il aura moins de chances. Un odds ratio de 2 signifiera que le groupe testé a deux fois plus de chances d'être défiant que le groupe de référence et un *odds ratio* de 0,5 qu'il a deux fois moins de chances.

Le rapport au facteur migratoire est complexe. Les descendants non mixtes sont marqués par une défiance plus importante, alors que l'étude de l'origine géographique indique qu'une origine du Maghreb ou d'Afrique, ou bien du reste du monde, est associée avec une probabilité plus faible de défiance politique. L'une des explications possibles de ce résultat pourrait provenir de la comparaison entre la situation des pays d'origine (ou considérés comme tels en raison de l'histoire familiale), souvent non démocratiques, avec le cas français. Dans un tel contexte, le jugement normatif sur la situation de la démocratie se base non pas sur des principes formels et une conception théorique de la démocratie, mais sur le rapprochement avec les difficultés de l'expression politique dans un pays non démocratique.

Conclusion

Les influences de l'origine migratoire sont réelles sur les attitudes des jeunes, mais elles ne sont clairement pas univoques car pluridimensionnelles. Elles pèsent sur le rapport aux mœurs et au genre sans relever d'une attitude systématiquement autoritaire. Similairement, le rapport au mérite et la satisfaction à l'égard de la démocratie sont marqués par ces facteurs sans que cela n'influence le positionnement relatif au libéralisme économique. L'enquête Rapfi indiquait déjà en 2005 que les Français issus de l'immigration, au regard de leur position sociale et en termes de niveau de diplôme, étaient susceptibles d'être moins marqués par le postmatérialisme et donc moins « ouverts » sur les questions relatives aux mœurs. Nous pouvons cependant mettre en évidence une convergence qu'il faut considérer avec prudence dans la mesure où les populations ciblées ne sont pas exactement les mêmes dans les deux enquêtes.

Si les effets de la religion se combinent parfois avec ceux du rapport à l'immigration, on observe l'existence d'un effet spécifique de ces dernières variables sur les attitudes économiques et la défiance politique. En revanche, le rapport aux mœurs et aux rôles de genre dépend surtout de l'appartenance religieuse. L'importance et la complexité des effets associés aux variables de rapport à l'immigration invitent à une prise en compte renforcée et fréquente dans les différentes enquêtes, afin de pouvoir affiner les premiers modèles développés pour donner à ces variables la place qu'elles méritent dans l'explication des attitudes et comportements politiques. Par ailleurs, la recherche doit désormais passer moins de temps sur la question de la légitimité ou non d'adresser la question de la diversité mais plutôt réfléchir à ce que les effets de l'origine veulent et peuvent dire. On a clairement montré que l'origine n'est pas destinée à subsumer toutes les autres distinctions sociales, bien au contraire, mais elle pèse bien dans les valeurs des individus.

Bibliographie

Achterberg Peter, Houtman Dick, « Two Lefts and Two Rights. Class Voting and Cultural Voting in the Netherlands, 2002 », *Sociologie*, 2010, n° 1, vol. I, p. 61-76.

Beauchemin Cris, Hamel Christelle, Simon Patrick, « Trajectoires et origines : enquête sur la diversité des populations en France. Premiers résultats », Ined, *Documents de travail*, n° 168, 2010.

Benn Michaels Walter, *La diversité contre l'égalité*, Liber, coll. « Raisons d'agir », Paris, 2009.

Braconnier Cécile, Dormagen Jean-Yves, *La démocratie de l'abstention*, Gallimard, Paris, 2007.

Brouard Sylvain, Tiberj Vincent, *Français comme les autres ? Enquête sur les citoyens d'origine maghrébine, africaine et turque*, Presses de Sciences Po, coll. « Nouveaux débats », Paris, 2005.

Carsed, *Le retour de la race. Contre les « statistiques ethniques »*, L'Aube, La Tour-d'Aigues, 2010.

Comedd, « Inégalités et discrimination : pour un usage critique et responsable de l'outil statistique », 2010. http://medias.lemonde.fr/mmpub/edt/doc/20100205/1301477_b8e9_rapportcomedd.pdf

Dahl Robert, *Who Governs? Democracy and Power in an American City*, Yale University Press, New Haven (États-Unis), 1961.

Dargent Claude, « Les musulmans déclarés en France : affirmation religieuse, subordination sociale et progressisme politique », *Les cahiers du Cevipof*, n° 34, 2003.

Dawson Michael, *Behind the Mule*, Princeton University Press, Princeton (États-Unis), 1994.

Flanquart Hervé, *Croyances et valeurs chez les jeunes Maghrébins*, Complexe, Bruxelles (Belgique), 2003.

Grunberg Gérard, Schweisguth Étienne, « Libéralisme culturel, libéralisme économique », in Boy Daniel, Mayer Nonna (dir.), *L'électeur français en questions*, Presses de Sciences Po, Paris, 1990, p. 45-70.

Guénif Souilamas Nacira, *Des « beurettes » aux descendantes d'immigrants nord-africains*, Grasset/Le Monde, coll. « Partage du savoir », Paris, 2000.

Hero Rodney E., *Latinos and the U.S. Political System. Two-Tiered Pluralism*, Temple University Press, Philadelphie (États-Unis), 1992.

Kitschelt Herbert, *The Radical Right in Western Europe. A Comparative Analysis*, University of Michigan Press, Ann Arbor (États-Unis), 1995.

Lamont Michèle, *La dignité des travailleurs. Exclusion, race, classe et immigration en France et aux États-Unis*, Presses de Sciences Po, Paris, 2002.

Mayer Nonna, *Ces Français qui votent Le Pen,* Le Seuil, Paris, 2002.

Muxel Anne, « Les attitudes socio-politiques des jeunes issus de l'immigration maghrébine en région parisienne », *Revue française de science politique*, n° 6, vol. XXXVIII, 1988, p. 925-940.

Peugny Camille, « La mobilité sociale descendante et ses conséquences politiques : recomposition de l'univers de valeurs et préférence partisane », *Revue française de sociologie*, n° 3, vol. XLVII, 2006, p. 443-478.

Pinderhughes Dianne M., *Race and Ethnicity in Chicago Politics. A Reexamination of Pluralist Theory*, University of Illinois Press, Chicago (États-Unis), 1987.

Rogers Reuel, *Afro-Caribbean Immigrants and the Politics of Incorporation. Ethnicity, Exception or Exit*, Cambridge University Press, Cambridge (Royaume-Uni), 2006.

Schmidt Sr Ronald, Alex-Assensoh Yvette, Aoki Andrew, Hero Rodney, *Newcomers, Outsiders, and Insiders. Immigrants and American Racial Politics in the Early Twenty-First Century,* University of Michigan Press, Ann Arbor (États-Unis), 2010.

Schweisguth Étienne, « Changements des valeurs et changements politiques », in Bréchon Pierre, Galland Olivier (dir.), *L'individualisation des valeurs*, Armand Colin, Paris, 2010, p. 177-196.

Streiff-Fénart Jocelyne, « À propos des valeurs en situation d'immigration : questions de recherche et bilan des travaux », *Revue française de sociologie*, n° 4, vol. XVVII, 2006, p. 851-875.

Vallet Louis-André, Caille Jean-Paul, « Les carrières scolaires au collège des élèves étrangers ou issus de l'immigration », *Éducation et formations*, n° 40, 1995, p. 5-14.

Notices

Sommaire des notices

1 – Famille : que reste-t-il du modèle patriarcal ?

Jean-Hugues Déchaux

La famille ayant beaucoup changé en quelques décennies dans le sens d'un recul du modèle patriarcal, il est normal que les opinions à son sujet aient elles-mêmes connu de profondes évolutions, en particulier chez les jeunes, souvent à l'origine de ces transformations. Après avoir retracé ces évolutions depuis trente ans, l'analyse souligne les spécificités juvéniles par rapport aux plus âgés et conclut par une confrontation des points de vue féminins et masculins.

1981-2008 : des opinions juvéniles de plus en plus libérales

Depuis vingt à trente ans, les jeunes se détachent de plus en plus des formes d'organisation traditionnelles de la famille. Ce mouvement continu de « détraditionnalisation », d'érosion de l'autorité des modèles du passé et d'affirmation croissante des choix individuels, est net s'agissant de la vie domestique et des principes régissant la parenté. Les 18-29 ans sont majoritairement favorables au partage des tâches ménagères qu'ils considèrent comme un facteur « très important » du succès d'un mariage, la progression atteignant 20 points depuis 1990. Le point de vue selon lequel « une femme épanouie a besoin d'avoir des enfants » recule, surtout depuis les années 2000. Quant à la bilatéralité parentale, principe qui énonce que les deux parents sont nécessaires à l'épanouissement de l'enfant, les jeunes y sont moins systématiquement favorables, même si l'opinion en faveur de la bilatéralité reste largement majoritaire (tableau 1). Dans le même ordre d'idée, les 18-29 ans sont devenus très tolérants à l'égard de l'homosexualité, la note moyenne sur une échelle d'approbation de 1 à 10 passant de 4,42 en 1981 à 6,73 en 2008, et ils se prononcent en faveur du droit pour les couples de même sexe d'adopter des enfants (52 % contre 29 % d'avis contraires en 2008) [1].

---

1. Cette question n'est posée qu'en 2008.

Tableau 1. Évolution des opinions des 18-29 ans relatives à la vie familiale et aux rôles parentaux (en %)

	1981	1990	1999	2008
Pensez-vous que la fidélité contribue au succès d'un mariage ? Oui c'est très important	62	69	85	90
Pensez-vous que partager les tâches ménagères contribue au succès d'un mariage ? Oui c'est très important	38	34	42	54
Pensez-vous que pour s'épanouir une femme a besoin d'avoir des enfants ? Ce n'est pas nécessaire	32	30	34	48
Pour qu'un enfant grandisse dans une atmosphère heureuse, il lui faut à la fois un père et une mère. Plutôt pas d'accord	21	10	18	27
Une mère qui travaille peut avoir avec ses enfants des relations aussi chaleureuses et sécurisantes qu'une mère qui ne travaille pas. Tout à fait d'accord + plutôt d'accord	–	74	78	90
Quand les emplois sont rares, un homme a plus droit à un travail qu'une femme. Pas d'accord	–	70	78	93

Sur des thèmes en rapport étroit avec les formes d'organisation de la famille, on relève des évolutions similaires. Ainsi, les jeunes estiment-ils de plus en plus que le travail professionnel des femmes va de soi et que celles-ci ont quasiment les mêmes droits dans ce domaine que les hommes (tableau 1). Sur ces sujets, l'opinion des jeunes est pratiquement unanime. Enfin, la fidélité conjugale est vue de plus en plus comme un facteur de réussite du couple marié, signe d'une vision plus sentimentale et romantique du lien conjugal (Dompnier, 2009). On peut donc conclure dans le domaine de l'organisation de la famille à une évolution profonde et régulière vers des positions toujours plus libérales au sens du « libéralisme culturel », c'est-à-dire sensibles à l'égalité des droits (selon le sexe et l'orientation sexuelle notamment), favorables à la diversité des pratiques et rétives à toute forme d'imposition normative venant de l'extérieur.

En revanche, le diagnostic est différent lorsqu'on s'intéresse à la morale familiale à inculquer aux enfants. Sur la période 1990-2008, les priorités changent peu. Certes, la volonté d'inculquer les bonnes manières progresse (de 63 à 75 %), ainsi que l'esprit d'économie (passant de 29 à 38 %), préoccupations pratiques liées à la crise économique et aux difficultés d'insertion professionnelle qu'affrontent les jeunes. Inversement, l'imagination apparaît moins comme une qualité à encourager, signe d'une orientation éducative pragmatique qui s'explique par le contexte socio-économique difficile. Mais, sur toutes les autres valeurs, aucune évolution significative n'est décelable. Il en est de même des devoirs réciproques entre générations où l'on observe une stabilité des positions en faveur de conceptions plutôt traditionnelles valorisant la solidarité et le soutien mutuel.

Les jeunes par rapport à leurs aînés : individualisme moral et conservatisme éducatif

Comparer en 2008 les opinions des jeunes au sujet de la famille à celles de leurs aînés permet de mesurer leur degré de spécificité. Ici encore, les opinions doivent être distinguées selon leur domaine.

Concernant la vie familiale et les conceptions de la parenté, les jeunes amplifient le mouvement général de la société vers des positions plus libérales et modernistes. Au sujet des conditions de succès d'un mariage, les 18-29 ans sont plus favorables à la discussion dans le couple pour régler les problèmes et à l'autonomie individuelle (« avoir du temps pour soi »). Ils acceptent davantage le fait de vivre ensemble sans être mariés et sont moins nombreux à penser qu'une relation stable est indispensable pour être heureux. Plus minoritaires à estimer qu'avoir des enfants est un devoir vis-à-vis de la société, ils sont plus favorables au libre choix en ce domaine. Concernant le rôle des femmes, ils sont plus nombreux à penser que l'activité professionnelle féminine est conciliable avec le fait d'avoir des relations chaleureuses avec les enfants, moins inquiets des conséquences du travail de la mère sur l'enfant non scolarisé, moins disposés à croire que les femmes veulent surtout un foyer et des enfants, moins favorables à la femme au foyer, plus nombreux à penser que les hommes doivent s'investir dans la famille comme les femmes (tableau 2).

Tableau 2. Opinions sur la vie familiale des 18-29 ans et des plus de 30 ans (en %)

	18-29 ans	30 ans et +
Pensez-vous que discuter des problèmes qui se présentent entre mari et femme contribue au succès d'un mariage ? Oui c'est très important	85	78
Pensez-vous qu'avoir chacun du temps pour ses amis et ses activités personnelles contribue au succès d'un mariage ? Oui c'est très important	58	44
Il est normal que deux personnes puissent vivre ensemble sans être mariées. Tout à fait d'accord	74	64
Le mariage ou une relation stable durable est indispensable pour être heureux. Tout à fait d'accord	24	37
Avoir des enfants est un devoir vis-à-vis de la société. Tout à fait d'accord + plutôt d'accord	12	26
C'est à chacun de choisir d'avoir ou non des enfants. Tout à fait d'accord	85	76
Une mère qui travaille peut avoir avec ses enfants des relations aussi chaleureuses et sécurisantes qu'une mère qui ne travaille pas. Tout à fait d'accord + plutôt d'accord	90	83
Un enfant qui n'a pas encore l'âge d'aller à l'école a des chances de souffrir si sa mère travaille. Tout à fait d'accord + plutôt d'accord	33	46
Avoir un travail c'est bien, mais ce que la plupart des femmes veulent vraiment, c'est un foyer et des enfants. Tout à fait d'accord + plutôt d'accord	49	58
Être femme au foyer donne autant de satisfactions qu'avoir un emploi rémunéré. Tout à fait d'accord + plutôt d'accord	47	54
Les hommes devraient prendre autant de responsabilités que les femmes vis-à-vis de la maison et des enfants. Tout à fait d'accord	71	64
Pour qu'un enfant grandisse dans une atmosphère heureuse, il lui faut à la fois un père et une mère. Plutôt d'accord	71	84

Sur le plan des conceptions de la parenté, le principe de la bilatéralité parentale est très majoritairement soutenu par les jeunes mais dans une moindre proportion que parmi les plus de 30 ans. Les 18-29 ans sont aussi nettement plus favorables à l'homosexualité que leurs aînés ainsi qu'à la possibilité pour les couples de même sexe d'adopter des enfants : 32 % d'entre eux contre 16 % des plus de 30 ans estiment que l'homosexualité peut toujours se justifier[1] et 52 %, contre 34 %, considèrent que les couples homosexuels devraient avoir le droit d'adopter des enfants. Enfin, bien que la différence soit réduite, ils acceptent davantage l'insémination artificielle : 26 %, contre 21 %, pensent qu'elle peut toujours se justifier.

Sur tous ces éléments, qui ont trait à l'organisation familiale et à la parenté, les jeunes sont plus libéraux, plus critiques à l'égard des traditions, que les plus de 30 ans. Ils sont aussi plus sensibles à l'idée d'autonomie individuelle et de libre choix, réticents à l'égard d'une trop forte emprise de l'institution sur la vie familiale. Ils revendiquent un individualisme moral et prennent leur distance à l'égard des modèles institués (Bréchon, Galland, 2010).

Le diagnostic en matière de morale familiale à inculquer aux enfants est analogue à celui qui a été fait sur l'évolution 1981-2008. La comparaison avec les plus de 30 ans montre très peu de différences marquées, sinon que les jeunes sont plus favorables à la valeur de l'indépendance (35 % contre 25 %) et moins à celle de l'application au travail (42 % contre 51 %), reflet d'une valorisation générale de l'autonomie individuelle. Quant aux devoirs réciproques entre générations, à l'exception de la responsabilité que les enfants doivent observer vis-à-vis de leurs parents, les 18-29 ans y étant mieux disposés (et sans doute aussi moins directement concernés) que leurs aînés, aucune différence notable ne ressort.

Par rapport aux plus de 30 ans, les jeunes sont dans l'ensemble plus modernistes et « privatistes » en matière d'organisation familiale, estimant que la vie familiale est leur affaire avant d'être celle de la société. Cependant ils sont plutôt conservateurs sur le plan de la morale familiale à inculquer aux enfants et des rapports entre générations. La spécificité juvénile se manifeste sur le plan de l'organisation domestique et non sur celui de l'éducation et des relations intergénérationnelles.

1. Note 10 sur une échelle allant de 1, « jamais justifié », à 10, « toujours justifié ».

Hommes et femmes : consensus et divergences

L'analyse des opinions juvéniles selon le sexe conduit à distinguer trois domaines : celui des idées sur le mariage et l'organisation domestique, celui de la morale familiale à inculquer aux enfants et celui des principes d'organisation de la parenté. Dans les deux premiers, hommes et femmes globalement convergent. Au contraire, les divergences sont fortes dans le troisième.

Les différences sont négligeables s'agissant du mariage et de ses facteurs de succès, domaine très consensuel où les idées sur l'importance du lien conjugal et de l'autonomie dans le couple font figure de quasi-normes. Hommes et femmes se distinguent à peine sur l'idée que « le mariage est une institution dépassée », les femmes étant un peu plus nombreuses que les hommes à soutenir le mariage (73 % contre 70 %). Il n'y a pas d'écart non plus sur l'importance d'une relation stable pour être heureux (autour de 60 %) ou sur l'opinion que « deux personnes peuvent vivre ensemble sans être mariées », partagée par 95 % des hommes et des femmes ou encore sur le divorce, justifié [1] par près de six personnes sur dix. Quant aux facteurs de succès d'un mariage, les deux sexes ont les mêmes opinions sauf sur « l'indépendance vis-à-vis des beaux-parents » à laquelle les femmes sont plus attachées que les hommes : 87 % contre 79 %. Cette légère divergence reflète la plus forte intégration des femmes dans la parentèle et leur rôle d'agent de liaison (Déchaux, 2009). Bref, les idées sur le mariage sont dans l'ensemble communes aux deux sexes.

Le constat est identique pour la parité domestique, à ceci près que les taux d'approbation encore plus élevés frisent l'unanimité. Femmes et hommes considèrent à plus de 90 % que « mari et femme doivent contribuer aux ressources du ménage », que « les pères peuvent s'occuper de leurs enfants comme les mères » ou que « les hommes devraient prendre autant de responsabilités que les femmes à la maison ». On a affaire ici à des idées largement divulguées dans la société qui sont devenues des normes diffuses (Déchaux, 2010) auxquelles il est pratiquement impossible de s'opposer, du moins dans les opinions déclarées. Il est troublant de constater combien

1. Notes 7 à 10 sur une échelle d'approbation en 10 positions.

l'écart avec les pratiques domestiques, demeurées très inégalitaires y compris parmi les jeunes, est grand. La seule réserve concerne l'appréciation des effets du travail professionnel des femmes, les hommes s'inquiétant plus que les femmes de ses conséquences sur les enfants (41 % estiment qu'« un enfant non scolarisé a des chances de souffrir si sa mère travaille » contre 25 % des femmes) et les femmes y voyant plus que les hommes un moyen d'indépendance pour elles-mêmes (92 % contre 81 %). Ce plus grand conservatisme des hommes au sujet de l'image de la femme va de pair, nous le verrons, avec des conceptions de la parenté moins ouvertes aux innovations.

Dernier élément ayant trait au couple, hommes et femmes partagent une même vision sentimentale et romantique du lien conjugal, fondée sur la fidélité, qui est jugée de manière quasi unanime (à 98 %) comme un facteur de succès d'un mariage. L'adultère fait d'ailleurs l'objet d'une large désapprobation aussi bien chez les hommes (71 %) que chez les femmes (73 %). Les deux sexes ne diffèrent ici que sur les relations sexuelles de passage, les femmes les condamnant[1] plus que les hommes : 48 % contre 32 %. Si hommes et femmes se retrouvent dans une conception romantique de l'amour conjugal (nécessairement exclusif), les premiers envisagent plus facilement d'avoir des relations pour le sexe uniquement.

Dans le domaine de la morale familiale à inculquer aux enfants, les divergences sont minimes, les femmes étant un peu plus attentives aux qualités relationnelles (bonnes manières, tolérance, générosité, obéissance), reflet de leur rôle effectif dans la vie familiale et la sociabilité, alors que les hommes valorisent davantage l'application au travail et l'imagination conformément au souci masculin de s'accomplir dans la sphère professionnelle. Les écarts sont toutefois modestes. Les opinions ont aussi tendance à converger en ce qui concerne les devoirs entre générations, à l'exception de l'amour filial jugé plus inconditionnel par les femmes (75 % contre 72 %), les hommes le rapportant un peu plus au mérite (28 % contre 24 %). Ce jugement des femmes doit être rapproché d'une vision féminine du bonheur conjugal qui laisse une plus grande part aux enfants : 95 % des femmes

1. Notes 1 à 4 sur une échelle d'approbation en 10 positions.

pensent qu'avoir des enfants est un facteur favorisant le succès d'un mariage contre 88 % des hommes.

Le diagnostic est autre concernant les idées sur la parenté (tableau 3). Les hommes apparaissent systématiquement plus conservateurs que les femmes. Ils sont plus attachés aux principes du modèle occidental de parenté fondé sur la bilatéralité, l'hétérosexualité et le respect de la nature en matière procréative. Ainsi, les femmes sont-elles plus critiques à l'égard de la bilatéralité parentale que les hommes, même si cela reste un point de vue minoritaire. Elles sont aussi plus tolérantes que les hommes à l'égard de l'homosexualité et beaucoup plus favorables à l'adoption pour les couples homosexuels. Les hommes sont donc plus attachés que les femmes au caractère hétérosexuel de la bilatéralité : les deux parents sont nécessairement un homme et une femme. Dans le même ordre d'idée, les femmes sont davantage prêtes à approuver « une femme célibataire avec enfant » que les hommes. Enfin elles trouvent plus justifié le recours à l'insémination artificielle. Sur l'ensemble des questions relatives aux principes d'organisation de la parenté, le modernisme des femmes s'oppose au conservatisme des hommes.

Ce conservatisme masculin (qui doit être rapproché des avis plus « réservés » des hommes sur les effets du travail professionnel féminin) s'accompagne d'une vision plus traditionnelle des femmes, assimilant une femme épanouie à une mère, et de positions plus natalistes, c'est-à-dire plus favorables à l'idée que la natalité est l'affaire de la société (tableau 3).

Ces observations suggèrent que les conceptions plus traditionnelles de la parenté que défendent les hommes sont une sorte de conservatoire du patriarcat ancien. Le modèle de la famille patriarcale a nettement reculé (du moins dans les opinions déclarées) sur les principes de la vie de couple, l'organisation de la vie domestique. Il a peu d'effet sur la morale familiale à inculquer aux enfants mais résiste sur le plan de la conception de la parenté. Tout ce qui s'écarte du modèle bilatéral, hétérosexuel et « biocentré » (sont parents les géniteurs de l'enfant) suscite une certaine désapprobation masculine alors que les femmes sont plus favorables à une évolution des principes d'organisation de la parenté et confiantes dans la capacité de la parenté à se transformer.

Tableau 3. Conceptions de la parenté chez les hommes et les femmes (18-29 ans) (en %)

	Homme	Femme
Pour qu'un enfant grandisse dans une atmosphère heureuse, il lui faut à la fois un père et une mère. Plutôt pas d'accord	20	34
L'homosexualité peut se justifier (notes 7 à 10 *)	49	63
Les couples homosexuels devraient avoir le droit d'adopter des enfants. Tout à fait d'accord + plutôt d'accord	42	61
Approuve si une femme désire avoir un enfant et rester célibataire	56	67
L'insémination et la fécondation *in vitro* peuvent se justifier (notes 7 à 10 *)	61	72
Pense que, pour s'épanouir, une femme a besoin d'avoir des enfants	54	46
Avoir des enfants est un devoir vis-à-vis de la société. Pas du tout d'accord + plutôt pas d'accord	70	79

* Sur une échelle allant de 1, « jamais justifié », à 10, « toujours justifié ».

Bibliographie

Bréchon Pierre, Galland Olivier, « Individualisation et individualisme », in Bréchon Pierre, Galland Olivier (dir.), *L'individualisation des valeurs*, Armand Colin, Paris, 2010, p. 13-30.

Déchaux Jean-Hugues, *Sociologie de la famille*, La Découverte, Paris, 2009 (2e éd.).

Déchaux Jean-Hugues, « Ce que "l'individualisme" ne permet pas de comprendre : le cas de la famille », *Esprit*, n° 365, juin 2010, p. 94-111.

Dompnier Nathalie, « Un idéal très romantique du couple et du mariage : les habits neufs du couple traditionnel », in Bréchon Pierre, Tchernia Jean-François (dir.), *La France à travers ses valeurs*, Armand Colin, Paris, 2009, p. 145-149.

2 – Malheureux en emploi, heureux au travail ?

Frédéric Gonthier et Emmanuel de Lescure

Selon les données statistiques disponibles, les jeunes occupent une position beaucoup moins favorable que leurs aînés sur le marché du travail. D'abord, ils cumulent les difficultés inhérentes à l'accès et à la stabilisation dans l'emploi. Ensuite, leur sort est particulièrement sensible aux crises économiques. Une comparaison entre les générations ayant quitté le système scolaire en 2004 et en 2007 (Mazari et al.*, 2011) montre en effet une dégradation de leur situation. Enfin, si la jeunesse est globalement caractérisée par ses difficultés face à l'emploi, ce rapport n'est pas pour autant uniforme. Les situations sont très contrastées et varient tout particulièrement en fonction du niveau et du type de certification détenue*[1].

L'enquête Valeurs offre un éclairage original sur le rapport des jeunes au travail. Depuis la première vague de 1981, elle invite les jeunes à répondre à une série de questions renvoyant à quatre dimensions distinctes : la place du travail dans la vie ; les normes et les contraintes sociales liées au travail ; le degré subjectif de satisfaction au travail ; les attentes par rapport à la qualité de l'emploi. Ces dimensions permettent d'analyser sur

1. L'enquête Génération du Céreq (2008) montre que la moitié des jeunes sortis de l'école en 2004 a mis plus de deux mois pour trouver un premier emploi et que sept sur dix ont été embauchés pour un emploi à durée déterminée. Pendant les trois ans qui ont suivi la fin de leurs études, 48 % ont fait l'expérience du chômage pour une durée totale de six mois ou plus ; 16 % ont connu un accès lent à l'emploi (avec treize mois de chômage en moyenne) et 26 % un accès particulièrement difficile pouvant conduire au décrochage ou à l'inactivité. Pour la génération 2007 (Mazari *et al.*, 2011), trois ans après l'école, le taux d'emploi est de 73 % (contre 77 % pour celle de 2004), 16 % sont à la recherche d'un emploi (contre 13 %), 7 % ont repris une formation (7 %) et 4 % sont inactifs (3 %). Pour les jeunes sortis sans diplôme (18 % en 2007), le taux d'emploi n'est que de 48 %, tandis que le chômage les touche à hauteur de 33 % ; 11 % sont en formation et 8 % sont inactifs.

la longue durée l'évolution des attitudes des jeunes à l'égard du travail et de les comparer à celles des autres classes d'âge [1].

Les dimensions couvertes par l'enquête autorisent encore à mettre empiriquement à l'épreuve la thèse du postmatérialisme des jeunes générations (Inglehart, 1993). Selon cette thèse, les jeunes d'aujourd'hui se caractériseraient à la fois par une remise en question de la centralité du travail, un refus croissant de l'éthique du devoir, une individualisation du rapport au travail et une montée en puissance des attentes en termes de réalisation de soi. Les jeunes développent-ils ainsi des attitudes homogènes à l'égard du travail ? Celles-ci sont-elles conformes à celles de leurs aînés ? Sont-elles encore linéaires dans le temps et continues entre les différentes générations ? On verra que ces différentes propositions résistent plus ou moins à l'analyse.

Une confirmation de la centralité du travail

La « valeur travail » est régulièrement invoquée, dans les discours publics, sur un mode alarmiste : elle serait en crise, notamment parmi les jeunes générations qui se désintéresseraient de la vie professionnelle. L'enquête Valeurs contredit largement cette idée reçue. Les jeunes accordent en effet autant, voire un peu plus, d'importance au travail que leurs aînés : 70 % des 18-29 ans considèrent ainsi, en 2008, que le travail occupe une place très importante dans leur vie, contre 64 % pour les 30-44 ans et 65 % pour les 45-59 ans (figure 1). Quand on observe l'évolution des opinions depuis 1981, on remarque que les jeunes ont même tendance à lui accorder de plus en plus d'importance et que leurs attitudes s'apparentent sur ce point aux autres classes d'âge.

---

1. L'enquête Valeurs ne permet cependant pas d'aborder de manière spécifique le rapport des jeunes avec l'emploi : peu d'items concernent cette thématique et les questions n'échappent pas à la confusion – inhérente au sens commun et à la langue française – entre emploi et travail.

Figure 1. Centralité et normativité du travail selon les classes d'âge entre 1990 et 2008

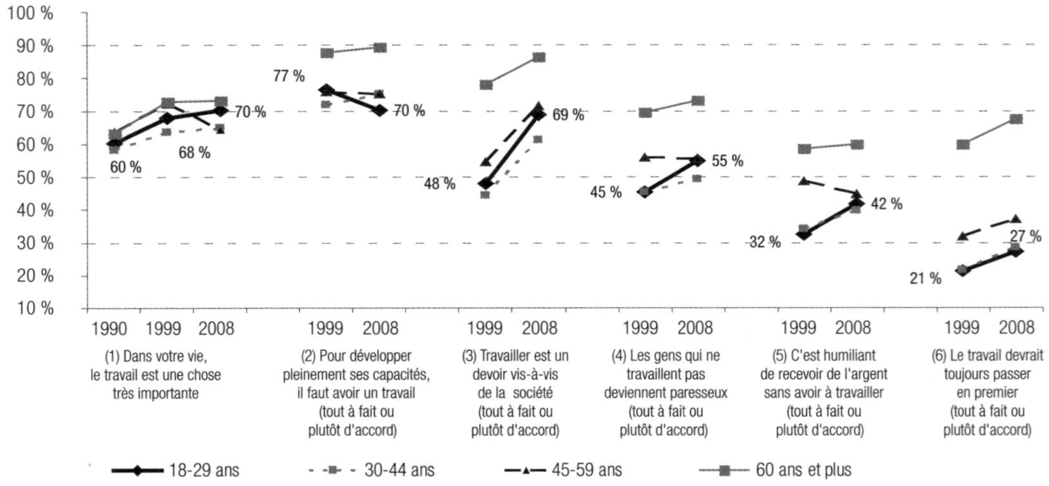

Lecture : en 2008, 70 % des 18-29 ans considèrent que le travail est une chose très importante dans leur vie. C'était également le cas, en 1999, de 68 % d'entre eux.

Ce consensus générationnel sur la place grandissante du travail dans la vie accrédite l'idée d'un « rapprochement des valeurs » (Galland, 2001a). Il peut s'expliquer par la relative dégradation du marché du travail : l'emploi étant perçu comme un bien rare, il n'est pas étonnant que les jeunes y soient de plus en plus attachés (Galland, 2001b). Mais il peut aussi s'expliquer, de façon complémentaire, par un phénomène d'intériorisation de la centralité du travail, lié notamment au fait que le statut socioprofessionnel contribue pour beaucoup en France à définir l'identité personnelle.

De fait, même si l'on enregistre un léger recul des opinions favorables, les jeunes ont très nettement tendance à croire, comme leurs aînés, qu'il faut avoir un travail pour développer pleinement ses capacités (figure 1). Les réponses à ces deux premières questions sont concomitantes : les trois quarts des jeunes qui tiennent le travail pour nécessaire au développement de soi lui attribuent une très grande importance, tandis que 74 % de ceux qui lui attribuent une très grande importance considèrent qu'il est indispensable pour se développer pleinement. Les jeunes ressemblent d'ailleurs, là aussi, aux autres classes d'âge.

Il reste que ces deux affirmations ne sont pas également partagées par tous les jeunes. Les jeunes hommes, les jeunes les plus favorisés économiquement (niveau de vie supérieur ou égal à 2 000 euros) et aussi culturellement (diplômes de niveau I ou II) sont les plus disposés à minimiser l'importance du travail. L'opinion selon laquelle il faut travailler pour se développer est davantage clivée par le type d'activité professionnelle et par le type de diplôme ; les étudiants, les élèves et les jeunes issus d'une formation générale étant plus volontiers en désaccord que les jeunes salariés ou ceux de formation professionnelle. Une analyse par tranches d'âge montre également des nuances intéressantes : les 18-24 ans sont plus enclins (72 %) que les 25-29 ans (67 %) à considérer que le travail occupe une place importante dans leur vie, mais beaucoup moins (66 % contre 75 %) à penser qu'il faut avoir un travail pour cultiver ses capacités.

Ces écarts confirment que les jeunes relativisent d'autant plus facilement le travail que leur socialisation professionnelle est faible et qu'ils sont éloignés de l'emploi. Le fait que la valorisation du travail se rencontre plutôt parmi les jeunes les moins favorisés confirme également que les opinions à l'égard du travail ne sont pas formulées *in abstracto* mais en lien direct avec l'état du marché du travail et la pression du chômage.

Une montée en puissance de la dimension normative du travail

Le degré d'importance accordée au travail n'est pas non plus sans lien avec le degré d'accord à l'égard des normes sociales concernant le travail. La dimension normative du travail est mesurée, dans l'enquête Valeurs, par le biais des questions 3 à 6 de la figure 1. Plusieurs tendances se dégagent.

D'abord, entre 1999 et 2008, les opinions concernant les aspects normatifs du travail progressent aussi fortement – voire plus fortement – parmi les jeunes que parmi les autres classes d'âge. Les jeunes se caractérisant généralement par une tendance à la tolérance, un rejet fort de l'autoritarisme et, plus largement, une propension marquée au libéralisme culturel, cette adhésion à des normes socialement contraignantes est contre-intuitive. Par ailleurs, leurs opinions par tranches d'âge sont assez homogènes : les écarts entre les 18-24 ans et les 25-29 ans ne sont pas significatifs ou sont de faible intensité. Les autres caractéristiques sociodémographiques ou socioprofessionnelles n'influent pas non plus de manière très significative. Les jeunes les plus en accord avec la dimension normative du travail présentent en fait ici des profils sociologiques très composites.

La montée en puissance de la dimension normative du travail – et notamment de la question du travail comme devoir social, qui apparaît la moins différenciée sociologiquement – semble donc s'inscrire dans un consensus intergénérationnel qui corrobore, lui aussi, la forte centralité du travail dans la vie des Français. On observe ainsi que les jeunes qui accordent le plus d'importance au travail sont également ceux qui sont le plus en accord avec les items normatifs. Respectivement 71 % et 58 % des jeunes qui considèrent que le travail occupe une place très importante dans leur vie s'accordent avec l'idée selon laquelle travailler représente un devoir social, et avec celle selon laquelle les inactifs deviennent paresseux. À l'inverse, 69 % et 54 % des jeunes qui considèrent que le travail n'est pas important dans leur vie sont en désaccord avec ces deux idées.

Ces variations concomitantes illustrent une autre facette de la centralité du travail : elle va aujourd'hui de pair avec un durcissement des normes sociales la concernant. Durcissement que l'on retrouve ici au niveau des opinions individuelles et qui, chez les jeunes faiblement diplômés ou vulnérables économiquement, exprime un des paradoxes du « précariat » : on est d'autant plus disposé à accepter des normes de travail coercitives que l'on est fragile professionnellement. Durcissement également visible chez les jeunes bien dotés et qui traduit tout à la fois leur distance au « précariat » et une forme de relativisation du travail : on est d'autant plus disposé à accepter des normes de travail coercitives que l'on s'estime peu concerné par elles.

La satisfaction au travail varie plus avec l'âge qu'avec la génération

La satisfaction à l'égard du travail relève de la même logique de réponse que l'importance accordée au travail. On peut d'abord observer que, parmi les actifs occupés, le degré de satisfaction au travail tend à progresser avec l'âge ; et ce quelle que soit la génération dont les individus sont issus (tableau 1). On voit ensuite que la satisfaction au travail fait l'objet d'évaluations très similaires entre les générations ; et ce quelle que soit l'année d'enquête.

Tableau 1. Satisfaction au travail et cohorte de naissance (en %)

	1981	1990	1999	2008
Né-e en 1981 et après (génération Y)				74
Né-e entre 1960 et 1980 (génération X)		57	68	71
Né-e entre 1946 et 1959 (*baby-boomers*)	61	58	72	74
Né-e en 1945 et avant	58	63	73	
Ensemble	60	59	70	73

Lecture : la satisfaction au travail est mesurée sous la forme d'une échelle en 10 points. On retient ici comme exprimant un fort degré de satisfaction les valeurs comprises entre 7 et 10. En 2008, 74 % des jeunes actif-ve-s occupé-e-s né-e-s en 1981 et après se déclarent très satisfaits au travail. À la même date, 73 % des actif-ve-s occupé-e-s se déclarent aussi très satisfaits au travail.

Cette similarité peut étonner eu égard à la situation moins favorable des jeunes générations sur le marché du travail. On peut faire ici l'hypothèse que l'homogénéité des degrés de satisfaction traduit la variété des stratégies d'implication au travail mises en œuvre par les différentes générations. Le fait que les jeunes issus de la « génération Y » se déclarent heureux au travail dans les mêmes proportions que les *baby-boomers* (74 %) exprimerait alors la capacité des jeunes à compenser des conditions de travail plus ou moins dévalorisantes par de multiples logiques de valorisation de l'identité professionnelle.

La satisfaction au travail n'en reste pas moins modulée par les ressources économiques : les jeunes actifs qui se déclarent les plus heureux au travail sont à la fois ceux dont le niveau de vie est le plus faible (moins de 800 euros) et ceux dont le niveau de vie est le plus fort (1 500 euros et plus).

Des attentes par rapport au travail fortes, diversifiées mais plutôt en recul

Bien que les frontières entre les attentes par rapport au travail soient assez poreuses (Méda, Vendramin, 2010), l'enquête Valeurs permet de distinguer trois grands types : les attentes matérielles qui renvoient à sa dimension instrumentale et qui sont liées aux questions d'emploi ; les attentes personnelles qui ouvrent sur une dimension plus expressive ; et les attentes relationnelles qui touchent à la dimension sociale du travail. Concrètement, le questionnaire demande aux répondants de citer, parmi une liste d'une quinzaine de traits, ceux qu'ils jugent importants pour une activité professionnelle.

Le tableau 2 présente, pour chacun des traits proposés, les pourcentages des 18-29 ans et des 30 ans et plus qui les ont respectivement mentionnés en 1999 et en 2008. On remarque qu'à l'exception du souci de « bien gagner sa vie », qui reste constant entre les deux dernières vagues d'enquête, les attentes liées aux conditions matérielles se sont nettement contractées entre les deux dates. Et ce, aussi bien chez les jeunes que chez leurs aînés. On peut lire dans ce reflux une conséquence de l'insécurité professionnelle ; les individus ayant d'autant plus tendance à limiter ce type d'attentes qu'elles sont considérées comme hors de portée.

Tableau 2. Évolution des attentes matérialistes et postmatérialistes par classe d'âge (en %)

	18-29 ans citant le trait en 1999	30 ans et + citant le trait en 1999	18-29 ans citant le trait en 2008	30 ans et + citant le trait en 2008
Attentes matérielles				
On gagne bien sa vie	74	67	70	58
L'horaire est satisfaisant	34	35	26	20
On ne risque pas le chômage	50	46	31	30
On n'est pas bousculé	15	11	6	7
Il y a de bonnes vacances	21	18	12	11
Nombre de traits matériels cités comme importants	1,9/5	1,8/5	1,5/5	1,3/5
Attentes personnelles				
Ce que l'on fait est intéressant	53	64	61	54
C'est un travail où l'on peut employer ses capacités	38	48	37	33
On a de l'initiative	42	42	37	28
C'est un travail qui donne l'impression de réussir quelque chose	39	50	49	41
On a des responsabilités	42	47	53	44
On y apprend de nouvelles compétences	–	–	48	34
On peut se faire entendre lors des décisions importantes	–	–	24	22
Nombre de traits personnels cités comme importants	2,1/5	2,5/5	3,1/7	2,6/7
Attentes sociales				
Cela permet de rencontrer des gens	44	41	44	39
L'ambiance de travail est bonne	75	63	73	58
C'est un travail utile pour la société	25	30	31	28
C'est un travail compatible avec la vie de famille	–	–	39	46
C'est un travail où tout le monde est traité de manière égale	–	–	44	41
Nombre de traits interpersonnels cités comme importants	1,4/3	1,3/3	2,3/5	2,1/5

Lecture : en 2008, 70 % des jeunes citent comme important le fait de bien gagner sa vie dans un emploi. Ils étaient 74 % en 1999.

Les attentes en termes de réalisation de soi et de qualité des relations interpersonnelles sont à la fois plus volontiers choisies par les jeunes et plus stables parmi eux que chez leurs aînés, voire en légère progression entre 1999 et 2008.

Au total, la thèse d'un rapport postmatérialiste au travail se signale par une certaine solidité empirique ; mais le degré de généralisation auquel elle prétend est, pour les jeunes, loin d'être vérifié par les données de l'enquête Valeurs. D'abord, si l'on constate bien une remise en cause de la centralité du travail, celle-ci reste l'apanage de ceux qui occupent une position relativement privilégiée vis-à-vis du marché de l'emploi. Ensuite, si cette remise en cause conduit effectivement à une relativisation des aspects socialement contraignants du travail, la tendance dominante est plutôt à un consensus des jeunes sur le renforcement de sa dimension normative. Enfin, si la propension plus affirmée des jeunes à manifester des attentes personnelles et interpersonnelles atteste bien d'un développement du souci de soi et du souci des autres au travail, ce développement est en quelque sorte hypothéqué par le recul général des attentes matérielles par rapport au travail ; recul qui s'explique en grande partie par la précarité professionnelle des jeunes. Dans ces conditions, le postmatérialisme des jeunes générations par rapport au travail semble dépendre beaucoup moins de leur cohorte de naissance ou du niveau de développement économique de leur pays – comme le suggère la thèse développée par Ronald Inglehart – que de l'état de l'emploi et des différences en termes de socialisation au travail ou de conditions de travail.

Bibliographie

Céreq, *Quand l'école est finie... Premiers pas dans la vie active de la Génération 2004*, Céreq, Marseille, 2008.

Galland Olivier, « Les valeurs des jeunes et des adultes se sont rapprochées », in Galland Olivier, Roudet Bernard (dir.), *Les valeurs des jeunes. Tendances en France depuis 20 ans*, L'Harmattan/Injep, coll. « Débats jeunesses », Paris, 2001a, p. 29-43.

Galland Olivier, « Les représentations des rôles adultes », in Galland Olivier, Roudet Bernard (dir.), *Les valeurs des jeunes. Tendances en France depuis 20 ans*, L'Harmattan/Injep, coll. « Débats jeunesses », Paris, 2001b, p. 177-183.

Inglehart Ronald, *La transition culturelle dans les sociétés avancées,* Économica, Paris, 1993.

Mazari Zora *et al.*, « Le diplôme : un atout gagnant pour les jeunes face à la crise », *Bref du Céreq*, n° 283, mars 2011.

Méda Dominique, Vendramin Patricia, « Les générations entretiennent-elles un rapport différent au travail ? », *SociologieS, 27 décembre 2010*. http://sociologies.revues.org/index3349.html

3 – Les jeunes remettent-ils en cause le libéralisme économique ?

Frédéric Gonthier

> *Selon une lecture médiatique des événements, la crise financière mondiale ouverte en 2007 serait à l'origine d'une défiance grandissante des Français à l'égard du libéralisme économique (Lebaron, 2010). Cette lecture repose sur un biais de perception que les enquêtes Valeurs permettent en partie de corriger. La montée de l'antilibéralisme en France constitue en effet un phénomène plus profond, qu'il est possible de faire remonter au début des années 1990. Ce phénomène peut s'expliquer par la progression de certaines inégalités réelles depuis les années 1980, mais aussi par la généralisation du sentiment que les inégalités sociales ont augmenté et que l'économie de marché en constitue la cause principale (Dargent, Gonthier, 2010).*

Comment les jeunes se situent-ils par rapport à cette tendance ? Cumulant les difficultés liées à l'entrée et au maintien sur le marché du travail, dans quelle mesure remettent-ils eux aussi en question le libéralisme économique ? Faut-il voir là un effet de cohorte, les jeunes générations devenant moins libérales que les générations précédentes ? Ou plutôt un effet de période, les jeunes témoignant simplement de la même sensibilité antilibérale que leurs aînés ? Y a-t-il alors une convergence entre les attitudes des jeunes à l'égard de l'économie et celles des autres Français ? Le cas échéant, quel rôle jouent les situations socioprofessionnelles et les conditions de vie matérielles dans cette tendance à l'homogénéisation des valeurs économiques ?

Un recul du libéralisme économique assez uniforme selon l'âge

Les enquêtes Valeurs mesurent les préférences à l'égard de l'économie par le biais de différentes questions. Plusieurs d'entre elles se présentent sous la forme d'échelles en 10 points, visant à évaluer le degré d'assentiment des répondants avec deux propositions opposées, l'une caractéristique d'une orientation économique plutôt libérale, l'autre plus spécifique d'une posture favorable à l'intervention de l'État. Cinq questions de ce type sont posées depuis 1990 (figure 1). Elles permettent non seulement de comparer les attitudes des 18-29 ans avec celles des autres classes d'âge, mais également d'apprécier leurs évolutions respectives sur une longue durée.

Un premier constat d'ensemble se dégage du graphique : quel que soit l'item considéré, l'adhésion au libéralisme semble refluer de manière analogue parmi les 18-29 ans et parmi les autres classes d'âge. Cette tendance globale recouvre toutefois des évolutions contrastées.

L'opinion selon laquelle la propriété privée devrait être davantage développée et celle selon laquelle les besoins individuels devraient être pris en charge par les individus eux-mêmes plutôt que par l'État sont en très net recul chez les jeunes ; et ce depuis 1990. Aujourd'hui, seulement 31 % et 43 % des 18-29 ans sont respectivement d'accord avec chacune de ces deux préférences, contre 47 % et 55 % en 1990. On n'observe pas, pour autant, de fortes différences avec les autres classes d'âge où les deux préférences régressent dans des proportions similaires entre 1999 et 2008. Cette évolution concordante des opinions entre les classes d'âge traduit sans doute à la fois l'importance accrue que peut aujourd'hui revêtir pour les jeunes le principe d'une intervention étatique dans la vie économique et – comme on a pu l'observer sur d'autres données d'enquête (Gonthier, 2011) – le relatif consensus des Français quant à une revalorisation du rôle régulateur de l'État.

L'idée selon laquelle les chômeurs devraient être obligés d'accepter tout emploi disponible et celle selon laquelle la concurrence est une bonne chose connaissent une évolution analogue : elles reculent assez fortement depuis 1990, aussi bien auprès des 18-29 ans qu'auprès des autres répondants. Bien que les différences entre classes d'âge soient ici statistiquement significatives, le rejet marqué de ces deux propositions typiques du libéralisme économique peut être interprété comme exprimant une même désaffection vis-à-vis de l'état actuel de l'économie de marché.

On peut néanmoins se demander pourquoi les deux items refluent moins nettement chez les jeunes que chez leurs aînés. Le rejet somme toute mesuré de l'obligation faite aux chômeurs d'accepter n'importe quel emploi contraste par exemple avec la situation plutôt défavorisée des jeunes sur le marché de l'emploi. Une analyse par tranche d'âge quinquennale apporte quelques éléments d'explication : en 2008, les 18-24 ans sont en fait beaucoup plus enclins (44 %) que les 25-29 ans (29 %) à considérer que les chômeurs devraient accepter tout emploi disponible. L'écart entre les deux tranches d'âge s'est du reste accru par rapport à 1999, où respectivement 47 % et 44 % des 18-24 et des 25-29 ans étaient en accord avec cette opinion. Une analyse par tranche d'âge permet également de saisir pourquoi l'opinion selon laquelle la concurrence est une bonne chose a augmenté de 2 points entre les deux dernières vagues d'enquête. Ce sont les 18-24 ans, chez qui l'accord avec cet item s'est le plus fortement accru entre 1999 et 2008, qui portent cette tendance à la hausse, observable à l'échelle des 18-29 ans. En 2008, 53 % des 18-24 ans et 38 % des 25-29 ans considèrent ainsi positivement la concurrence, contre 46 % et 40 % pour les deux mêmes tranches d'âge en 1999.

L'antithèse entre encourager les efforts individuels et égaliser les revenus renvoie à des logiques de réponses plus nuancées. Tout d'abord, les opinions sont beaucoup plus homogènes entre les différentes classes d'âge : une même part – 37 % – des 18-29 ans et des 60 ans et plus s'accorde ainsi à valoriser les efforts individuels. Ensuite, les réponses des jeunes évoluent de façon non linéaire dans le temps mais similaire à celles des 30-44 ans : si l'idée d'une société où les revenus seraient plus égalitaires progresse dans les deux classes d'âge entre 1990 et 1999, c'est l'idée opposée d'une organisation économique mobilisant davantage les efforts individuels qui progresse entre 1999 et 2008. On peut penser que cet item – au demeurant mal corrélé avec les autres items relatifs aux attitudes économiques – fait signe vers une dimension de reconnaissance sociale et vers une composante méritocratique de la vie sociale auxquelles les 18-44 ans seraient particulièrement attachés.

Figure 1. Évolution des préférences économiques selon les classes d'âge entre 1990 et 2008

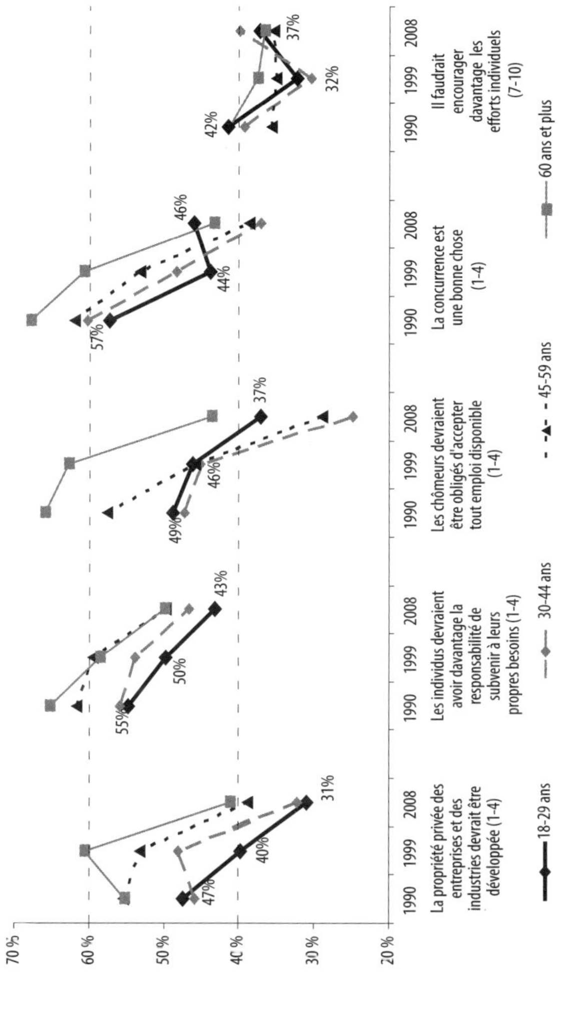

Lecture : en 2008, 31 % des 18-29 ans considèrent que la propriété privée des entreprises et des industries devrait être développée, contre 47 % en 1990.

Figure 2. Les préférences économiques selon les classes d'âge en 2008

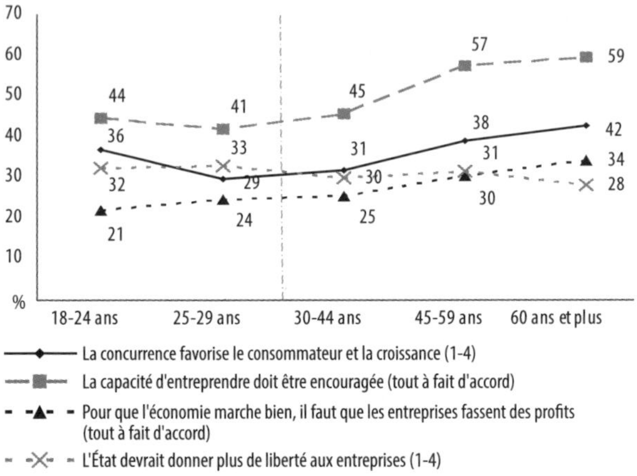

L'enquête Valeurs interroge également les attitudes économiques avec quatre autres questions, introduites en 1999 ou en 2008. Les réponses à ces questions, présentées dans la figure 2, confirment les résultats précédents en mettant en évidence le degré d'adhésion très modéré des jeunes au libéralisme économique.

Ce graphique permet aussi d'analyser plus finement l'influence de la classe d'âge sur les préférences économiques. Concernant l'autonomie et le taux de profit des entreprises, les opinions des jeunes sont homogènes : en 2008, seulement 21 % des 18-24 ans et 24 % des 25-29 ans considèrent que les profits des entreprises participent du bon fonctionnement de l'économie ; 32 % des 18-24 ans et 33 % des 25-29 ans pensent que l'État devrait donner plus de liberté aux entreprises. En revanche, les 18-24 ans sont mieux disposés à l'égard de la concurrence que les 25-29 ans et les 30-44 ans : 36 % d'entre eux croient qu'elle a des effets positifs sur le consommateur et la croissance.

On voit également sur ce graphique qu'à partir de 25 ans les Français ont tendance à être d'autant plus libéraux qu'ils sont âgés. Une exception toutefois : l'idée selon laquelle l'État devrait donner plus de liberté aux entreprises n'est pas très significativement liée à l'âge ; ce qui illustre sans doute le caractère consensuel d'un rôle accru de l'État dans la vie économique.

Au total, l'adhésion au libéralisme économique est en net retrait depuis 1990, aussi bien chez les jeunes que chez les autres classes d'âge. Pour autant, contrairement à l'idée reçue selon laquelle la jeunesse serait l'âge de la critique et de la protestation, il serait faux de dire que les jeunes constituent aujourd'hui le fer de lance de l'antilibéralisme. Non seulement ils ne sont pas plus nettement antilibéraux que les moins jeunes, mais les plus jeunes d'entre eux ont même tendance à l'être moins.

Il faut également préciser que les opinions moyennes (assez d'accord ; notes comprises entre 5 et 6) – qu'il n'est pas possible de présenter ici dans le détail – regroupent souvent une part importante des enquêtés (20 à 58 % selon l'item et la classe d'âge). De sorte que si les attitudes antilibérales ont indiscutablement progressé, l'opinion dominante semble plutôt se fixer autour d'un modèle social-libéral et accepter l'économie de marché tout en attendant de l'État qu'il en corrige les effets les plus inégalitaires. Les jeunes ne se distinguent d'ailleurs pas, de ce point de vue, de leurs aînés (Muxel, 2010).

Autrement dit, il semble que l'on observe ici un effet de période plutôt qu'un effet d'âge ou un effet de génération : s'il est vrai que les 60 ans et plus sont globalement les plus libéraux, et s'il est vrai également que l'on devient plutôt plus libéral en vieillissant, la tendance globale pointe dans le sens d'un recul assez uniforme de l'adhésion des Français au libéralisme économique. Les jeunes et les moins jeunes se rejoignent donc aujourd'hui dans une même attitude de rejet de celui-ci.

Une autre question de l'enquête invite les répondants à hiérarchiser les valeurs d'égalité et de liberté. En 2008, les 18-29 ans et les 30 ans et plus sont aussi nombreux – 57 % – à préférer l'égalité à la liberté. Entre 1999 et 2008, cet attachement à l'égalité a progressé dans toutes les classes d'âge : plus

14 points chez les 18-29 ans, autant chez les 30 ans et plus. La montée en puissance de l'antilibéralisme économique chez les jeunes et les moins jeunes semble ainsi s'accompagner d'une réaffirmation commune de la valeur d'égalité.

Les jeunes et le libéralisme, le rôle de la position sociale

Il est possible d'utiliser plusieurs de ces questions pour construire un indice synthétique d'antilibéralisme[1]. Cet indice permet notamment d'isoler la portion de l'échantillon composée des individus les moins favorables au libéralisme économique, ainsi que celle composée des individus les plus libéraux[2]. Le tableau 1 précise certaines caractéristiques sociodémographiques du segment des 18-29 ans pour ces deux portions de l'échantillon. Il compare également le segment des jeunes antilibéraux avec celui des 30-39 ans et celui des 40-49 ans.

Considérons tour à tour leurs caractéristiques respectives. Il n'y a d'abord pas de différence significative dans la distribution selon le genre des attitudes antilibérales : la répartition entre les hommes et les femmes est équilibrée, que ce soit parmi les 18-29 ans, les 30-39 ans ou les 40-49 ans. En revanche, les jeunes hommes sont mieux représentés que les jeunes femmes parmi les 18-29 ans les plus enclins au libéralisme économique.

La relation entre niveau de diplôme et antilibéralisme est plus complexe et prend la forme d'une courbe en U. Les jeunes les moins diplômés ont tendance à être les plus antilibéraux : la moyenne s'élève par exemple à 5,45 chez les 18-29 ans sans diplôme ou titulaires du brevet des collèges, contre une moyenne d'ensemble de 5,06. Ceci est vrai quelle que soit la classe d'âge considérée : respectivement 32 % des 30-39 ans

1. À chaque individu est assigné un score, calculé à partir de l'addition de ses réponses aux huit questions retenues. La consistance de l'indice ainsi créé est validée statistiquement par un test spécifique – l'alpha de Cronbach – dont la valeur est ici de 0,656. La valeur étant moins importante (0,619) quand on inclut la question sur les efforts individuels ou les revenus égalitaires, cet item n'a pas été pris en compte dans l'indice.

2. L'amplitude de l'échelle en 8 points a été réduite pour circonscrire les individus dont le score moyen est supérieur ou égal à 6 et ceux dont le score moyen est inférieur à 4. Les premiers représentent 22 % de l'échantillon, les seconds 14,4 %.

et 26 % des 40-49 ans qui sont sans diplôme ou titulaires d'un diplôme de niveau VI adoptent les positions les moins libérales. Mais l'antilibéralisme est aussi le fait des jeunes très diplômés : les préférences antilibérales sont plus volontiers affirmées par les jeunes diplômés de grandes écoles, de second ou de troisième cycle universitaire que par les autres diplômés du supérieur. La valeur importante de l'écart type indique toutefois que les opinions des jeunes diplômés du supérieur sont assez hétérogènes. La relation avec le niveau de diplôme est plus forte et plus linéaire chez les jeunes les plus favorables au libéralisme ; les bac + 2 et plus étant aussi largement surreprésentés dans ce segment de l'échantillon.

En ce qui concerne la situation sur le marché du travail, le fait d'être au chômage a une incidence très nette sur la propension à l'antilibéralisme : celle-ci concerne près d'un quart des 18-29 ans au chômage, contre seulement 17 % des étudiants ou des élèves. Cette relation se renforce avec l'âge : près d'un tiers des 30-39 ans et près de la moitié des 40-49 ans au chômage adoptent les positions antilibérales les plus saillantes. L'expérience d'une situation de vulnérabilité sociale influence donc fortement l'antilibéralisme, aussi bien pour les 18-29 ans que pour les deux autres classes d'âge considérées : 30 % des jeunes ayant été au chômage et dépendants des aides sociales sont antilibéraux, contre 19 % des jeunes n'ayant connu aucune de ces deux situations.

S'agissant du niveau de vie, les jeunes se distinguent de leurs aînés. Chez les 30-39 ans et les 40-49 ans, ce sont surtout les niveaux de vie extrêmes qui influencent significativement la propension à l'antilibéralisme ; les individus au niveau de vie inférieur à 800 euros étant nettement surreprésentés, et ceux au niveau de vie supérieur ou égal à 2 000 euros étant plutôt sous-représentés. L'antilibéralisme des 18-29 ans est à l'inverse plus marqué au milieu de la distribution, c'est-à-dire chez les jeunes dont le niveau de vie est compris entre 800 et 1 500 euros et dont on peut présumer qu'ils concentrent ici la majeure partie des jeunes adultes ne vivant pas chez leurs parents. En revanche, les jeunes les plus libéraux se caractérisent plutôt par un niveau de vie supérieur à 1 500 euros.

Tableau 1. Antilibéralisme et libéralisme économiques par classe d'âge et selon certaines caractéristiques sociodémographiques en 2008

	% antilibéraux (6 et plus) parmi les 18-29 ans	% libéraux (moins de 4) parmi les 18-29 ans	% antilibéraux (6 et plus) parmi les 30-39 ans	% antilibéraux (6 et plus) parmi les 40-49 ans	Moyenne antilibéralisme (6 et plus) parmi les 18-29 ans	Écart type antilibéralisme (6 et plus) parmi les 18-29 ans
Homme	20	19	26	23	5,00	1,35
Femme	18	11	26	26	5,12	1,04
Sans diplôme ou brevet des collèges	26	6	32	26	5,45	1,00
CAP ou BEP	20	12	29	25	5,11	1,11
Bac général, technologique ou professionnel	14	13	28	21	5,00	1,14
Niveau bac + 2	17	23	14	21	4,79	1,35
Niveau grandes écoles, 2e ou 3e cycle universitaire	22	24	23	28	5,00	1,40
Actif-ve-s occupé-e-s	19	17	25	22	5,02	1,18
Acti-ve-s inoccupé-e-s	23	9	32	45	5,32	1,07
Inactif-ve-s	17	14	26	28	5,05	1,29
Chômage et aides sociales	30	10	54	41	5,24	1,01
Ni chômage ni aides sociales	19	16	20	22	5,03	1,26
Moins de 800 €	16	9	37	31	5,19	98
800-1 200 €	24	11	23	23	5,25	1,25
1 200-1 500 €	23	13	29	24	5,27	1,10
1 500-2 000 €	19	21	26	28	4,88	1,24
2 000 € et plus	13	25	18	22	4,71	1,37
Parents avaient du mal à joindre les deux bouts et à remplacer choses cassées	30	12	34	23	5,38	1,34
Parents avaient peu ou pas du tout du mal à joindre les deux bouts ou à remplacer choses cassées	15	18	21	23	4,94	1,15
Ensemble	19 %	14 %	26 %	24 %	5,06	1,21

Lecture : parmi les 18-29 ans, 20 % des hommes ont un score supérieur ou égal à 6 sur l'échelle d'antilibéralisme contre 18 % des femmes. Parmi les 18-29 ans, 19 % des hommes ont un score inférieur à 4 contre 11 % des femmes. Dans l'ensemble, 19 % des 18-29 ans ont un score d'antilibéralisme supérieur ou égal à 6 ; 14 % d'entre eux un score inférieur à 4.

Le degré d'adhésion au libéralisme économique est encore lié à l'origine sociale : les jeunes issus d'une famille défavorisée sont beaucoup plus volontiers antilibéraux que les jeunes issus d'une famille plus favorisée. Cette relation s'estompe néanmoins avec l'âge puisque les 30-39 ans et les 40-49 ans sont proportionnellement moins nombreux que les 18-29 ans à être antilibéraux lorsqu'ils viennent d'une famille défavorisée.

Ces derniers résultats permettent de préciser la thèse du « rapprochement des valeurs » (Galland, 2001) en montrant que les positions sociales occupées par les jeunes constituent à la fois des éléments de différenciation et d'homogénéisation des valeurs économiques. La position sociale fonctionne comme un facteur de différenciation axiologique, dans la mesure où elle clive assez largement le rapport au libéralisme économique : dans l'ensemble, les jeunes les plus favorisés socialement sont les plus enclins à être favorables au libéralisme économique, tandis que les jeunes les moins favorisés développent plus volontiers des préférences antilibérales. Mais elle joue aussi comme un facteur d'homogénéisation axiologique : si les jeunes et leurs aînés partagent les mêmes attitudes antilibérales, c'est dans la mesure où ils partagent aussi les mêmes situations socialement défavorisées ; et inversement. La position sociale contribue ainsi à structurer et à uniformiser les valeurs économiques des individus, indépendamment de leur âge.

Bibliographie

Dargent Claude, Gonthier Frédéric, « Attitudes économiques : la double déroute du libéralisme ? », in Bréchon Pierre, Galland Olivier (dir.), *L'individualisation des valeurs*, Armand Colin, Paris, 2010, p. 82-101.

Galland Olivier, « Les valeurs des jeunes et des adultes se sont rapprochées », in Galland Olivier, Roudet Bernard (dir.), *Les valeurs des jeunes. Tendances en France depuis 20 ans*, L'Harmattan/Injep, coll. « Débats jeunesses », Paris, 2001, p. 177-183.

Gonthier Frédéric, « Quel rôle de l'État ? Lutte contre les inégalités et intervention dans l'économie », in Forsé Michel, Galland Olivier (dir.), *Les Français face aux inégalités et à la justice sociale*, Armand Colin, Paris, 2011, p. 234-244.

Lebaron Frédéric, *La crise de la croyance économique*, Le Croquant, Bellecombe-en-Bauges, 2010.

Muxel Anne, *Avoir 20 ans en politique. Les enfants du désenchantement*, Le Seuil, Paris, 2010.

4 – L'écologisme chez les jeunes : une résistible ascension ?

Jean-Paul Bozonnet

Nombre de poncifs courent dans les médias ou les discours officiels qui soulignent le sens exemplaire de l'écocitoyenneté dans la jeunesse, pour mieux stigmatiser une société vieillissante et écologiquement irresponsable… Mais les jeunes sont-ils plus sensibles à l'environnement ou n'est-ce là qu'un cliché ? Les résultats de l'enquête Valeurs de 2008 permettent d'examiner comment les valeurs écologistes s'incarnent à la fois dans les idées et dans le répertoire d'actions des jeunes Français d'aujourd'hui.

L'écocentrisme en expansion chez les jeunes

Les valeurs écologistes, centrées sur la protection de la nature et de l'environnement, peuvent s'inscrire dans des visions du monde différentes. L'écocentrisme, opposé à l'anthropocentrisme de l'ère moderne, est le mieux partagé désormais par les Français et il promeut non plus l'être humain, mais la nature comme sujet central de l'histoire. L'écocentrisme est mesuré ici par cinq indicateurs issus de la batterie du « paradigme écologique » (Dunlap *et al.*, 2000). Il inclut tout d'abord les deux questions suivantes : « Quand les hommes dérangent la nature, cela a souvent des conséquences désastreuses » et « Si les choses continuent sur leur lancée, nous allons bientôt vivre une catastrophe écologique majeure » ; ce sont là deux indicateurs d'une vision très pessimiste de l'avenir de la planète, qui recueille pourtant l'adhésion quasi unanime des 18-29 ans, avec respectivement 96 % et 91 % de réponses favorables. Les jeunes Français ne sont guère plus nombreux que les autres classes d'âge à sonner l'alarme écologique.

Cependant l'écocentrisme ne se réduit pas à ces sombres et unanimes prévisions, et trois autres questions de la batterie portaient sur la perception de la solidité de la nature, le règne de l'homme sur celle-ci et le statut exceptionnel de l'homme qui échapperait à ses lois. Ces trois dimensions du paradigme sont corrélées à l'âge et les jeunes, moins favorables à ces opinions, apparaissent donc nettement plus écocentriques que leurs aînés (figure 1).

L'analyse détaillée a montré que l'on pouvait extraire trois catégories typiques à partir des cinq indicateurs d'écocentrisme (Bozonnet, 2010) : d'abord les *écocentriques* affirmés qui placent la nature au centre de leur conception du monde pour les cinq questions posées; ensuite les *théocentriques* qui reconnaissent les risques de catastrophes mais placent le Créateur comme sujet de l'histoire et gardent confiance en l'être humain ayant reçu pour mission de régner sur la nature; enfin les *prométhéens* délibérément optimistes sur l'action humaine et qui méritent donc véritablement le nom d'« anthropocentriques ».

Figure 1. Trois dimensions du paradigme écocentrique selon l'âge

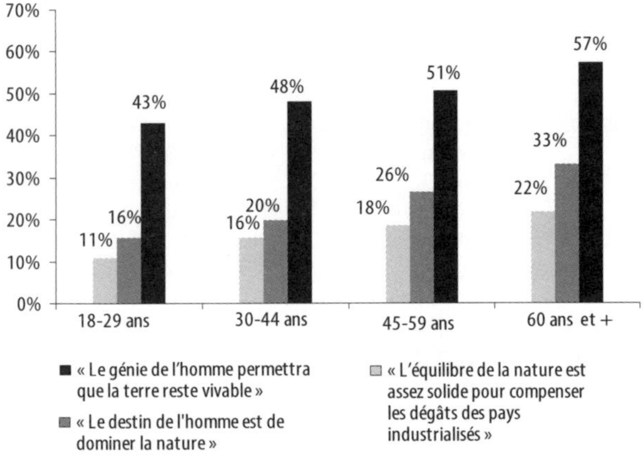

L'âge est positivement corrélé au théocentrisme et au prométhéisme (figure 2), le pourcentage d'écocentriques étant plus élevé chez les jeunes, soit 23 %, au lieu de 13 % chez les 60 ans et plus. Cette surreprésentation n'est corrélée ni au sexe, ni au revenu, ni même au niveau d'études; elle s'explique principalement par une individualisation croissante, par une volonté d'autonomie et de valorisation des choix individuels, refusant les impératifs économiques du prométhéisme et religieux du théocentrisme (Bozonnet, 2010). Enfin, cette conception du monde demeure peu engagée, voire inconsistante, si bien qu'elle conduit assez rarement à des pratiques environnementales.

Figure 2. Typologie des conceptions homme-nature selon l'âge

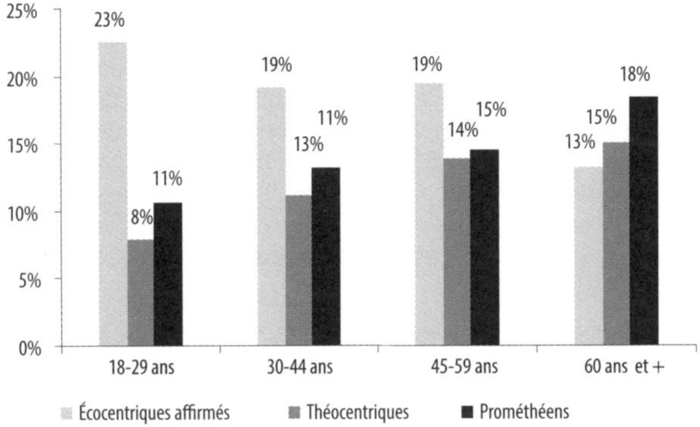

Un répertoire d'actions écologistes proche de celui des adultes

Les actions écologistes sont connues dans l'enquête Valeurs par l'intention de vote Vert, par la propension au don d'argent et par les actions d'adhésion et de bénévolat dans les organisations environnementales, typiques du répertoire d'actions écologistes. Ces indicateurs ne mesurent pas les pratiques *stricto sensu* puisqu'ils consistent en intention, en propension et sont déclaratifs pour l'adhésion et le bénévolat : ils sont donc très largement d'ordre idéologique et relèvent d'un système de valeurs. Celui-ci varie-t-il selon les classes d'âge ?

L'associationnisme écologiste est un engagement au cœur des « nouveaux mouvements sociaux » des années 1970, et fait désormais figure de pratique classique. Deux questions permettent de le mesurer dans l'enquête Valeurs : l'appartenance à une organisation « d'environnement, d'écologie, ou de défense des droits des animaux » et le fait d'y effectuer un « travail bénévole non rémunéré ». Mais le répertoire écologiste est riche aussi d'autres formes d'actions, moins organisées, comme le don en argent : la question « Je donnerais une partie de mes revenus si j'étais sûr que l'argent soit utilisé pour éviter la pollution de l'environnement » en est un bon indicateur (figure 3).

Les jeunes Français ne sont ni plus, ni moins engagés dans les associations environnementales que les autres classes d'âge : 3 % y adhèrent et 1 % y sont bénévoles, exactement comme la moyenne. En revanche, la propension à donner de l'argent décroît régulièrement avec l'âge, de 60 % des 18-29 ans à seulement 44 % des 60 ans et plus. Cette prédisposition au don, significativement plus forte chez les jeunes, peut être interprétée comme un mode d'engagement plus individualiste que celui de leurs aînés directement intégrés au collectif associatif.

Le vote en faveur d'un parti écologiste constitue un autre type de pratique plus conventionnel. Il engage moins que l'adhésion et le bénévolat associatifs, mais traduit un système de valeurs, l'écologie politique, qui s'étend bien au-delà de l'environnement, avec un projet de société global, visant à changer tout depuis la vie quotidienne jusqu'aux relations internationales. L'adhésion à ce projet peut être mesurée dans l'enquête Valeurs, de façon certes imparfaite mais significative, par l'intention de vote pour les divers partis spécifiquement dédiés à la cause.

Figure 3. Propension à donner de l'argent pour la protection de l'environnement en fonction de l'âge (en %)

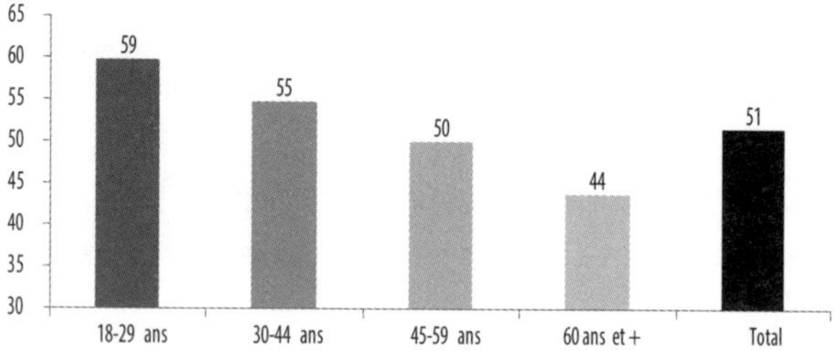

Or les résultats montrent que les jeunes ne présentent guère d'écarts avec les générations plus âgées : 9 % déclarent vouloir voter pour les Verts ou autres partis écologistes en 2008 (figure 4). La seule différence notable relative à l'âge concerne la tranche des 60 ans et plus, nettement moins favorable aux écologistes avec seulement 4 %. Désormais, dans la société française, ce ne sont plus les jeunes qui se caractérisent par le vote écologiste, mais les personnes âgées qui se distinguent par l'absence de ce vote.

Au total, le répertoire d'actions écologistes des jeunes Français ressemble étrangement à celui de leurs aînés et seule la propension à donner de l'argent y est un peu plus marquée. Désormais, ce sont plutôt les anciens qui constituent un groupe à part, toujours investis dans les associations, mais beaucoup moins prêts au don financier et encore moins au vote Vert : dans le cas de l'écologisme, on assiste donc aussi au rapprochement des classes d'âge avant la cinquantaine tandis que les plus âgés conservent un système de valeurs plus traditionnel (Galland, Lemel, 2010).

Les divers modes de l'engagement écologique des jeunes

Vote écologiste, conception écocentrique, engagement associatif ou financier constituent trois dimensions différentes des rapports à l'écologie. La rencontre des trois définit un petit noyau de jeunes Français qui partagent des traits communs, mais ces trois dimensions débordent ce noyau et touchent des catégories distinctes qui ont des modes différents d'engagement.

Ces trois dimensions correspondent bien à des valeurs et à des traits sociodémographiques communs. Elles ne sont corrélées ni au sexe ni au revenu, mais tous les indicateurs d'écologisme, excepté l'écocentrisme, entretiennent une relation forte avec le niveau d'études (tableau 1). Ceci confirme l'influence toujours déterminante de la mobilisation cognitive, c'est-à-dire l'ouverture au monde extérieur entraînée par l'institution scolaire et universitaire (Inglehart, 1970). En outre, les trois dimensions affichent un score élevé sur l'échelle d'individualisation (Bréchon, Galland, 2010, p. 16). Enfin, elles entretiennent entre elles un minimum de relations : ainsi 16 % des jeunes adhérents associatifs s'adonnent aussi au bénévolat au lieu de 1 % pour les jeunes en général, 10 % d'entre eux votent écologistes au lieu de 8 %, et 26 % appartiennent au type écocentrique, au lieu de 23 %. Ainsi, l'environnementalisme associatif ou donateur, autant que l'écologie politique du vote Vert ou l'écocentrisme définissent un petit noyau d'écologisme commun chez les jeunes Français. Cependant, ces faibles relations demeurent tendancielles et n'empêchent pas ces formes d'écologisme de s'adresser à des catégories de jeunes très diverses, sans doute parce qu'elles relèvent de logiques d'action et de représentation différentes.

En somme, il existe dans la société française une sensibilité environnementale très large, dont un petit noyau au niveau d'études élevé cumule presque toutes les caractéristiques ; en revanche, pour la majorité, cette sensibilité s'exprime à travers des répertoires d'actions assez différents selon les catégories sociales, ce qui signifie qu'il y a plusieurs façons de réaliser son engagement écologiste, lequel est parfois réduit à une conception du monde très abstraite… Sur ce schéma global, les 18-29 ans ne se distinguent guère des autres classes d'âge.

Tableau 1. Répertoire d'actions écologistes selon le niveau d'études et d'individualisation chez les 18-29 ans (en %)

		Appartenance	Bénévolat	Don financier (tout à fait d'accord ou d'accord)	Vote écologiste (Verts et autres)
Niveau d'études	Primaire	0	0	30	0
	Secondaire	2	1	58	7
	Supérieur	6	1	67	12
	Total	3	1	60	8
Échelle individualisation	Faible	1	0	53	5
	Moyenne	1	2	54	5
	Forte	5	1	66	11
	Total	3	1	60	8

* Champ : jeunes de 18-29 ans.

Lecture : 6 % des jeunes ayant fait des études supérieures appartiennent à une organisation écologiste.

L'évolution du répertoire environnementaliste

Les trois indicateurs d'environnementalisme, don en argent, appartenance et bénévolat associatifs, suivent la même évolution avec des hauts et des bas depuis trente ans. Le mouvement démarre d'un point bas en 1981, grimpe fortement en 1990, retombe à un nouveau point bas en 1999 et amorce une stabilisation ou une légère remontée en 2008. Cette évolution s'applique à toutes les classes d'âge, et donc aussi aux 18-29 ans, mais ceux-ci occupent une place différente lors de chaque enquête. En 1981, ils forment les principaux bataillons des adhérents et des bénévoles, tandis que les plus de 65 ans sont absents. En 1990, ils culminent à leur maximum historique avec 5 % d'appartenance, 2,5 % de bénévolat et 67 % de don ; toutefois, ils ne dépassent plus que d'une courte tête les générations plus âgées, lesquelles ont fortement étoffé leurs effectifs militants. Arrive 1999 et la chute brutale de l'écologisme qui tarit le recrutement des jeunes : en conséquence, les générations les plus âgées qui ont persévéré deviennent majoritaires, au moins dans l'engagement associatif. Enfin, la vague de 2008 enregistre un léger redressement de l'écologisme global des Français, lequel provient de deux mouvements contradictoires : il est alimenté principalement par un afflux de jeunes, certes modéré par rapport au maximum de 1990, mais qui voient leurs effectifs quasiment doubler depuis 1999 ; en revanche, il est freiné par le tassement de l'engagement des plus âgés. Quant à la propension au don, elle évolue comme la courbe générale, mais avec une particularité pour les 18-29 ans : à toutes les dates, le pourcentage de jeunes donateurs est majoritaire. Cet effet d'âge reste à expliquer.

Globalement, l'écologisme n'augmente plus depuis vingt ans au moins, sinon davantage, mais demeure à un niveau moyen si l'on se réfère aux décennies précédentes. Il se diffuse dans la société française par vagues générationnelles qui peuvent dépendre aussi bien de l'état de l'économie (Sainteny, 2000) que de l'intérêt des médias (Downs, 1972). L'engagement des jeunes, pas plus élevé que celui des autres classes d'âge, présente pourtant deux singularités. D'abord, il est plus précoce : les jeunes sont les premiers engagés lors des vagues générationnelles et les premiers à partir lors des reflux, ce qui explique qu'ils soient historiquement tantôt en majorité lors de l'essor, tantôt en minorité lors du déclin. Ensuite, ils ont semble-t-il tendance à délaisser le répertoire associatif, tout en restant majoritaires pour le don financier individuel. En somme, l'égalité de l'engagement entre les âges observée en 2008 ne reflète pas vraiment une uniformisation entre générations ; elle signifie plutôt que, après avoir déserté le champ militant de l'écologisme à la fin du siècle dernier (Bozonnet, 2005), les jeunes le réinvestissent et stoppent l'hémorragie des organisations environnementales.

L'évolution des intentions de vote écologiste

Le répertoire plus conventionnel du vote, qui correspond à l'écologie politique, est étudié ici avec un seul indicateur cumulant le vote Vert et autres partis écologistes. Chez les 18-29 ans, ce type de vote récolte à peu près autant de voix du centre que de la gauche, mais moins de 10 % de voix de droite. Rappelons qu'il s'agit d'intentions déclaratives, probablement différentes du vote réel. Le principal enseignement de son évolution (figure 4) est la chute du taux de vote écologiste des 18-29 ans qui régresse de 19 % en 1999 à 9 % en 2008 ; dans le même temps, les jeunes passent de 39 % de l'électorat écologiste à 20 %. Comment expliquer ce reflux ?

En réalité on le rencontre dans toutes les classes d'âge, et il suit une évolution opposée à celle des pratiques environnementalistes vues plus haut : tandis que celles-ci se rétractent en 1999, l'écologie politique progresse, et lorsqu'elles se redressent en 2008, le vote s'effondre. D'ailleurs, une rapide investigation montre que ce décalage se retrouve dans nombre d'autres pays européens ; l'engagement environnementaliste des donateurs ou adhérents associatifs évolue dans le même sens partout, tandis que le vote écologiste est complètement déconnecté de cette évolution et varie de manière indépendante dans chaque pays. Ainsi, entre 1999 et 2008, ce dernier grimpe en flèche chez les jeunes Allemands ou Autrichiens, tandis que, comme en France, il chute brutalement aux Pays-Bas, en Angleterre ou en Belgique.

Figure 4. Intentions de vote écologiste selon les tranches d'âge aux trois dernières enquêtes Valeurs

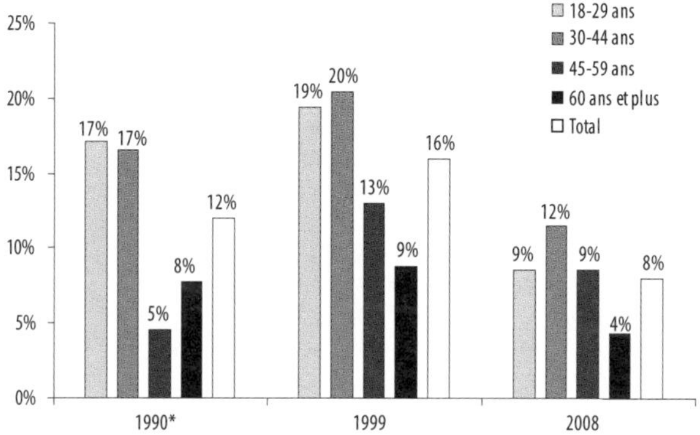

* Pour 1990, la formulation de la question était un peu différente : au lieu de différencier Verts et « autres écologistes » comme en 1999 et 2008, elle indiquait une rubrique « mouvements écologiques ».

Ces évolutions divergentes de l'environnementalisme et de l'écologie politique tiennent au fait que le premier est structurel, enraciné dans les attitudes de la société civile, tandis que la seconde est conjoncturelle : le vote écologiste en effet ne reflète pas seulement un engagement personnel, mais dépend aussi de l'offre politique du moment et du système électoral. Ainsi, dans le cas de la France, la faiblesse des intentions de vote écologiste en 2008 et leur régression depuis 1999 correspondent à la déroute écologiste de la présidentielle de 2007. Ce chiffre est en complet décalage avec l'augmentation de la propension au don chez les jeunes étudiée plus haut et surtout avec le succès en France durant cette année 2007 des thèmes environnementaux exaltés par Nicolas Hulot dans les médias, et solennisés par le Grenelle de l'environnement. Les électeurs verts auraient été aspirés par l'écologisation des différents partis en lice (Bozonnet, 2007). Le reflux du vote Vert tant au niveau global que chez les jeunes proviendrait donc davantage de la conjoncture politique et du système partisan que de la baisse du niveau d'engagement écologique des citoyens.

En conclusion, l'écologisme n'est plus depuis longtemps un « nouveau » mouvement social puisque les jeunes y sont investis au moins depuis 1981 et que cet engagement était sans doute aussi fort au début des années 1970 (Dunlap, 1992). Contrairement aux clichés, les jeunes Français ne sont pas plus impliqués dans la défense de l'environnement aujourd'hui que les autres classes d'âge, mais au contraire ils se retirent plutôt des associations qui les attireraient moins. Certes ils sont davantage séduits par le don financier et l'écocentrisme, mais c'est là une conception du monde assez peu engagée, car déconnectée de l'action. Cette homogénéisation actuelle dans les différentes classes d'âge résulte d'un glissement générationnel, dû au fait que les aînés, hormis les plus de 60 ans, ont conservé le répertoire écologiste de leur jeunesse, combiné à la stagnation des conversions de jeunes à la cause. L'évolution est assez compliquée à mesurer, car il faut tenir compte des hauts et des bas conjoncturels, mais au final, nos résultats augurent plutôt d'une stabilisation de l'engagement écologiste qui marque le pas chez les jeunes Français : en matière de participation associative, de don financier ou de vote Vert, l'histoire du XXIe siècle naissant, loin de montrer un progrès continu, témoigne plutôt, compte tenu de ses oscillations périodiques, d'une résistible ascension.

Bibliographie

Bozonnet Jean-Paul, « L'écologisme en Europe : les jeunes désertent », in Galland Olivier, Roudet Bernard (dir), *Les jeunes Européens et leurs valeurs. Europe occidentale, Europe centrale et orientale*, La Découverte/Injep, coll. « Recherches », Paris, 2005, p. 147-176.

Bozonnet, Jean-Paul, « Verts : fin de cycle ? » *Revue politique et parlementaire*, n° 1044, 2007, p. 136-139.

Bozonnet Jean-Paul, « L'écocentrisme, un grand récit protestataire mais faiblement engagé », in Bréchon Pierre, Galland Olivier (dir.), *L'individualisation des valeurs*, Armand Colin, Paris, 2010, p. 119-140.

Bréchon Pierre, Galland Olivier, « Individualisation et individualisme », in Bréchon Pierre, Galland Olivier (dir.), *L'individualisation des valeurs*, Armand Colin, Paris, 2010, p. 13-30

Downs Anthony, « Up and Down with Ecology, The "Issue-Attention" Cycle », *The Public Interest*, n° 28, 1972, p. 38-50.

Dunlap Riley E., « Trends in Public Opinion Toward Environmental Issues : 1965-1990 », in Dunlap Riley E., Mertig Angela G. (dir.), *American Environmentalism, The U.S. Environment Movement, 1970-1990*, Taylor and Francis, New York (États-Unis), 1992, p. 89-115.

Dunlap Riley E. et al., « Measuring Endorsement of the New Ecological Paradigm : a Revisited NEP Scale », *Journal of Social Issues,* n° 3, vol. LVI, 2000, p. 425-442.

Galland Olivier, Lemel Yannick, « La stratification sociale des valeurs », in Bréchon Pierre, Galland Olivier (dir.), *L'individualisation des valeurs*, Armand Colin, Paris, 2010, p. 233-271.

Inglehart Ronald, « Cognitive Mobilization and European Identity », *Comparative Politics*, n° 1, vol. III, 1970, p. 45-70.

Sainteny Guillaume, *L'introuvable écologisme français ?*, Presses universitaires de France, Paris, 2000.

5 – Jeunes ruraux : l'inversion des valeurs avec la ville ?

Jean-Paul Bozonnet

La France était une « nation de paysans » selon Henri Mendras (1997) et il n'y a pas si longtemps la condition paysanne imprimait encore sa marque sur le rural, même si les agriculteurs n'étaient déjà plus qu'une minorité d'actifs. Or les enquêtes des années 1990 avaient montré que les valeurs des jeunes ruraux, en matière de religion, de politique, de capital social et de libéralisme des mœurs, étaient désormais comparables à celles des jeunes urbains (Galland, Lambert, 1993). Comment ont-elles évolué aujourd'hui ?

La première difficulté vient de la délimitation d'un territoire rural très hétérogène, par un seuil de population communale inférieur à 2 000 habitants ; en effet les communes rurales incluses dans les zones d'emploi des villes, proches des équipements publics, sont très différentes de celles qui se trouvent en dehors. Or les ruraux de 18 à 29 ans habitent très majoritairement dans ces bassins de vie, mais suffisamment à leur périphérie pour ne relever ni de la banlieue, ni même du tissu dit « rurbain », et cependant en deçà du rural éloigné qui comprend surtout une population âgée avec un nombre de jeunes très faible [1]. Nous décrirons donc ici ces ruraux dans la mouvance de l'urbain qui constituent l'essentiel des jeunes des communes de moins de 2 000 habitants, plutôt que ceux du rural éloigné, lesquels pèsent fort peu démographiquement et dans un territoire de plus en plus réduit. Une seconde difficulté provient du fait que ces communes rurales dans l'orbite des villes connaissent une forte augmentation démographique, et, depuis 1981, nombre

1. *Structuration de l'espace rural : une approche par les bassins de vie*, rapport de l'Insee (participation de l'Institut français de l'environnement [Ifen], de l'Institut national de la recherche agronomique [Inra] et du service central des Enquêtes et Études statistiques [Scees]) pour la délégation interministérielle à l'Aménagement du territoire et à l'Attractivité régionale (Datar), juillet 2003, p. 25.

d'entre elles se sont intégrées aux zones urbaines, ce qui nuit à la comparabilité entre les différentes enquêtes Valeurs.

Pour comprendre les différences entre valeurs des jeunes ruraux et urbains, il est indispensable de connaître quelques caractéristiques sociodémographiques. Tout d'abord, les jeunes ruraux ne se confondent plus depuis longtemps avec les enfants d'agriculteurs : moins de 10 % se déclarent comme tels dans l'enquête European Values Study (EVS) de 2008, alors que la moitié est désormais issue de parents ouvriers, soit davantage que les jeunes urbains. Ils appartiennent donc à des catégories socio-professionnelles plus modestes que leurs homologues de la ville. Ensuite, leur niveau d'études est nettement moins élevé : ils ne se différencient guère au niveau du primaire ou du collège, mais ils se dirigent en priorité vers des études techniques courtes, et sont moins de 10 % à avoir atteint ou terminé des études supérieures, au lieu de près du quart des jeunes urbains. Ce niveau d'études plus faible et orienté vers le professionnel est logiquement lié à la surreprésentation des parents agriculteurs et ouvriers. Il faut signaler enfin la quasi-absence de familles immigrées : 1 % seulement est issu de parents tous deux nés à l'étranger au lieu de 16 % chez les jeunes urbains.

Un éloignement plus grand de la religion catholique

La voûte sacrée sous laquelle vivait jadis le monde paysan s'est évanouie au profit d'une rapide sécularisation (tableau 1) : 69 % des jeunes ruraux déclarent n'appartenir à aucune religion et le pourcentage de catholiques a chuté de plus de moitié depuis 1990, tombant de 56 % à seulement 26 % en 2008, aboutissant ainsi à un taux proche des 22 % de jeunes urbains. Toutefois, du fait de la faible immigration en milieu rural, l'environnement religieux y demeure beaucoup plus homogène que celui des urbains qui compte 12 % d'autres religions, dont notamment 9 % de musulmans. La pratique a sombré encore davantage : 6 % des jeunes ruraux sont catholiques pratiquants (en comptant ceux qui n'assistent qu'aux fêtes) au lieu de 26 % en 1990, soit désormais un pourcentage légèrement inférieur aux 8 % des jeunes urbains. Le changement a marqué les esprits en profondeur, touchant au contenu même de la religion : 34 % seulement d'entre eux croient en Dieu, à comparer aux 60 % de 1990, et surtout le pourcentage d'athées convaincus a fait un bond, passant de 4 à 28 %, ce qui les propulse devant les jeunes urbains (26 %) dont l'athéisme était jadis l'apanage. Près de la moitié des jeunes ruraux (48 %) déclare que Dieu n'est pas du tout important dans la vie au lieu de 40 % seulement chez les jeunes urbains, et seulement 3 % prient chaque semaine en dehors des offices, bien loin des 16 % de leurs homologues de la ville. La relation institutionnelle n'est pas meilleure : la confiance dans l'Église a décru de 37 % en 1990 à 25 % en 2008, très en dessous de celle des jeunes urbains qui, avec 38 %, n'a quasiment pas bougé depuis vingt ans. Tous les indicateurs religieux sont donc au rouge pour la jeunesse rurale qui a perdu sa relation privilégiée avec l'Église catholique, et qui s'installe dans l'indifférence. Non seulement elle a « rattrapé » la jeunesse urbaine, mais cette sécularisation accélérée a désormais inversé la situation par rapport à la ville dont le mouvement de déchristianisation s'est ralenti et qui a bénéficié en outre de l'apport significatif de la religion musulmane. Tout au plus, les jeunes ruraux ont-ils conservé leur attachement au service religieux lors des baptêmes, mariages ou funérailles, davantage que les jeunes urbains, ce qui témoigne d'un reliquat de rituel « sociologique » plus marqué que chez ces derniers.

Tableau 1. Attitudes et croyances religieuses des 18-29 ans ruraux et urbains (en %)

Indicateurs relatifs à la religion	Jeunes ruraux		Jeunes urbains	
	2008	1990	2008	1990
Catholique pratiquant	6	26	8	19
Catholique non pratiquant	20	30	14	27
Musulman	1	0	9	2
Autre religion	4	2	3	2
Athée convaincu	28	4	26	11
Croyance en Dieu	34	60	42	54
Dieu pas du tout important dans la vie (0/10)	48	32	40	30
Prière hors des offices au moins une fois par semaine	3	–	16	–
Confiance dans l'Église (beaucoup, assez ou médiane)	25	37	38	39
Services religieux importants (médiane)	70	78	60	70

La convergence vers l'individualisation

L'affaissement de l'institution religieuse chez les jeunes ruraux correspond logiquement à l'essor de l'individualisation [1]. Sur ce point, ils n'ont plus grand-chose à envier à leurs homologues de la ville, bien au contraire. En 1981, l'indépendance et la tolérance, deux qualités essentielles du processus d'individualisation, étaient beaucoup moins recommandées par les jeunes ruraux : 21 % et 53 % au lieu de 28 % et 61 % chez les jeunes urbains ; en 2008, ces taux ont augmenté de façon notable et se trouvent presque à égalité dans les deux groupes (tableau 2). Le libéralisme des mœurs, autre composante majeure de l'individualisation, converge également ; ainsi l'homosexualité, l'avortement, le divorce, l'euthanasie, le suicide étaient bien plus vivement rejetés chez les jeunes ruraux en 1981, une forte minorité de ceux-ci, de 15 à 36 % selon les cas, considérant qu'ils ne pouvaient jamais être justifiés. Trente ans plus tard, la situation s'est inversée : tous ces actes sont aujourd'hui mieux acceptés par les jeunes ruraux que par les jeunes urbains. En somme, le monde rural a désormais largement été rattrapé par le processus d'individualisation qui n'avait touché sa jeunesse qu'avec retard, et celle-ci semble même avoir « dépassé » désormais la jeunesse urbaine.

Tableau 2. L'individualisation chez les jeunes ruraux et urbains (en %)

Indicateurs d'individualisation		Jeunes ruraux		Jeunes urbains	
		2008	1981	2008	1981
Qualités à encourager chez les enfants : l'indépendance		33	21	36	28
la tolérance et le respect des autres		82	53	85	61
Choses jamais justifiées (0/10) :	l'homosexualité	12	36	13	27
	l'avortement	10	18	13	10
	le divorce	5	15	7	6
	l'euthanasie	7	21	14	15
	le suicide	24	33	31	26

Dans ce tableau, on a retenu la date de 1981, car tous les indicateurs pertinents pour la comparaison y sont déjà présents.

1. Concept défini par Pierre Bréchon et Olivier Galland (2010, p. 16).

L'érosion plus forte de la confiance dans les institutions

L'éloignement des jeunes ruraux de l'Église s'accompagne d'une érosion de la confiance dans les institutions en général (tableau 3). Globalement, l'indice moyen de confiance dans ces dernières est en 2008 assez proche de celui des jeunes urbains. Mais, en réalité, cette égalité traduit une disparition du surcroît de confiance rurale : traditionnellement, les ruraux étaient davantage attachés aux institutions (Galland, 2001). D'ailleurs, la légitimité des institutions régaliennes, armée, police et justice, est encore légèrement plus élevée que chez les jeunes urbains, avec un taux de 50 % au lieu de 47 % en 2008, ce qui résulte d'une montée spectaculaire depuis 1990 où les taux étaient respectivement de 35 % et 32 %. Toutefois, l'administration, qui était largement plus légitimée par les jeunes ruraux que par les urbains en 1990 avec 41 % au lieu de 36 %, a vu son taux stagner chez les premiers, passant à 42 %, alors qu'il a fortement augmenté chez les seconds, à 54 %. De même, la confiance dans le Parlement, qui est restée presque identique chez les jeunes urbains, s'est effondrée chez les jeunes ruraux, passant de 64 à 38 %, et l'évolution suit la même tendance pour la confiance dans l'Union européenne, quasiment à égalité chez les deux groupes en 1990, et tombée beaucoup plus bas chez les jeunes ruraux. Seule la confiance dans les syndicats, déjà plus forte chez les jeunes ruraux en 1990 avec un écart de 6 points, augmente encore un peu, passant de 42 à 53 %, et maintient l'écart avec les urbains.

En définitive, les jeunes ruraux donnent davantage leur confiance en 2008 qu'il y a vingt ans aux forces régaliennes, manifestant ainsi sans doute leur désir d'ordre et de sécurité à l'unisson des jeunes urbains. En revanche, le surcroît de confiance qu'ils avaient dans l'administration et les institutions politiques, comme le Parlement et l'Union européenne, non seulement s'évanouit, mais s'inverse pour devenir un déficit par rapport aux jeunes urbains ; seule demeure leur relation privilégiée aux syndicats.

Tableau 3. Confiance dans les institutions et capital social chez les 18-29 ans ruraux et urbains (en %)

Indicateurs de confiance dans les institutions et indices de capital social	Jeunes ruraux		Jeunes urbains	
	2008	1990	2008	1990
Certaine ou grande confiance (armée, police, justice)	50	35	47	32
Certaine ou grande confiance :				
dans l'administration	42	41	54	36
dans le Parlement	38	64	46	47
dans l'Union européenne	50	76	57	77
dans les syndicats	53	42	48	36
« On peut faire confiance à la plupart des gens »	19	23	24	20
(beaucoup ou assez concerné : médiane)	**2008**	**1999**	**2008**	**1999**
Indice de capital *bonding*	41	39	35	35
bridging	32	39	49	56

Le capital social en berne

Le recul de la confiance dans les grandes institutions va de pair avec une dégradation du capital social des jeunes ruraux. Ce dernier peut être *bonding*, c'est-à-dire se limiter aux relations affectives et de proximité avec ses semblables, ou *bridging* et désigner alors les relations lointaines avec des gens dissemblables, qui incluent elles-mêmes les activités civiques (Putnam, 2001). L'enquête EVS permet de construire un indice de capital *bonding* en regroupant plusieurs indicateurs : le fait d'être « concerné par les conditions de vie des membres de sa famille », des « gens du voisinage », des « personnes âgées », et des « gens malades ou handicapés en France ». Un indice de capital *bridging* peut également être construit, regroupant le fait d'être « concerné par les conditions de vie des Européens », de « l'humanité tout entière » et des « immigrés en France ». Les résultats du tableau 3 sont très significatifs : le capital social affectif et local est plus élevé chez les jeunes ruraux, avec 41 % d'entre eux beaucoup ou assez concernés en 2008, au lieu de 35 % des jeunes urbains ; les taux ne changent pas significativement et la différence se maintient depuis 1999. En revanche, à cette date, leur taux de capital social lointain était déjà inférieur à celui des jeunes urbains, avec seulement 39 % de beaucoup ou assez concernés au lieu de 56 % ; comme pour les jeunes urbains, il chute de manière spectaculaire en 2008, pour atteindre 32 %, tombant plus bas que leur taux de capital *bonding*. Quant à la confiance dans autrui, qui était supérieure chez les jeunes ruraux en 1990 (23 % au lieu de 20 %), elle diminue significativement à 19 %, et se trouve dans la position inverse en 2008, dépassée par les jeunes urbains. Ces évolutions confirment une régression de la bienveillance aux autres en général, sinon de l'ouverture sur le monde chez tous les jeunes Français, et sans doute encore davantage chez les jeunes ruraux, qui tendent à se replier sur les relations familiales et de voisinage.

Un retrait persistant vis-à-vis de la politique

La distance prise avec les institutions se manifeste aussi dans les rapports à la politique (tableau 4). Les jeunes ruraux y sont depuis longtemps moins intéressés que les jeunes de la ville : en 2008, 28 % d'entre eux la suivent dans les médias au lieu de 38 % des jeunes urbains ; en 1990, ils étaient déjà 21 % à se déclarer assez ou très intéressés au lieu de 29 % et l'écart se maintient, même si l'intérêt augmente en 2008. Le retrait persistant vis-à-vis de la politique se traduit par des doutes accrus sur la démocratie et davantage d'indulgence vis-à-vis du pouvoir autoritaire : 29 % au lieu de 36 % des jeunes urbains sont satisfaits de la démocratie en France en 2008, écart encore plus large qu'en 1999. Bien plus, le jugement positif sur le fait d'avoir un homme fort qui ne s'embarrasse pas de l'avis du Parlement et des électeurs s'est amplifié chez les jeunes ruraux, passant de 26 à 30 % d'entre eux de 1999 à 2008, et s'inversant ainsi par rapport aux jeunes urbains. Cela n'empêche pas les jeunes ruraux d'être davantage favorables à des revenus plus égaux (17 % au lieu de 12 %) : ce désir d'ordre va de pair avec une revendication égalitariste plus marquée. La différence croissante entre jeunes ruraux et urbains correspond aussi à une certaine radicalisation des premiers qui sont un peu plus nombreux à souhaiter un changement révolutionnaire plutôt que des réformes progressives et qui sont davantage crispés sur la conservation de l'ordre existant.

Tableau 4. Rapports à la politique chez les 18-29 ans ruraux et urbains (en %)

Rapports à la politique		Jeunes ruraux		Jeunes urbains	
		2008	1990	2008	1990
Politique assez ou très importante dans la vie		45	25	52	25
Suit la politique tous les jours dans les médias		28	–	38	–
Assez ou très intéressé par la politique		34	21	43	29
Orientation politique :	gauche	23	20	39	31
	centre	44	19	38	26
	droite	21	20	16	18
		2008	1999	2008	1999
Assez ou très satisfait de la démocratie en France		29	42	36	46
Bon ou très bon d'avoir un homme fort		30	26	22	32
Tout à fait d'accord avec des revenus plus égaux (1/10)		17	–	12	–
Opinion sur la société :	changement révolutionnaire	27	–	23	–
	réformes progressives	55	–	68	–
	la défendre courageusement contre le changement	18	–	9	–

En conclusion, les jeunes ruraux se sont davantage éloignés de la religion que les jeunes de la ville, notamment en raison d'une plus forte appartenance musulmane de ces derniers. Cette sécularisation accélérée s'accompagne d'une libéralisation des mœurs et d'un processus d'individualisation plus importants pour les jeunes ruraux, qui dépassent désormais la jeunesse urbaine. Le surcroît de confiance dans les institutions, qui était le propre des jeunes ruraux, s'est maintenant transformé en déficit par rapport à leurs homologues de la ville. Plus globalement, leur confiance dans les autres en général, étrangers ou lointains, s'est fortement dégradée, entraînant un repli sur le capital social local et familial. Enfin, ce mouvement de retrait de la vie sociale se manifeste par le maintien d'un désintérêt plus grand pour la politique que les urbains, et se double désormais d'une certaine radicalisation pour la transformation de la société. Ces évolutions témoignent d'une inversion des valeurs entre jeunes ruraux et urbains au cours des dernières décennies. Elles ne traduisent pas pour autant le retour à une ruralité spécifique : plutôt que la relation au territoire, elles reflètent les influences de statut et de position sociale construites sur le niveau d'études et la catégorie socio-professionnelle. Sur ce point, le destin des jeunes ruraux n'est sans doute guère différent de celui d'une bonne partie de la jeunesse urbaine de même condition.

Bibliographie

Bréchon Pierre, Galland Olivier (dir.), *L'individualisation des valeurs*, Armand Colin, Paris, 2010.

Galland Olivier, « Jeunes ruraux, jeunes urbains », in Galland Olivier, Roudet Bernard (dir.), *Les valeurs des jeunes. Tendances en France depuis 20 ans*, L'Harmattan/Injep, coll. « Débats Jeunesses », Paris, 2001, p. 131-134.

Galland Olivier, Lambert Yves, *Les jeunes ruraux*, L'Harmattan, Paris, 1993.

Mendras Henri, *L'Europe des Européens*, Gallimard, Paris, 1997.

Putnam Robert D., *Bowling Alone: the Collapse and Revival of American Community*, Simon & Schuster, New York (États-Unis), 2001.

6 – Le contexte familial influe-t-il sur la politisation ?

Jean-François Tchernia

La transmission des valeurs d'une génération à la suivante s'exerce au travers de différentes médiations : les parents jouent un rôle important dans ce domaine, mais aussi l'enseignement et de multiples autres institutions telles que les médias, l'entreprise ou les associations.

S'agissant de ce sujet de la transmission, les dispositifs d'étude les plus adéquats essaient de mettre en relation les valeurs enseignées par une génération et reçues par la suivante[1]. L'enquête Valeurs, qui porte uniquement sur l'interrogation d'individus isolés de leurs relations familiales, ne peut offrir un cadre méthodologique de cet ordre. Toutefois, la question de la transmission est abordée au travers de l'héritage familial dans le domaine des valeurs. Les questions sur ce thème, étudié dans le contexte familial à l'adolescence, et plus précisément lorsque le répondant avait 14 ans, seront développées ici.

Le contexte familial à l'adolescence

Il s'agit là d'un champ large qui n'est couvert qu'au travers de quelques questions dans l'enquête Valeurs. Ces questions se rapportent, toutefois, à plusieurs domaines : discussions politiques[2],

1. Voir par exemple l'étude produite par la Caisse nationale d'assurance-vieillesse (CNAV) en 1992 et 1996 sous la direction de Claudine Attias-Donfut. Cette étude confrontait les réponses de trois générations, des grands-parents aux petits-enfants. La transmission, centrée sur la génération des parents, pouvait ainsi être étudiée en amont (des grands-parents aux parents) et en aval (des parents à leurs enfants).

2. Deux items couvrent cette notion : « Je discutais politique à la maison avec ma mère » et « Je discutais politique à la maison avec mon père ».

pratiques culturelles[1] et situation économique[2]. En ce qui concerne les indicateurs de mobilisation cognitive, les discussions politiques avec les parents apparaissent comme assez peu fréquentes : un Français sur dix avait ce type d'échanges avec sa mère à 14 ans, et un sur six avec son père (tableau 1). Outre la fréquence un peu plus importante des discussions politiques avec le père, il convient de remarquer que ces deux modes de relation intergénérationnelle sont plus fréquents dans les générations âgées de moins de 45 ans, comme si un changement s'était produit il y a une vingtaine d'années dans les rapports entre générations.

Tableau 1. Éléments du contexte familial quand le répondant avait 14 ans, selon l'âge.
Total des réponses «Oui vraiment» et «Oui plutôt» (en %)

	18-24 ans	25-29 ans	30-44 ans	45-59 ans	60 ans et +	Ensemble
Je discutais politique à la maison avec ma mère	14	13	14	8	7	10
Je discutais politique à la maison avec mon père	17	18	21	15	13	17
Ma mère aimait suivre l'actualité	73	67	58	51	42	54
Mon père aimait suivre l'actualité	65	70	70	69	62	67
Ma mère aimait lire des livres	64	55	50	40	40	47
Mon père aimait lire des livres	27	31	32	33	31	31
Mes parents avaient du mal à joindre les deux bouts	29	43	40	52	54	46
Mes parents avaient du mal à remplacer les choses cassées	24	34	31	41	44	37

Lecture : 14 % des jeunes âgés de 18 à 24 ans déclarent qu'ils discutaient politique à la maison avec leur mère.

1. Quatre items donnent des indications à ce sujet : «Ma mère aimait suivre l'actualité», «Mon père aimait suivre l'actualité», «Ma mère aimait lire des livres» et «Mon père aimait lire des livres».

2. Deux items évoquent ce sujet : «Mes parents avaient du mal à joindre les deux bouts» et «Mes parents avaient du mal à remplacer les choses cassées».

Les deux pratiques culturelles apparaissent plus fréquentes. Plus d'un Français sur deux déclare que sa mère aimait suivre l'actualité et/ou lire des livres. Les comportements culturels attribués au père apparaissent plus tranchés : deux Français sur trois déclarent qu'il aimait suivre l'actualité et un sur trois environ qu'il aimait lire des livres [1]. L'analyse des réponses en fonction de l'âge montre une variation importante, notamment en ce qui concerne les comportements culturels de la mère : parmi les jeunes de moins de 29 ans, une large majorité déclare que leur mère aimait suivre l'actualité et/ou lire des livres, mais ces proportions déclinent régulièrement avec l'avancée en âge et, parmi les 60 ans et plus, une minorité seulement indique que leur mère adoptait de tels comportements quand ils avaient 14 ans. Par comparaison, le rappel des centres d'intérêt du père apparaît assez constant et, d'une génération à l'autre, environ deux personnes sur trois déclarent que leur père aimait suivre l'actualité et un sur trois qu'il aimait lire. L'allongement de la scolarité au cours de la deuxième moitié du XXe siècle, notamment chez les filles, explique probablement ces évolutions ; par ailleurs, elles correspondent aussi à l'évolution du statut des femmes dans la famille au cours des cinquante dernières années : prise d'indépendance, ouverture grandissante sur l'extérieur et sur les affaires publiques, et investissement culturel. En définitive, sur ces critères culturels, les jeunes d'aujourd'hui décrivent des pères proches de ceux des générations précédentes, mais des mères bien différentes.

Les critères de situation économique, enfin, rappellent qu'en France, aujourd'hui et dans le passé, les difficultés concrètes des ménages sont une chose assez fréquente. Près d'un répondant sur deux déclare que ses parents avaient du mal à joindre les deux bouts et plus d'un sur trois qu'ils avaient du mal à remplacer les choses cassées. Là encore, les différences entre générations sont notables. Les plus jeunes (18-24 ans)

---

1. La différence de lecture entre les pères et les mères ne doit pas surprendre dans la mesure où elle semble correspondre aux habitudes de lecture telles qu'elles sont mesurées dans différentes enquêtes actuelles ou passées. Voir par exemple l'enquête 2008 sur les pratiques culturelles des Français (Donnat, 2008).

semblent avoir été plus à l'abri, lors de leur adolescence, des difficultés économiques, mais la fréquence de l'exposition à ce type de problème augmente, au moins dans le souvenir, avec l'âge, notamment à partir de 45 ans.

La transmission des valeurs peut être étudiée de diverses manières au travers de cette question. Les pratiques culturelles et la situation financière, par exemple, pourraient être considérées comme des indicateurs du capital familial à la fois économique et culturel, ouvrant ainsi la possibilité d'évaluer dans quelle mesure et sur quelles valeurs la reproduction sociale est effective. Toutefois, une autre approche a été préférée dans le cadre de la présente notice : étudier comment le contexte familial, dans les différents aspects qui en sont mesurés, peut avoir un impact sur la politisation aujourd'hui. Les indicateurs de contexte familial à l'adolescence utilisés ici se rapportent, en effet, assez clairement à ce sujet, notamment le suivi de l'actualité par les parents et le fait de discuter politique avec eux.

Contexte familial et socialisation politique

La relation entre le contexte familial à l'adolescence et la politisation aujourd'hui apparaît clairement avec des tableaux croisant deux à deux les questions de ces deux séries d'indicateurs, mais il a paru plus opportun de procéder à une analyse générale tenant compte en même temps de l'ensemble des relations entre variables. Outre les huit indicateurs de contexte familial à l'adolescence présentés ci-dessus, huit variables indicatives de la politisation du répondant aujourd'hui ont été introduites dans l'analyse : la fréquence des discussions politiques entre amis, l'intérêt pour la politique, les cinq indicateurs d'action politique non conventionnelle [1] et l'intention de participer à une élection nationale s'il y en avait une. Les relations entre ces différentes variables ont été étudiées avec une analyse en composantes principales. Celle-ci fait ressortir cinq composantes significatives (tableau 2). Toutes les variables ont une corrélation significative avec la première

1. Signer une pétition, participer à un boycott, prendre part à une manifestation autorisée, participer à une grève sauvage, occuper des bureaux ou des usines.

composante qui explique plus du quart de la variance analysée. Cette première composante apparaît axée sur ce qu'il y a de plus commun entre ces différentes variables, et qui peut être interprété comme le degré de politisation de la personne interrogée, à la fois dans le contexte familial lors de l'adolescence et aujourd'hui. Les autres composantes rendent compte des aspects les moins bien expliqués par cette première dimension : situation économique des parents quand le répondant avait 14 ans (composantes 2 et 3) et politisation conventionnelle (composantes 4 et 5).

L'analyse réalisée montre clairement l'existence de relations tout à fait significatives entre un contexte familial ouvert culturellement, stable économiquement et orienté politiquement dans le sens de la mobilisation cognitive, d'une part, et la propension pour le répondant à être aujourd'hui actif politiquement, soit dans le cadre des relations sociales (discussions politiques entre amis), soit dans un contexte plus collectif (participation à des actions politiques de différents types), soit même dans un cadre institutionnel (élections), d'autre part. Un indicateur a été construit sur la base de cette analyse pour rendre compte de cette propension à avoir grandi dans un milieu mobilisé politiquement et à être politisé aujourd'hui. Cet indicateur correspond à la composante 1 regroupée en quatre classes de politisation, de la plus forte à la plus faible, une cinquième classe ayant été constituée pour rendre compte des individus qui n'ont pu être positionnés sur l'analyse, par défaut de réponse à certaines questions. Par construction, cet indicateur se distribue de manière équilibrée autour de la moyenne des réponses [1].

1. Les positions extrêmes correspondent à des valeurs sur la composante 1 dont l'écart par rapport à la moyenne est supérieur à un écart type (en plus ou en moins), les positions centrales correspondent à un écart inférieur à un écart type, en dessous ou au-dessus de la moyenne.

Tableau 2. Analyse en composantes principales (ACP) combinant les éléments de contexte familial à 14 ans et les indicateurs de politisation aujourd'hui[1]

	Composante 1	Composante 2	Composante 3	Composante 4	Composante 5
Prendre part à une manifestation autorisée	0,657	0,373	– 0,181	0,82	0,151
Je discutais politique à la maison avec mon père	0,637	– 0,127	0,284	– 0,059	– 0,448
Participer à un boycott	0,607	0,358	– 0,146	– 0,004	0,018
Intérêt pour la politique	0,606	0,060	0,175	– 0,542	– 0,046
Discuter politique entre amis	0,590	0,094	0,092	– 0,451	– 0,032
Je discutais politique à la maison avec ma mère	0,584	– 0,197	0,337	– 0,018	– 0,426
Signer une pétition	0,520	0,299	– 0,140	0,054	0,293
Mon père aimait suivre l'actualité	0,469	– 0,342	0,185	0,246	0,295
Ma mère aimait suivre l'actualité	0,468	– 0,432	0,245	0,319	0,241
Mon père aimait lire des livres	0,463	– 0,334	0,153	0,160	0,000
Ma mère aimait lire des livres	0,426	– 0,412	0,113	0,296	0,186
Participer à une grève sauvage	0,496	0,519	– 0,153	0,324	– 0,089
Occuper des bureaux ou des usines	0,480	0,517	– 0,182	0,282	– 0,120
Mes parents avaient du mal à remplacer les choses cassées	– 0,306	0,495	0,695	0,114	0,094
Mes parents avaient du mal à joindre les deux bouts	– 0,344	0,519	0,657	0,097	0,101
Voterait en cas d'élection nationale	0,274	0,011	0,091	– 0,470	0,561
Proportion de la variance expliquée par la composante	**25,8 %**	**12,9 %**	**8,9 %**	**7,6 %**	**6,4 %**

Lecture : la corrélation de la variable « Prendre part à une manifestation autorisée » avec la composante 1 est de 0,657. Rappelons que l'analyse en composantes principales a pour objet de proposer des variables synthétiques qui sont une composition factorielle des variables introduites dans l'analyse. Cette méthode repose sur le calcul de corrélations linéaires. Les composantes sont calculées dans l'ordre décroissant de leur pouvoir explicatif mesuré par la proportion de variance expliquée.

1. L'ACP a été effectuée en excluant tous les cas qui avaient incomplètement répondu à l'ensemble des questions. Au total, cette ACP porte sur 2 180 cas, soit 71 % de la population interrogée. Dans le tableau présenté, les variables sont classées en fonction du niveau de leur corrélation avec le facteur.

L'indicateur construit remplit bien son rôle : la moitié des plus politisés discutait politique avec leur mère et les deux tiers avec leur père, contre pratiquement aucun parmi les moins politisés. L'intérêt des parents pour l'actualité d'un côté, et pour les livres de l'autre, diminue aussi très fortement des plus politisés à ceux qui le sont moins. Enfin, la situation économique apparaît également très fortement reliée à cet indicateur de politisation : les individus les moins investis dans la politique correspondent beaucoup plus souvent à des foyers d'origine connaissant des difficultés financières. Sur tous ces indicateurs, les individus non classés occupent une position intermédiaire mais se rapprochant plutôt des peu politisés.

Comme on pouvait s'y attendre, les variations des indicateurs de politisation aujourd'hui sont tout aussi nettes. La moitié des plus politisés discute souvent politique avec leurs amis, mais pratiquement aucun des moins politisés. Presque tous les plus politisés se déclarent intéressés par la politique, mais seulement un dixième des moins politisés. D'un extrême à l'autre, les actions politiques non conventionnelles diminuent très fortement en fréquence. Enfin, d'éventuelles élections nationales mobiliseraient la quasi-totalité des plus politisés mais environ les deux tiers des moins politisés. Les non-classés ont une position intermédiaire entre les deux extrêmes, mais sur la plupart des indicateurs leur profil les rapproche plutôt des peu ou très peu politisés.

L'indicateur combiné indique nettement la relation entre la politisation telle qu'elle est pratiquée aujourd'hui par l'individu et telle qu'elle a été vécue lors de l'adolescence dans le contexte familial. Celui-ci semble bien exercer une forte influence : il y a une forme de transmission (notamment par l'échange entre les générations et par l'exemple parental) dans les foyers où les parents étaient le plus politisés, et inversement, lorsque le foyer d'origine n'était pas ou peu politisé, l'individu tend à être peu ou pas politisé à l'âge adulte.

La variation par âge est significative. Les 18-24 ans apparaissent comme les plus politisés (quatre sur dix peuvent être classés comme politisés) et les seniors (60 ans et plus) comme ceux qui le sont le moins (tableau 3). Toutefois, entre 25 et 59 ans, les variations sont beaucoup moins nettes. S'il y a eu un impact générationnel, c'est il y a déjà plus de trente ans, quand les seniors étaient de jeunes adultes : leurs parents avaient une attitude bien différente des parents un peu plus jeunes. Les générations nées entre 1948 et 1983 marquent une sorte de rupture par rapport aux précédentes : l'éducation qu'elles ont reçue était plus libérale et plus ouverte à la discussion entre parents et enfants. Sur les générations encore plus jeunes, celles qui sont nées entre 1984 et 1990, les résultats donnent à penser que cette tendance est plus accentuée, mais il semble un peu tôt pour se prononcer réellement.

Par ailleurs, l'impact de l'âge doit être relativisé car d'autres facteurs interviennent. Le contrôle combiné de l'âge et du sexe d'un côté, de l'âge et du niveau d'études, de l'autre, montre que l'effet de ces autres variables est tout à fait important (tableau 4). Dans toutes les générations, les plus instruits sont plus souvent classés comme politisés au sens de notre indicateur, c'est-à-dire qu'ils ont grandi dans une famille ouverte à l'information et à la discussion et qu'ils sont plus actifs politiquement aujourd'hui. Parmi les personnes ayant un niveau d'études supérieur au baccalauréat, c'est même la génération des 45-59 ans qui apparaît la plus politisée, et l'écart entre les jeunes et les seniors est quasiment anéanti.

Tableau 3. Indicateur combiné de politisation aujourd'hui et de contexte familial d'origine politisé, selon l'âge (en %)

	Âge						Ensemble
	18-24 ans	25-29 ans	Total 18-29 ans	30-44 ans	45-59 ans	60 ans et +	
Politisation aujourd'hui et contexte familial politisé à 14 ans							
++	12	10	11	11	11	5	9
+	29	25	27	21	26	14	21
–	20	24	22	23	22	25	23
– –	7	6	6	10	13	24	14
Non classés	33	35	34	35	28	32	32
Total	100	100	100	100	100	100	100

Lecture : 12 % des jeunes de 18 à 24 ans sont classés comme très politisés sur l'indicateur combiné de politisation aujourd'hui et dans le contexte familial d'origine.

Tableau 4. Importance du groupe des politisés (+ + ou +) selon l'âge combiné avec le niveau d'études et avec le sexe (en %)

	Âge				Total
	18-29 ans	30-44 ans	45-59 ans	60 ans et plus	
Niveau d'études inférieur ou égal au bac	31	23	32	16	25
Niveau d'études supérieur au bac	54	55	68	52	57
Homme	40	36	39	25	35
Femme	37	28	34	15	27
Ensemble	38	32	37	19	31

Lecture : 31 % des jeunes de 18-29 ans ayant un niveau d'études inférieur ou égal au baccalauréat sont classés comme politisés sur l'indicateur combiné de politisation aujourd'hui et dans le contexte familial d'origine.

En revanche, chez les moins instruits (niveau d'études inférieur ou égal au baccalauréat), la différence de politisation entre les jeunes et les seniors demeure. Le contrôle sur le sexe montre, par ailleurs, que l'écart de politisation entre hommes et femmes tend à se réduire chez les plus jeunes.

L'impact du contexte familial à l'adolescence sur la politisation des individus est plus que confirmé par les résultats de l'enquête Valeurs. Il y a bien sur ce sujet une transmission, à la fois par l'échange entre parents et enfants (discussions politiques), par l'exemple offert par les parents (suivi de l'actualité, intérêt pour la lecture) et par la sécurité que peut apporter une bonne situation économique familiale. Il semble qu'il y ait eu un changement significatif de ces conditions de développement de la politisation il y a une trentaine d'années, et que le résultat de ce changement se lise encore aujourd'hui dans les résultats de l'enquête. Mais ce changement est lisible sur toutes les générations âgées de moins de 60 ans et pas spécialement les jeunes, sauf peut-être les moins de 25 ans.

Bibliographie

Attias-Donfut Claudine, « Rapports de générations. Transferts familiaux et dynamique macrosociale », *Revue française de sociologie*, n° 4, vol. XLI, 2000, p. 643-684.

Bréchon Pierre, Tchernia Jean-François (dir.), *La France à travers ses valeurs*, Armand Colin, Paris, 2009.

Donnat Olivier, *Les pratiques culturelles des Français à l'ère numérique*. Enquête 2008, La Découverte/Ministère de la Culture et de la Communication, Paris, 2008.
www.pratiquesculturelles.culture.gouv.fr

Postface

Convergence des générations, clivage des jeunesses

Olivier Galland

La jeunesse est spontanément pensée comme une force d'innovation ou de rupture. Les jeunes apporteraient avec eux des valeurs et des idées neuves. Cette proposition n'est pas totalement fausse, mais elle est loin de s'actualiser de façon systématique à chaque nouvelle génération. Si elle peut se vérifier – il faut l'espérer – au niveau individuel, dans la capacité d'entreprendre et d'inventer, il est beaucoup moins sûr qu'elle puisse être confirmée au niveau collectif dans le domaine des valeurs. Il semble même, et c'est un des résultats frappants de ce livre, que la continuité intergénérationnelle se renforce. Une grande classe d'âge, allant de 18 ans à 50 ans, voire 60 ans, s'est constituée autour d'un ensemble relativement homogène de valeurs, que l'on peut définir par la notion d'individualisation, c'est-à-dire par le fait que chacun est libre d'orienter à sa guise sa vie personnelle. Cette idée était beaucoup moins répandue il y a trente ou quarante ans, et elle constituait alors la frontière d'un réel clivage générationnel entre les « jeunes » et les « adultes ». Ce clivage s'est pour ainsi dire totalement effacé : c'est une grande transformation de la société française (et de l'ensemble des sociétés européennes).

Cette transformation est concomitante de l'évolution des formes d'entrée dans la vie adulte : là aussi, la rupture a laissé place à la continuité. Autrefois, les jeunes quittaient leurs parents comme on quitte un monde étranger, parfois hostile. Accéder au statut adulte, c'était aussi, pour beaucoup d'entre eux, rompre avec un univers de valeurs qui paraissait au mieux désuet, au pire aliénant. Aujourd'hui, cette rupture familiale, tant sur le plan statutaire que sur celui des valeurs, n'est plus de mise. Les parents d'autrefois étaient des transmetteurs de valeurs, et c'était cette volonté de transmettre, parfois par la contrainte morale, qui rencontrait une résistance et suscitait souvent des conflits. Les parents modernes ont en partie (en partie seulement bien sûr) abandonné ce rôle, alors que la socialisation horizontale (par le groupe des pairs) a pris une importance grandissante. Les parents sont devenus des accompagnateurs dont la tâche est d'aider les jeunes adultes en devenir à faire leur place, progressivement, dans la société. Ce nouveau rôle se fonde sur une solidarité intergénérationnelle qui s'est renforcée face aux difficultés plus grandes rencontrées par les jeunes pour construire une identité et un statut adultes. Ce nouveau rôle parental est tout à fait cohérent avec l'idée d'individualisation : chacun doit pouvoir choisir sa vie et les parents n'ont donc plus pour mission de faire rentrer leurs enfants dans des cadres fixés à l'avance. Ils doivent plutôt les aider à trouver leur voie, en tâtonnant.

Mais cette capacité n'est pas distribuée également. Elle dépend bien sûr des atouts culturels et sociaux dont disposent les familles au départ. Si le clivage entre les générations s'est globalement atténué, le clivage intragénérationnel, au sein de la jeunesse, s'est quant à lui creusé en fonction des atouts de départ, et notamment des atouts scolaires. Les jeunes qui disposent des plus faibles ressources rencontrent des difficultés grandissantes à construire leur place dans la société. On en voit les effets sur le plan des valeurs. Ces jeunes ont un moindre sentiment d'appartenance à la société, et ils en contestent plus souvent les fondements et notamment les fondements démocratiques. Il y a là un risque de fracture grave, tant au sein de la jeunesse qu'à l'intérieur même de la société.

Cette contestation est certainement plus inquiétante que celle portée par la jeunesse diplômée des années 1960. Même si elle avait parfois une dimension radicale, cette contestation était, au fond, une forme de participation alimentée par les armes intellectuelles que fournissaient les écoles de la République. Aujourd'hui, une contestation sourde, le plus souvent invisible, prend au contraire la forme d'un retrait social alimenté par un profond sentiment d'abandon. Il est urgent que la société y réponde.

Présentation des auteurs

Jean-Paul Bozonnet

Maître de conférences en sociologie à l'Institut d'études politiques de Grenoble et chercheur au laboratoire Pacte (unité mixte de recherche : IEPG, CNRS). Ses recherches portent sur les valeurs, les représentations et les pratiques en matière d'environnement. Il a dirigé avec Joël Jakubec : *L'écologisme à l'aube du XXIe siècle. De la rupture à la banalisation ?* (Georg, 2000). Il a collaboré à plusieurs ouvrages collectifs, notamment : *L'individualisation des valeurs* (Bréchon Pierre, Galland Olivier [dir.], Armand Colin, 2010) ; *La France à travers ses valeurs* (Bréchon Pierre, Tchernia Jean-François [dir.], Armand Colin, 2009) ; *Les jeunes Européens et leurs valeurs. Europe occidentale, Europe centrale et orientale* (Galland Olivier, Roudet Bernard [dir.], La Découverte/Injep, 2005).

Pierre Bréchon

Professeur de science politique à l'Institut d'études politiques de Grenoble qu'il a dirigé de 2002 à 2005, chercheur au laboratoire Pacte (unité mixte de recherche : IEPG, CNRS) et président de l'Association pour la recherche sur les systèmes de valeurs (Arval). Il travaille sur la sociologie de l'opinion et des valeurs en utilisant les données issues des grandes enquêtes internationales. Il a notamment publié chez Armand Colin, avec Frédéric Gonthier : *Les valeurs des Européens*, 2014 et un *Atlas des Européens*, 2013 ; avec Olivier Galland, *L'individualisation des valeurs*, 2010 ; avec Jean-François Tchernia, *La France à travers ses valeurs*, 2009 ; à la Documentation française, *Les élections sous la Ve République*, 2013, 3e édition.

Jean-Hugues Déchaux

Professeur de sociologie à l'université Lumière-Lyon-2 et directeur du Centre Max-Weber (unité mixte de recherche : université de Lyon-2, université de Saint-Étienne, ENS Lyon, CNRS). Sociologue de la famille, il s'intéresse aussi à la théorie sociologique et au traitement social de la mort. Il est l'auteur de trois livres : *Sociologie de la famille* (La Découverte, 2009, 2e édition); *Les familles face à la mort* (en collaboration, L'esprit du temps, 1998); *Le souvenir des morts. Essai sur le lien de filiation* (Presses universitaires de France, 1997). Il a collaboré à plusieurs ouvrages collectifs, notamment : *L'individualisation des valeurs* (Bréchon Pierre, Galland Olivier [dir.], Armand Colin, 2010); *La France à travers ses valeurs* (Bréchon Pierre, Tchernia Jean-François [dir.], Armand Colin, 2009).

Nathalie Dompnier

Professeure de science politique à l'université Lyon-2 et membre de l'unité mixte de recherche Triangle. Ses recherches concernent notamment les pratiques et les comportements électoraux ainsi que les transformations du rapport à la politique dans les démocraties représentatives. Elle a publié, entre autres, *Les élections en Europe* (Presses universitaires de Grenoble, 2011) et a collaboré à divers ouvrages collectifs sur les valeurs des Français et des Européens, dont *L'individualisation des valeurs* (Bréchon Pierre, Galland Olivier [dir.], Armand Colin, 2010) et *Les valeurs des Européens* (Bréchon Pierre, Gonthier Frédéric [dir.], Armand Colin, 2014).

Olivier Galland

Sociologue, directeur de recherche au CNRS. Il dirige le Groupe d'étude des méthodes de l'analyse sociologique de la Sorbonne (unité mixte de recherche : CNRS, université de Paris-4) et préside le conseil scientifique de l'Injep. Il travaille sur les jeunes, sur l'évolution des valeurs et sur la représentation des inégalités. Il a notamment publié : *Sociologie de la jeunesse* (Armand Colin, 2011, 5e éd.); *La société française. Un bilan sociologique des évolutions depuis l'après-guerre* (dir. avec Yannick Lemel, Armand Colin, 2011); *Les Français face aux inégalités et à la justice sociale* (dir. avec Michel Forsé, Armand Colin, 2011); *L'individualisation des valeurs* (dir. avec Pierre Bréchon, Armand Colin, 2010); *Les jeunes Français ont-ils raison d'avoir peur ?* (Armand Colin, 2009).

Frédéric Gonthier

Maître de conférences de science politique à Sciences Po Grenoble, chercheur au laboratoire Pacte (unité mixte de recherche : IEPG, CNRS). Il travaille sur la sociologie des inégalités et les attitudes à l'égard de l'Etat. Il a récemment codirigé, avec Pierre Bréchon : *Les valeurs des Européens. Evolutions et clivages* (Armand Colin, 2014) ; et *Atlas des Européens* (Armand Colin, 2013). Il a collaboré à plusieurs ouvrages collectifs, notamment : *Les Français face aux inégalités et à la justice sociale* (Forsé Michel, Galland Olivier [dir.], Armand Colin, 2011).

Antoine Jardin

Politiste, doctorant allocataire au Centre d'études européennes de l'Institut d'études politiques de Paris. Ses domaines de recherche concernent les attitudes et les comportements politiques, les modèles sociologiques du vote, la ségrégation et la marginalité urbaine. Sa thèse, dirigée par Nonna Mayer et Marco Oberti, porte sur la participation électorale et sur les dispositifs d'encouragement dans les zones touchées par les violences urbaines collectives.

Emmanuel de Lescure

Sociologue, maître de conférences à l'université Paris-Descartes, membre du Centre de recherche sur les liens sociaux (Cerlis, UMR 8070) et membre associé du Centre Maurice-Halbwachs. Ses travaux portent principalement sur la sociologie des professions intermédiaires et sur la sociologie de la formation postscolaire. Il a dirigé avec Cédric Frétigné : *Les métiers de la formation : approches sociologiques* (Presses universitaires de Rennes, 2010) ; avec Françoise Laot et Guy Brucy : *Mouvement ouvrier et formation. Genèses : de la fin du XIXe siècle à l'après Seconde Guerre mondiale* (L'Harmattan, 2009) ; et, avec Françoise Laot : *Pour une histoire de la formation* (L'Harmattan, 2008).

Bernard Roudet († 2013)

Sociologue, chargé de recherche à l'Injep, Bernard Roudet travaillait sur les valeurs et les comportements des jeunes, principalement sur leurs rapports aux valeurs démocratiques en France et en Europe. Il a dirigé plusieurs ouvrages, notamment : *Les jeunes en France* (Presses de l'université Laval/Injep, 2009) ; *Les jeunes Européens et leurs valeurs. Europe occidentale, Europe centrale et orientale* (avec Olivier Galland, La Découverte/Injep, 2005) et coordonné, en 2013 avec Olivier Galland, le numéro 67 de la revue *Agora débats/jeunesses*, « Jeunes Européens : quelles valeurs en partage ? ». Il a collaboré à des livres collectifs, parmi lesquels : *La jeunesse n'est plus ce qu'elle était* (Pugeault-Cicchelli C., Hamel J., Galland O., Cicchelli V. [dir.], Presses universitaires de Rennes, 2010) ; *La France à travers ses valeurs* (Bréchon Pierre, Tchernia Jean-François [dir.], Armand Colin, 2009).

Jean-François Tchernia

Directeur de Tchernia Études Conseil (Paris), professeur associé à l'Institut d'études politiques de Grenoble et chercheur associé au laboratoire Pacte (unité mixte de recherche : IEPG, CNRS). Il a dirigé avec Pierre Bréchon : *La France à travers ses valeurs* (Armand Colin, 2009) ; et, avec Xavier Marc : *Étudier l'opinion* (Presses universitaires de Grenoble, 2007). Il a collaboré aux ouvrages collectifs : *L'individualisation des valeurs* (Bréchon Pierre, Galland Olivier [dir.], Armand Colin, 2010) ; *Les jeunes Européens et leurs valeurs. Europe occidentale, Europe centrale et orientale* (Galland Olivier, Roudet Bernard [dir.], La Découverte/Injep, 2005) ; *Les valeurs des jeunes. Tendances en France depuis 20 ans* (Galland Olivier, Roudet Bernard [dir.], L'Harmattan/Injep, 2001).

Vincent Tiberj

Politiste, chargé de recherche au Centre d'études européennes de l'Institut d'études politiques de Paris où il est aussi maître de conférences. Spécialisé dans les comportements électoraux et politiques en France, en Europe et aux États-Unis, ses travaux portent en outre sur la sociologie politique des inégalités sociales et ethniques, et sur la sociologie de l'immigration et de l'intégration. Il a notamment publié : *La crispation hexagonale* (Fondation Jean-Jaurès/Plon, 2008) ; *Les mots des présidentielles* (Presses de Sciences Po, 2007) ; et, avec Sylvain Brouard : *Français comme les autres ? Enquête sur les citoyens d'origine maghrébine, africaine et turque* (Presses de Sciences Po, 2005).

Annexe

Présentation des enquêtes Valeurs : méthodologie, historique et organisation

Bernard Roudet

L'enquête sur les valeurs des Français s'inscrit dans un programme de recherche international destiné à suivre sur le long terme l'évolution des valeurs en Europe. Réalisée pour la première fois en 1981, l'enquête est renouvelée tous les neuf ans. Faisant suite aux trois éditions de 1981, 1990 et 1999, la quatrième enquête de 2008 permet des comparaisons sur près de trente ans. En France, cette enquête est placée sous la responsabilité scientifique de chercheurs et d'universitaires, regroupés dans l'Association pour la recherche sur les systèmes de valeurs (Arval). Partenaire de l'enquête dès 1999, l'Institut national de la jeunesse et de l'éducation populaire (Injep) a déjà produit et analysé des données sur les jeunes. Deux ouvrages collectifs issus de la troisième enquête et concernant les jeunes Français et les jeunes Européens ont été publiés (Galland, Roudet, 2001 ; Galland, Roudet, 2005)[1]. La réalisation de cette quatrième enquête permet d'actualiser les résultats de 1999, de confirmer ou d'infirmer les évolutions déjà constatées, d'approfondir certains thèmes et de traiter de nouvelles questions.

Méthodologie de l'enquête

Les enquêtes sur les valeurs des Européens sont des enquêtes par questionnaires, réalisées sur des échantillons représentatifs de la population de chaque pays. L'échantillon et le questionnaire de l'enquête française se caractérisent de la façon suivante.

L'échantillon

Les échantillons des trois premières enquêtes (1981, 1990 et 1999) sont des échantillons par quotas. L'échantillon de l'enquête 2008, qui comprend au total 3 071 personnes, a été constitué selon une double méthode. Environ la moitié des interviews (1 501) a été réalisée selon une méthode d'échantillonnage aléatoire : 250 points d'observation ont d'abord été

1. Les livres évoqués sont référencés sur la liste : « Principaux ouvrages issus des enquêtes Valeurs », à la suite de ce texte.

tirés au hasard, répartis sur l'ensemble du territoire métropolitain, puis un premier passage de l'institut de sondage a permis d'effectuer une sélection aléatoire d'adresses dans une zone géographique autour de chaque point. Les enquêteurs ont alors cherché à obtenir, dans chaque ménage dont l'adresse avait été préalablement sélectionnée, la réponse d'une personne elle-même choisie aléatoirement en établissant, à l'arrivée au domicile, la liste de ses habitants permanents. Cette méthode, peu employée en France jusqu'à présent et très coûteuse, devient le standard européen pour les grandes enquêtes de ce type, sur le modèle de l'Enquête sociale européenne (http://ess.sciencespo.com).

La seconde moitié des entretiens (1 570) a été obtenue selon la méthode des « quotas », habituellement utilisée en France, qui permet d'établir un « modèle réduit » de la population : 250 points d'observation ont à nouveau été définis, en tenant compte des régions et de la taille des communes. Dans ces zones, chaque enquêteur respectait des contraintes fortes dans la sélection des personnes à interroger, définies dans une « feuille de quotas ». L'enquêteur devait trouver un nombre fixé de personnes pour chaque genre et chaque classe d'âge, selon la profession du chef de ménage, selon aussi le niveau de diplôme, l'introduction de ce dernier critère renforçant la représentativité de l'échantillon.

En 2008 comme en 1999, le financement de l'Injep a permis d'augmenter la part des 18-29 ans dans les échantillons. En 2008, l'échantillon aléatoire comprend 237 jeunes de 18 à 29 ans ; l'échantillon par quotas en comprend 364, incluant un suréchantillon de 69 jeunes, pour un total de 601 jeunes de 18 à 29 ans. En 1999, l'échantillon était de 1 821 personnes, incluant un suréchantillon de 206 jeunes, soit 516 jeunes de 18 à 29 ans. En 1990, l'échantillon total comprenait 1 002 individus, dont 279 jeunes de 18 à 29 ans. En 1981, l'échantillon était de 1 200 individus, incluant un suréchantillon de 200 jeunes, soit 456 jeunes de 18 à 29 ans. Au total, entre 1981 et 2008, ce sont 1 852 personnes de 18 à 29 ans qui ont été successivement enquêtées au fil des quatre vagues d'enquête.

Le questionnaire

Si l'on exclut la cinquantaine de questions relatives aux caractéristiques démographiques, posées en fin d'entretien, l'enquête Valeurs de 2008 comprend 85 questions incluant 301 variables. Avant d'être traduit et testé dans chaque pays, le questionnaire est mis au point en anglais par l'équipe de sociologues et de politistes qui pilote l'enquête en Europe, avec le concours des équipes nationales. Très approfondi, ce questionnaire permet d'appréhender l'ensemble des valeurs dans les grands domaines de l'existence. Il est largement identique lors de chaque vague d'enquête : la plupart des questions posées en 1981 et/ou en 1990 ont été reprises lors des enquêtes suivantes.

Toutefois, certaines questions, dont l'intérêt ou la formulation apparaissent datés au moment de la préparation d'une enquête, sont remplacées par d'autres permettant d'introduire l'analyse de nouveaux domaines de valeurs. Ainsi, les conceptions de la démocratie, les attitudes à l'égard des immigrés, les rapports à l'Europe ou à l'écologie ont été intégrés ou développés lors des deux dernières enquêtes. Ce questionnaire est utilisé par tous les pays participant à l'enquête, chaque équipe nationale ayant la possibilité d'introduire quelques questions spécifiques à son pays.

Il importe de noter que seul un protocole d'enquête identique, comme c'est le cas dans les enquêtes Valeurs, impliquant un échantillonnage comparable et la réplication des mêmes questions, permet les comparaisons dans le temps (ici entre les quatre enquêtes), comme dans l'espace (entre les pays européens). Alors que la plupart des sondages sont aujourd'hui réalisés par internet ou par entretien téléphonique, les personnes interrogées dans le cadre des enquêtes Valeurs le sont à leur domicile, en face à face ; ce qui renforce la qualité des résultats. La passation du questionnaire dure en moyenne une heure. Le terrain de la dernière enquête a été effectué de mai à août 2008, sous le contrôle de l'Arval, par l'Institut de sondage Lavialle (GfK-ISL), institut qui avait déjà réalisé le terrain de l'enquête de 1981.

Historique et organisation des enquêtes Valeurs

Dès 1981, la France a été associée aux enquêtes sur les valeurs des Européens, par l'intermédiaire d'Hélène Riffault, longtemps directrice générale de l'Institut français d'opinion publique (Ifop), et de Jean Stoetzel, professeur de psychologie sociale à la Sorbonne, fondateur en 1938 de l'Ifop et en 1959 de la *Revue française de sociologie*[1]. Jean Stoetzel rédigea le livre présentant les résultats pour l'Europe de la première enquête (1983), tandis qu'Hélène Riffault dirigea l'ouvrage collectif exposant les résultats pour la France de la deuxième enquête (1994). Afin de travailler sur les données de la deuxième enquête a été créée en 1992, à l'initiative d'Hélène Riffault, l'Arval, association loi de 1901 qui a désormais la responsabilité de chaque enquête pour la France, tant du point de vue scientifique qu'organisationnel (http://valeurs-france.fr).

Cette équipe, étoffée au fil des années, compte actuellement une vingtaine d'enseignants, de chercheurs, de spécialistes de l'opinion publique ou des études comparatives internationales, sociologues et politistes de différentes universités ou laboratoires. Elle est aujourd'hui présidée par Pierre Bréchon, professeur à l'Institut d'études politiques de Grenoble, qui a assuré la direction scientifique des enquêtes de 2008 et de 1999. La direction technique de ces deux dernières enquêtes a été confiée à un autre membre de l'Arval : Jean-François Tchernia, directeur de Tchernia Études Conseil et professeur associé à l'IEP de Grenoble, qui avait déjà organisé l'enquête de 1990 en collaboration avec Hélène Riffault. C'est à eux que revient notamment de faire traduire le questionnaire de l'anglais au français avant de le tester, de choisir la société réalisant le terrain et de suivre sa mise en œuvre. La gestion administrative et comptable de l'enquête de 2008 a été effectuée par le laboratoire de recherche Pacte (IEPG et CNRS : www.pacte.cnrs.fr).

1. Le terrain de l'enquête française de 1990 a été réalisé par Faits et Opinions, organisme créé en 1979 par Jean Stoetzel après son départ de l'Ifop, et qui a été dirigé par Hélène Riffault. Le terrain de l'enquête de 1999 a été confié à Research International France.

Pour chaque enquête, l'équipe de l'Arval effectue la recherche des financements et participe à la mise au point du questionnaire européen ; elle assure collectivement l'exploitation des données, la publication et la diffusion des résultats. Six livres (1994, 2000, 2001, 2005, 2009, 2010) et deux numéros spéciaux de la revue *Futuribles* (1995, 2002) ont été écrits à ce jour par des membres de l'Arval à la suite des enquêtes. Un atlas des valeurs européennes et deux autres publications doivent présenter les résultats pour l'Europe.

Au plan international, l'enquête sur les valeurs des Européens est une entreprise fédérative, pilotée par un comité directeur autour de Loek Halman, de l'université de Tilburg aux Pays-Bas (http://www.europeanvaluesstudy.eu). Ce sont des chercheurs belges et hollandais (universités de Louvain et de Tilburg) qui eurent l'initiative, à la fin des années 1970, d'étudier les systèmes de valeurs des Européens avec un triple objectif : identifier le fond culturel qui traverse l'Europe en repérant les rapprochements ou les divergences d'un pays à l'autre ; saisir les changements dans le temps ; mettre ces données à la disposition des responsables politiques et sociaux. Pour cela, ils créèrent l'European Value Systems Study Group, désormais appelé European Values Study (EVS). Un questionnaire très proche de l'enquête européenne a été repris par la suite dans d'autres pays du monde, notamment au Canada, aux États-Unis et au Japon, sous le nom de World Values Survey (WVS)[1].

Au fil des quatre enquêtes, ce dispositif d'observation des valeurs a progressivement couvert la totalité des pays européens, permettant de constituer une vaste base de données et rendant réalisable la comparaison entre les différentes sociétés européennes. L'enquête de 1981 a été effectuée dans 14 pays d'Europe occidentale, auxquels s'ajoutait la Hongrie. L'enquête

1. Ronald Inglehart, professeur de science politique à l'université du Michigan, est à l'origine de cette initiative. Par ailleurs, Jean Stoetzel et Ronald Inglehart avaient été associés, en 1973, aux premiers Eurobaromètres, enquêtes mises en place par les institutions européennes et répétées dans le temps parmi tous les pays membres. Faits et Opinions réalisa les Eurobaromètres jusqu'en 1989. Fondateur des Eurobaromètres et directeur général honoraire à la Commission européenne, Jacques-René Rabier a participé aux enquêtes Valeurs dès 1981 ; il est membre de l'Arval.

de 1990, en couvrant 28 pays, s'est davantage ouverte sur les pays d'Europe centrale et orientale. En 1999, l'enquête a concerné les 27 pays de l'actuelle Union européenne (à l'exception de Chypre) pour un total de 31 pays enquêtés. Enfin, en 2008, le champ de l'enquête s'est encore élargi puisque 47 pays ont été touchés : désormais la délimitation de l'Europe par le comité directeur de l'enquête s'apparente à celle du Conseil de l'Europe, incluant notamment des pays du Caucase.

Au niveau européen, un comité méthodologique fait des recommandations visant à améliorer la qualité du recueil de données et un comité théorique propose les modifications à apporter au questionnaire. Pour l'enquête de 2008, chacun des 47 pays participants a dû constituer un échantillon représentatif de sa population d'au moins 1 500 individus âgés de 18 ans ou plus. Dans les enquêtes précédentes, chaque échantillon national devait être d'au moins 1 000 individus. Au total, plus de 70 000 personnes ont été interrogées en 2008, contre quelque 40 000 en 1999. Par ailleurs, en 2008, le comité directeur a souhaité que toutes les équipes nationales constituent leur échantillon selon la méthode aléatoire.

Partenariat financier de l'enquête 2008 pour la France

Le financement de la partie française de l'enquête 2008 a été assuré grâce à deux importants contrats de recherche avec :
– le Comité interministériel de concertation pour les données en sciences sociales ;
– l'Agence nationale pour la recherche (ANR « Corpus et outils de la recherche en sciences humaines et sociales »).
Et par des partenariats avec :
– le Service d'information du Gouvernement (SIG) ;
– le ministère de l'Économie, de l'Industrie et de l'Emploi ;
– le ministère de l'Immigration, de l'Intégration, de l'Identité nationale et du Développement solidaire ;
– le ministère des Affaires étrangères et européennes ;
– la direction de la Recherche, des Études, de l'Évaluation et des Statistiques (Drees-Mire), rattachée au ministère de la Santé et des Sports ;
– l'Institut national de la jeunesse et de l'éducation populaire (Injep), établissement public du ministère chargé de la jeunesse ;
– la région Rhône-Alpes : « cluster de recherche » Dynamiques sociales et territoriales ;
– l'Institut d'études politiques de Grenoble et le laboratoire Pacte (IEPG/CNRS) ;
– l'Institut d'études politiques de Bordeaux et l'Institut d'études politiques de Paris ;
– la Fondation Hippocrène.

Principaux ouvrages issus des enquêtes Valeurs (par ordre de parution)

Stoetzel Jean, *Les valeurs du temps présent : une enquête européenne*, Presses universitaires de France, coll. « Sociologies », Paris, 1983.

Riffault Hélène (dir.), *Les valeurs des Français*, Presses universitaires de France, coll. « Sociologies », Paris, 1994.

« L'évolution des valeurs des Européens », *Futuribles*, n° spécial 200, juillet-août 1995.

Bréchon Pierre (dir.), *Les valeurs des Français*, Armand Colin, Paris, 2000 (2e éd., 2003).

Galland Olivier, Roudet Bernard (dir.), *Les valeurs des jeunes. Tendances en France depuis 20 ans*, L'Harmattan/Injep, coll. « Débats Jeunesses », Paris, 2001.

« Les valeurs des Européens. Les tendances de long terme », *Futuribles*, n° spécial 277, 2002.

Galland Olivier, Roudet Bernard (dir.), *Les jeunes Européens et leurs valeurs. Europe occidentale, Europe centrale et orientale*, La Découverte/Injep, coll. « Recherches », Paris, 2005.

Bréchon Pierre, Tchernia Jean-François (dir.), *La France à travers ses valeurs*, Armand Colin, Paris, 2009.

Bréchon Pierre, Galland Olivier (dir.), *L'individualisation des valeurs*, Armand Colin, Paris, 2010.

Collection Doc' en poche

SÉRIE « ENTREZ DANS L'ACTU »

1. Parlons nucléaire en 30 questions
de Paul Reuss

2. Parlons impôts en 30 questions (2e édition mars 2013)
de Jean-Marie Monnier

3. Parlons immigration en 30 questions
de François Héran

4. France 2012, les données clés du débat présidentiel
des rédacteurs de la Documentation française

5. Le président de la République en 30 questions
d'Isabelle Flahault et Philippe Tronquoy

6. Parlons sécurité en 30 questions
d'Éric Heilmann

7. Parlons mondialisation en 30 questions
d'Eddy Fougier

8. Parlons école en 30 questions
de Georges Felouzis

9. L'Assemblée nationale en 30 questions
de Bernard Accoyer

10. Parlons Europe en 30 questions (2e édition octobre 2014)
de David Siritzky

13. Parlons dette en 30 questions
de Jean-Marie Monnier

14. Parlons jeunesse en 30 questions
d'Olivier Galland

21. Parlons justice en 30 questions
d'Agnès Martinel et Romain Victor

22. France 2014, les données clés
des rédacteurs de la Documentation française

25. Parlons gaz de schiste en 30 questions
de Pierre-René Bauquis

26. Parlons banque en 30 questions
de Jézabel Couppey-Soubeyran et Christophe Nijdam

30. France 2015
des rédacteurs de la Documentation française

SÉRIE « PLACE AU DÉBAT »

11. Retraites : quelle nouvelle réforme?
d'Antoine Rémond

12. La France, bonne élève du développement durable?
de Robin Degron

15. L'industrie française décroche-t-elle?
de Pierre-Noël Giraud et Thierry Weil

16. Tous en classes moyennes?
de Serge Bosc

23. Crise ou changement de modèle?
d'Élie Cohen

24. Réinventer la famille?
de Stéphanie Gargoullaud et Bénédicte Vassallo

27. Parents-enfants : vers une nouvelle filiation?
de Claire Neirinck, Martine Gross

28. Vers la fin des librairies?
de Vincent Chabault

31. Des pays toujours émergents?
de Pierre Salama

32. La santé pour tous?
de Dominique Polton

SÉRIE « REGARD D'EXPERT »

18. Les politiques de l'éducation en France
d'Antoine Prost et Lydie Heurdier

19. La face cachée de Harvard
de Stéphanie Grousset-Charrière

20. La criminalité en France
de Christophe Soullez

29. La guerre au XXe siècle
de Stéphane Audoin-Rouzeau, Raphaëlle Branche, Anne Duménil, Pierre Grosser, Sylvie Thénault

33. Quelle politique pour la culture? Florilège des débats
sous la direction de Philippe Poirrier

34. Une jeunesse différente?
sous la direction d'Olivier Galland et Bernard Roudet

Imprimerie de la Direction de l'information légale et administrative
N° 663140100-000914 – Dépôt légal : septembre 2014
PEFC 10-31-2190 IMPRIM'VERT®